# 世界史の中の戦国大名

鹿毛敏夫



講談社現代新書
2723

# 目次

# プロローグ――戦国大名は世界史の中でいかなる活動をしていたのか

## 西欧画家が描いた戦国大名

一六世紀は、人類史上はじめて「世界史」と呼べるような地球的規模での人間のダイナミックな関係が生まれた世紀である。地球をそれぞれ逆まわりしてアジアで出会ったイベリア半島両国（ポルトガルとスペイン）の活動により、ユーラシアの東の端にある日本の状況も、さまざまな手法を使って彼らの本国に伝えられた。

では、一六世紀の日本社会をリードした「戦国大名」の存在はヨーロッパにどのように伝えられ、また、その戦国後期の日本社会はヨーロッパの人びとからどう認識されたのであろうか。

例えば、織田信長《おだのぶなが》が巡察師アレッサンドロ・ヴァリニャーノに与えた安土城とその城下を描いた屏風《びょうぶ》は、その後、ローマ教皇グレゴリウス一三世に献上された。しかし、私がこれまでに行ったヨーロッパにおける戦国大名関連の文献・絵画・版画等の史料調査で、最も多くの遺物を確認できたのは、天下統一に貢献した織田信長や豊臣秀吉《とよとみひでよし》、徳川家康《とくがわいえやす》、あるいは武田信玄《たけだしんげん》や毛利元就《もうりもとなり》等の、日本史上で著名かつ評価の高い人物ではない。実は、一六世紀のヨーロッパ史との関わりにおいて最も多くの影響をおよぼした戦国大名は、「Coninck van BVNGO」（豊後王）等と表記される九州の大名大友義鎮《おおともよししげ》（宗麟《そうりん》）である。

ドイツ南部のバイエルン州に、ポンメルスフェルデンという人口二〇〇〇人あまりの小さな町がある。一八世紀初頭、マインツ選帝侯《せんていこう》でバンベルク司教《しきょう》のロタール・フランツ・フォン・シェーンボルンは、この町にヴァイセンシュタイン城を造営し、その宮廷内を多くの絵画で飾った。シェーンボルン伯爵《はくしゃく》コレクションと称されるその絵画群のなかに、一七世紀フランドルの画家アンソニー・ヴァン・ダイクが描いた作品がある。

大友義鎮（宗麟）

作品のテーマは、二人の人物の出会いである。そのうち、画面左側の白いアルバを着た髭《ひげ》の人物はフランシスコ・ザビエルであり、彼は身をかがめて両手を広げ、壇上の面会者を敬意のまなざしで見上げている。一方、画面右側の王冠の人物は、壇上から歩み寄り、右手を差し出してザビエルを迎え入れるかのように歓迎している。

美術史家の木村三郎氏は、一七一九年の美術館収蔵作品目録のなかでザビエルの面会者を

**ヴァイセンシュタイン城（上）と、そのシェーンボルン伯爵コレクション（下）**

「Kaiser von Japonien」（日本の王）としていることや、壇上の王が立ち上がってザビエルを「強い情念を抱きつつ迎えている」ことが、フェルナン・メンデス・ピント『東洋遍歴《へんれき》記《き》』の「座っていた場所から五、六歩踏み出してきて彼を迎えた」と記す「豊後大名が、ザビエル師に示した敬意」の記事に一致することなどから、「当該作品は、ザビエルを歓迎する大友宗麟を描いたもの」と結論している（木村三郎「ヴァン・ダイク作、通称《日本の王に拝謁する聖フランシスコ・ザビエル》について」）。

大友義鎮を描いた絵画史料は、他のヨーロッパ諸国でも複数確認できる。

ベルギーの首都ブリュッセルとアントワープの中間に、メッヘレンという町がある。現在は、人口八万人程度のこぢんまりとした都市だが、一五〇六年からの二五年間、ここはネーデルラントの首都としてヨーロッパの政治、文化、芸術の中心であった。この町のイエズス会教会、聖ペテロ・パウロ教会に、ルーベンスの弟子といわれるルーカス・フランソワ・ヤングという画家が一六八一年に描いた、これまで日本で紹介されたことのない作品がある（一〇頁写真）。

作品の傷《いた》みと褪色《たいしょく》が激しいため、構図の細部まで読み取ることは困難だが、画面中央や右寄り壇上の椅子に、王冠を着け豪華な衣装をまとった豊後王＝大友義鎮が座り、その右手の椅子に黒い衣装を着たザビエルが座って、右手を手前に差し出しながら何かを説明しようとしている。ところが、画面左側では六〜七人の僧侶が王の足下まで詰め寄って、ある者はザビエルを指さし、またある者は左手を天に突き上げてザビエルの説教に抗議し

「ザビエルを歓迎する大友義鎮」（ヴァン・ダイク画）

「対話する大友義鎮とザビエル」（ルーカス・フランソワ・ヤング画）

ている。背後に見える王宮の窓の外には、豊後の青空と白い雲が描かれており、この場所は、フランソワが想像する豊後王の宮殿＝大友義鎮の館《やかた》だろう。

また同教会にはもう一点、「豊後王に自らの使命を説明するフランシスコ・ザビエル」と題するジャン・ミシェル・デ・コクシーの作品もある。

一方、ポルトガルにも大友義鎮に関する複数の記録がある。ポルトガル中部の都市コインブラは、丘の上に位置する大学を中心に発展した文化都市である。この町のコインブラ大学は、一二九〇年に創設の、ヨーロッパでも屈指の歴史を誇る大学である。この町の新カテドラルには、フランシスコ・ザビエルが玉座に座った王に面会する場面を描いた画像がある（マヌエル・

エンリケス画・カバー表参照)。

玉座に歩み寄ってくるザビエルを迎える大友義鎮は、その衣裳や靴こそ当該一六世紀日本の戦国武将の姿にそぐわないものの、絨毯《じゅうたん》を敷いた玉座から右手をあげてザビエルを迎え入れようとする顔の表情など、きわめて写実的な日本人として描かれている。また、大友義鎮の右後に立つ袈裟《けさ》姿の老僧侶は、両手を合わせてザビエルへの敬意を示そうとしているのに対して、ザビエルの後方に描かれた六〜七人の僧侶たちが右手で棒を誇示してザビエルを牽制《けんせい》しているのは、キリスト教の受容をめぐる豊後府内《ぶんごふない》の仏教界の対応を如実に示していて興味深い。

このように、ヨーロッパのキリスト教界においては、日本史におけるいわゆる「天下統一」に貢献したわけでもなく、また、日本の複数の戦国大名のなかで必ずしも人気が高いわけでもない大友義鎮が、「豊後王」等の名称で最も多くの絵画、挿絵、版画等に描かれているのである。

では、なぜこのような日本史と西欧史の認識的相異が生じたのだろうか。

## 「豊後」と「BVNGO」

イエズス会の宣教師フランシスコ・ザビエルの日本滞在は、天文一八(一五四九)年七月から天文二〇（一五五一）年一〇月までのわずか二年三ヵ月に過ぎなかったが、西日本各地で播《ま》かれた布教の種は、やがてその後継者たちの活動によって成熟期を迎えることとなった。彼らの宣教活動は、特に同時期にアジア方面への外交・交易政策を重視していた西国大名の志向性ともリンクし、やがて、そのうちの良き理解者数名の授洗に成功して、大村《おおむら》純忠《すみただ》・高山右近《たかやまうこん》・有馬晴信《ありまはるのぶ》・黒田孝高《くろだよしたか》・毛利秀包《もうりひでかね》らのいわゆる「キリシタン大名」の誕生に結実していくことになる。

大友義鎮も、天正六（一五七八）年七月にキリスト教の洗礼を受け、日本で布教を進めようとするイエズス会を庇護《ひご》するキリシタン大名になった。しかし、九州のキリシタン大名の多くは、純粋な信仰というより、貿易船の来航を視野に入れた受洗であった（五野井隆史「キリシタン大名とキリシタン武将」）。義鎮の場合も、豊後府内や筑前博多《ちくぜんはかた》でイエズス会に土地を与え、そこからの年貢《ねんぐ》収益等を教会の活動費にあてることを許可しているが、これは各宗派の仏教寺院や八幡社《はちまんしゃ》等の神社、祇園社等に認めた寺社領政策の一環であり、キリスト教だけの優遇でもウエスタン・インパクトの問題でもない（岡美穂子「布教と貿易」）。

そうした大友氏側の現実的な政策や対応の一方で、ヨーロッパのキリスト教世界では、一六世紀後半の日本社会において最有力者と見なされた「Coninck van BVNGO」（豊後王）大友義鎮の入信は、アジア宣教活動のきわめて大きな成果として認識され、ザビエルの功績として広まった。イエズス会側は、「BVNGO」を拠点とした日本での布教活動を企図し、彼らの世界観における「BVNGO」のプレゼンスは、その現実以上に膨らんでいくことになったのである。

大友義鎮に関しては、天正一〇（一五八二）年にローマへ遣わした天正遣欧使節《てんしょうけんおうしせつ》の派遣主体の三大名（大友義鎮・大村純忠・有馬晴信）とされていたものが、その後のローマ教皇宛て書状の署名や花押《かおう》の分析等から、義鎮が関知したものではなく、巡察師アレッサンドロ・ヴァリニャーノと大村・有馬が主導となって行ったものとの評価が有力になっている（松田毅一「天正遣欧使節の真相」、渡辺澄夫「大友宗麟のヤソ会総長充て書状の真偽について」）。しかし、遣欧使節への主体的関与の否定は、使節派遣の歴史的価値や大友義鎮の人物評価を下げるものではない。天正遣欧使節は、日本人による最初のヨーロッパ訪問ではないが、当時の日欧関係をめぐる膨大な記録を残していることにこそ最大の意義がある（伊川健二『世界史のなかの天正遣欧使節』）。そして、その派遣を画策したヴァリニャーノにとっては、大村純忠と有馬晴信のネームバリューではもの足りず、教皇やイエズス会総長への書状を偽作してでも「Coninck van BVNGO」からの派遣という形式と記録を調《ととの》え、その「BVNGO」の王である大友義鎮の名代としての主席正使伊東マンショの派遣を演出する必要があったと言えよう。

この、日本国内史では全国六十数ヵ国分の一の評価に過ぎない「豊後」が、世界史のなかではキリスト教の東アジアでの定着を証するにきわめて重要な「BVNGO」にすり替わって評価・記録された実態は、一六世紀の当時を生きた人々の誤解釈として単純に片付けられるものではない。異なる文化や歴史、宗教、価値観、空間を有する人間の相互認識の問題として、そのすり替わりのメカニズムの歴史的意義を考察することこそが重要である。

## グローバルヒストリーのなかでの戦国大名

さて、歴史研究におけるグローバルヒストリーの手法の重要性が問われて久しい。従来の世界史は、世界の国民国家史や地域史の単なる寄せ集めであったり、高度な文明をもったヨーロッパがそうでない地域を支配・征服するという構図のヨーロッパ中心史観からの歴史というスタンスで叙述されてきた。そうした課題と偏見の克服という点において、地球的規模での世界の諸地域や各人間集団の相互連関を通じて新たな世界史を構築しようとする試みの意義は大きい。グローバルヒストリーは、現代において、世界中の学界で最も注目を浴びている歴史のとらえ方であり、とりわけ歴史学界の外部における、外交と国際政治、経済、環境など現代のグローバルな諸問題を考える動きに与えたインパクトは大きい（秋田茂「グローバルヒストリーが照射する新たな舞台」）。

グローバルヒストリーによる歴史研究の特徴は、①長期の歴史的動向を問題にできること、②「海域アジア世界」のような広域の地域を考察の対象にできること、③ヨーロッパ中心史観に代わる見方を模索・提示できること、④世界の異なる諸地域の相互の連関と影響を考察・解明できること、⑤奴隷貿易、移民、商人の通商ネットワークなど地域横断的な問題や、疾病《しっぺい》・生態系・自然環境の変化など生態学や環境に関する問題など多様なテーマを論じることができること、にある（水島司『世界史リブレット 一二七 グローバル・ヒストリー入門』）。本書が目的とする「世界史の中の」戦国大名の考察・叙述において、こうした視点から歴史をとらえ直すことの意味はきわめて大きい。

## グローバル化の起源としての一六世紀

世界の一体化、グローバル化がいつから始まったのかという命題については、これまでにもさまざまな議論がなされてきた。相互に批判や反駁《はんばく》しあう諸説のなかで、「長期の一六世紀」にグローバル化の起源を求めるデニス・フリン説は魅力的である（デニス・フリン著、秋田茂・西村雄志編訳『グローバル化と銀』）。

スペインのカルロス一世が派遣したマゼラン艦隊は一五二一年にフィリピンに到達し、その後、一五六五年にはミゲル・ロペス・デ・レガスピがフィリピン遠征隊総司令官ならびに総督として、メキシコから太平洋を横断してセブ島に到達した。現地勢力への懐柔《かいじゅう》と戦いを繰り返しながら、レガスピは、一五七一年にルソン島のマニラに移動して都市を征服し、市政を敷《し》く。以後、マニラは西太平洋におけるスペインの恒久的領土とされるとともに、太平洋をはさんでメキシコのアカプルコとの間に定期航路が開かれ、いわゆるガレオン船貿易が一八世紀末まで継続した。

フリン説によると、すでに一六世紀の段階で、①東アジア・東南アジア世界とヨーロッパ世界との交易（ユーラシア大陸内陸部を通る陸上ルートと、海域アジアを通る海上ルートの双方）、②南北アメリカ大陸とヨーロッパ世界との交易（環《かん》大西洋ルート）、③サハラ以南のアフリカ大陸とヨーロッパ世界との交易、が行われており、それはユーラシア大陸全体と南北アメリカ大陸、およびアフリカ大陸の一部を加えて、地球上の約三分の二の諸地域が長距離の大陸間交易でつながっていた。そこに、一五七一年のスペイン領マニラの成立とガレオン船貿易の開始により、広大な太平洋世界をはさんでアメリカ世界と東アジア世界とが新たに結ばれることになった。地球上で約三分の一を占める太平洋世界が大陸間交易に組み込まれることにより、文字通り地球を一周する貿易ネットワークの原型が姿を現した、というのである。

## 「大航海時代」史の限定性

確かに、一六世紀後半に始まったガレオン船貿易では、スペイン領アメリカで産出された銀と中国で生産された絹が、太平洋をはさんで相互に運ばれた。また、需要と供給という点では、スペイン領アメリカと日本が銀の主要な供給源となり、中国市場が主な需要先であった。

しかしながら、一六世紀のグローバル化を、「大航海時代」のヨーロッパ勢力が、非ヨーロッパ世界へ商業的・軍事的に拡張することのみで説明しようとする考え方は、歴史の一側面をとらえたものに過ぎず、そうした発想の再生産からは、ヨーロッパ中心史観からの脱却は望めない。

ヨーロッパ勢力が一六世紀に到来する以前から、例えば、東アジア海域世界や東南アジア島嶼《とうしょ》部、インド洋などでは、アジア・イスラーム・アフリカの地域権力や商人たちによる独自の遠隔地交易ネットワーク（日中間を例とするならば、商人が主導した日宋《にっそう》貿易や室町幕府による日明勘合貿易《にちみんかんごうぼうえき》など）が確立され、硫黄・銀・香辛料・絹・陶磁器などの物資が頻繁に取り引きされていた。一五～一六世紀の大内《おおうち》氏や細川《ほそかわ》氏、大友氏、島津《しまづ》氏、宗《そう》氏など西日本の守護大名・戦国大名に見られるアジアン大名的性質（鹿毛敏夫『アジアのなかの戦国大名――西国の群雄と経営戦略』）は、そうした地域間交易ネットワークのなかで醸成された日本の地域権力の姿として位置づけられる。

「大航海時代」に世界を支配した最強国として語られがちなスペインとポルトガルだが、実のところその実態は、「世界征服」などと言える性質やレベルのものではなかった。例えば、東廻りで海洋進出を図《はか》ったポルトガルの喜望峰から先のインド洋海域の航海は、その数世紀前からムスリム商人たちが活用していた航路やネットワークを踏襲したものであった。また、一三〜一四世紀にヨーロッパを除くユーラシア大陸諸地域を支配したモンゴル帝国のもとでは、すでに中国商人やムスリム商人らが中心となって諸地域を結ぶ遠隔地交易が発達して大陸を循環する交易圏が形成されており、その陸路・海路を利用してキリスト教修道会の修道士たちが移動している（杉山正明『世界史を変貌させたモンゴル――時代史のデッサン』、向正樹「モンゴル帝国とユーラシア広域ネットワーク」）。

一六世紀にヨーロッパ人を迎え入れた諸地域の歴史を比較考察した岡美穂子氏によると、大航海時代の世界各地におけるスペイン人やポルトガル人の活動は、スペイン・ポルトガル「国家」との連動性の観点において、後のヨーロッパ重商主義国家に比して圧倒的に稀薄であり、むしろ各現象の決定的要因は移住者と現地社会の「関係性」にあるという（「十六世紀『大航海』の時代とアジア」）。ポルトガル人のアジア進出は、各地域の政情によって大きく左右されており、実際に主権を確立できていたのは、諸王国の港町のなかのごく限られた領域に過ぎず、「世界の支配者」などという形容にはまったくおよんでいない。スペインについても、彼らの支配者としての姿は、南北アメリカのようにもともと土地に対する人口がまばらで、しかも原住民が新たに持ち込まれた病原菌等によって壊滅に近い状態に陥った地域に限られる現象であり、アメリカ大陸にスペイン「国家」がヘゲモニーを確立しえたと言えるか、大いに疑念が残るという。

スペイン・ポルトガルの「世界征服事業」や「イベリアン・インパクト」という言葉は、刺激的で歴史への興味をそそられるが、イメージのみが先行・定着するヨーロッパの「大航海時代」史の言説に踊らされることなく、地球上の諸地域間の連関構造に即した諸史料の冷静な分析が求められよう。

スペインとポルトガルがアジアの海に向かっていた頃、同じく日本の戦国大名たちも、東アジアの宗主国中国が古代以来、描いてきた「中華」世界の殻を打ち破り、「南蛮《なんばん》」(東南アジア)の窓口を抜けて「西」へと向かい、その歩を踏み出していたのである。

## 世界史上の戦国大名

一六世紀後半の東アジアでは、それまでの明朝を宗主国《そうしゅこく》とあおぐ勘合貿易に象徴される従来の国家間の合法的な通交に代わって、さまざまな国と立場の交易集団が錯綜的に交流するようになり、やがてそうした人々の活動が東アジアの交易システムの主流の位置を占めるようになる。そして、この東アジアにおける時代の大きなうねりのなかで、日本では戦国大名が一国史の枠内部の「天下統一」にとどまらず対外的に活動し、また、東アジア交流の活発な都市や港町を拠点とする豪商（貿易商人）が急激に成長した。

　戦国大名による対外活動は、アジアの広範囲におよんでいた。特に、環東シナ海域の一角に位置する九州の戦国大名にとって、目前に広がる海は決して「陸路」交通の妨げとなる壁ではなく、自領と他領をつなぐ文字通りの「海路」として認識されていた。むしろ、その海の道に、あるいは自前の船を就航させ、あるいは行き交う船をチャーターして、諸外国と交易を行うことによってはじめて、陸上に拠点を置く彼らの大名領国制の基盤が維持されていたとさえも言えるのだ（鹿毛敏夫『戦国大名の海外交易』）。

　一六世紀半ば以降、戦国大名の対外活動は東南アジアから南アジア、そしてヨーロッパへと、地球を俯瞰《ふかん》する広範囲に拡大していく。大友氏はポルトガルのインド総督への使者をゴアへ派遣し、また、松浦《まつら》氏はアユタヤ国王へ書簡と武具を贈答した。カンボジア国王との間では、一五七〇年代初頭までに大友氏がその外交関係の締結に成功したが、九州を二分する軍事衝突（豊薩合戦《ほうさつかっせん》）以降は、軍事的優位に立った島津氏がその通交を遮断し、自らカンボジアとの善隣《ぜんりん》外交関係を構築しようとした。

　さらに、一五八〇年代になると、大村純忠や有馬晴信が主導して、ローマ教皇らに向けた書簡を携えた天正遣欧使節を派遣した。そして、一七世紀初頭には、島津義久《よしひさ》が琉球王国への介入を強めて出兵し、伊達政宗《だてまさむね》はメキシコ経由でヨーロッパに渡る慶長遣欧使節の派遣を実行した。

一六世紀日本の戦国大名は、明代の中国からは、江南《こうなん》海域で密貿易を営む倭寇《わこう》集団の活動に責任を負う存在と見なされ、カンボジア等の東南アジア諸国からは、周辺国との軍事衝突が続くなかで外交的支持と軍事的援助を相互に得る善隣外交パートナーとして認識された。さらに、ヨーロッパのイエズス会においては、東アジアにおけるキリスト教の布教を庇護しうる「国王」として、その宣教活動の成果を証明する絵画等の画像に戦略的に描かれた。こうした戦国大名の実態への評価は、私たちが通常の日本史の文脈でとらえる国内評価とは大きく異なるものであり、歴史を人間集団間の相関性から考察した成果として、世界史上に提示することが可能である。

## 新しい歴史学の手法

戦国大名は、決して国内の国盗《くにと》り合戦に終始したのでなく、「領国」の為政者《いせいしゃ》として多様な外交チャンネルの締結を模索しながら、対外的な活動を繰り広げていた。そうした意味で、この時代を歴史的に評価するには、日本史の文脈と世界史の文脈を人間集団間の関係性を強く意識しながら相対的に結び付けていく営みが大切である。

近年、世界史と日本史の統合が急務と言われるようになっている。かつての大学の史学科にありがちな「日・東・西」(日本史・東洋史・西洋史)の枠組みに不必要に縛られることなく、各専門分野の研究者が、あえて不得意な非専門分野に入り込み、慣れない史料と格闘するなか、自己の専門分野の研究成果を相対化させることで、より客観的な歴史科学のあり方が見えてくるだろう。現代国民国家の歴史としての「内向きの日本史」「各国の世界史」ではなく、人間集団間の関係性や相関性をより強く意識した相対的論理思考で、日本史の文脈と世界史の文脈を結び付けていく作業が大切である(羽田正『新しい世界史へ——地球市民のための構想』)。

日本史・アジア史・西洋史等の歴史空間軸を同時代史的にとらえ、かつ、文献史学・考古学・分析化学等の学問軸を横断する学際的研究を進めていくことで、これからの世界にとって有益な相対化された歴史研究の成果が生まれるものと期待される。「世界史の中」の戦国大名が見せるこの新たな歴史像は、時代を個別国家の枠組みを超えてとらえ、従来の国民国家史を相対化して考えていく新しい歴史学の手法につながるものと考えたい。

戦国大名と呼ばれる日本列島内の地域社会の為政者は、列島の外の世界に向けてどのような活動をし、またその活動が周辺諸国にいかなる影響をおよぼしていたのか。そして、一六世紀における彼らの動きは、その後の近世・近代日本社会の動向にどう結び付いていったのか。

「世界史の中」での戦国大名は、きっと読者の皆さんがよく知っている「日本史の中」の戦国大名とは異なる別の姿を見せるはず。まずは第一章、かつてあの足利義満《あしかがよしみつ》が国交樹立のためにひれ伏したことのある強大な明王朝を相手に、表裏を使い分けた計略を凝らしながら精一杯の背伸びをして外交交渉に挑む戦国大名たちのようすから紹介していくことにしよう。

# 第一章　「倭寇」となった大名たち

## ——戦国大名と中国

日本国王之印箱（左）と木製模造「日本国王之印」背部（右）（毛利博物館）

## 1　室町将軍・守護大名と明王朝

### 足利義満の対中国国交再開

「世界」へと進出しようとした戦国大名たちの活動の「前史」として、まず中国明《みん》王朝を中心とする東アジア世界のなかでの室町将軍と守護大名・戦国大名たちの諸活動から叙述していこう。話は、戦国時代のさらに二〇〇年前にさかのぼる。

元《げん》に代わった漢民族王朝の明は、中国を中心とする伝統的な国際秩序の回復を目指し、近隣諸国に朝貢《ちょうこう》を勧誘した。その結果、東アジアからインド洋にいたる広い範囲で朝貢貿易による外交関係が展開した。日本からも、一五世紀初めの応永八（一四〇一）年五月、室町幕府の三代将軍足利義満が、「日本准三后道義《にほんじゅさんこうどうぎ》」の名で起草した国書を明朝の建文帝《けんぶんてい》に送った。これを受けた建文帝は、義満を「日本国王」と認める詔書を作成し、その使者が翌応永九（一四〇二）年九月に北山殿《きたやまどの》（金閣《きんかく》）で義満に接見した。ここに、日本と中国の国交が、遣唐使の時代以来およそ五〇〇年ぶりに正式に再開された。以後、一六世紀半ばの戦国時代までのおよそ一五〇年間にわたって、日本から中国へ遣明船《けんみんせん》が派遣されることになった。

日明貿易は、日本国王が明の皇帝に朝貢し、その返礼品を受け取るという形式をとらなければならなかったため、国内ではその形式に反対する意見も少なくなかった。だが、朝貢形式の貿易は、使節の滞在費や進貢品の運搬費などのすべてを明側が負担するとともに、下賜品《かしひん》の価値が高く、また付随して行える公貿易（明政府が日本からの荷物を買い上げるもの）と私貿易（中国人民間商人との取引）の利潤が大変大きかったため、幕府の派遣になる「公方船《くぼうせん》」に加えて、資本力を有する大寺社や有力守護大名が遣明船経営者としての事業参入を望んだのである。

## 将軍権力の分裂と遣明船経営権の競合

そうしたなか、一五世紀末の明応《めいおう》二（一四九三）年、室町幕府の管領細川政元《かんれいほそかわまさもと》は、クーデターによって一〇代将軍足利義稙《よしたね》を廃し、新たに義稙の従弟義澄《よしずみ》を一一代将軍に立てた（明応の政変）。幕府の将軍権力が義稙系と義澄―義晴《よしはる》系に分かれたことを契機として、分裂した将軍権力は各々に、日明貿易の利潤の分配や、貿易に必要な勘合の頒布《はんぷ》をちらつかせて求心力の確保に奔走した。

例えば、明応五（一四九六）年に明応度の遣明船が帰国した際に、越中《えっちゅう》に流浪していた義稙がとった手段について、『大乗院寺社雑事記《だいじょういんじしゃぞうじき》』明応五年四月二八日条には、「唐船《からふね》三艘、当年帰朝すべくなり、各《おのおの》和泉《いずみ》堺《さかい》の地下人《じげにん》一万貫の雑物《ぞうもつ》これを積み、三倍・四倍に成るべくの間、三艘は数万貫足なり。越中御所より大内・大友・嶋津三人に兵粮米《ひょうろうまい》として一艘宛これを下さる、罷《まか》り上り運忠致すべき旨、御内書《ごないしょ》をもって仰せ出され、各畏《かしこ》み入る旨申し入れ」とある。帰国する三艘の遣明船には堺の商人たちが一万貫の物資を積んでおり、その利益は三倍・四倍になるため、三艘で数万貫になる。ところが、越中にいる義稙より、守護大名の大内・大友・島津の三氏に一艘ずつの船を兵粮米として与えるので、自身の上洛を援護するよう命令がなされ、三氏はそれに応じた、との内容である。

一方、義澄側が大名を取り込むためにとった次の手段は、さらに興味深い（「大友家文書《おおともけもんじょ》録《ろく》」）。

唐船の事、望み申さるるの趣、聞こし召し入れられ畢《おわんぬ》、初度においては、御代始めの御船として、これを渡さるべし、その次に至りては、鹿苑院殿《ろくおんいんどの》百忌については相国《しょうこく》寺《じ》に寄せらるるの段、宜《よろ》しく存知致すべし、然《しか》る間、三ヶ度においては□申し請けらるるの旨、御成□有るべく□

□□元年閏《うるう》六月十三日

（飯尾清房）加賀前司　在判

（飯尾元行）大和守　在判

大友備前守《びぜんのかみ》殿

［現代語訳］

唐船を所望していることを、将軍に上聞致した。次回最初は代始めの将軍船として派遣する。その次は、鹿苑院殿の百回忌として相国寺に権利を与えることを理解いただきたい。そのため、三度目の派遣において……………

□□元年閏六月十三日

飯尾加賀前司清房　在判

飯尾大和守元行　在判

大友備前守親治殿

文亀《ぶんき》元（一五〇一）年に大友親治《ちかはる》が、「唐船」経営権の獲得（具体的には、遣明船派遣に必要な勘合の頒布）を幕府に対して望んだようである。それに対して、室町幕府奉行人の飯尾清房《いいのおきよふさ》と元行《もとゆき》は、次回、最初の遣明船は将軍義澄の代始めとして幕府が送り、その次の派遣船は永正《えいしょう》五（一五〇八）年の「鹿苑院殿」（足利義満）百回忌の費用捻出のため相国寺に権利を与えるので、三度目の派遣を待つようにと伝えている。

帰国した遣明船の積み荷を兵粮米代わりに与えて諸大名の軍忠奉公を求めた義稙に対して、義澄側は、この三回先に派遣する予定の未来の遣明船の経営権を与えることを約して、大名を傘下に取り込もうとしたのである。

実際のところ、この約束通り、未来の遣明船の経営権が、勘合の頒布という形で幕府から大友親治に与えられている。すなわち、「大友家文書録」には、細川政元の被官《ひかん》赤沢宗益《あかざわそうえき》が、「勘合の儀に□き、尊書《そんしょ》の旨、則《すなわ》ち披露《ひろう》せしめ候、内々これを進《まい》らすべき由に候」と、勘合頒布を求める大友氏側の書状を主君政元に披露し、その頒布内諾を得たことを伝える書状が収載されている。そして、政元自身も、「方々より申し候と雖《いえど》も、所望《しょもう》の旨承《うけたまわ》り候の条、これを渡し進《まい》らせ候」と、方々から要望があるが、大友氏からの要望に応えて勘合を進呈するとの書状を親治に送っている。

## 幕府外交から大名外交へ

このように、一五世紀初頭に足利義満が明と取り結んだ国家的外交関係は、その後一〇〇年の時を経て構造的に変質していった。義満が明皇帝から冊封《さくほう》された「日本国王」号は、対明貿易を行い得る日本側唯一の有資格者の名義として機能するようになり（村井章介『増補 中世日本の内と外』）、また、明側から交付された勘合は、時の政権による諸大名への政治・軍事的懐柔政策や、窮乏著しい幕府財政を補完する収入源として、有力諸大名に切り売りされるようになったのである（橋本雄『中世日本の国際関係』）。そして、この勘合の物権化は、中世日本外交の性質を根本的に変化させた。以後の日明関係は、幕府外交から諸大名外交へと変質していくことになったのである。

応仁元（一四六七）年に勃発した応仁・文明の乱以降の遣明船は、将軍に密着して勘合交付に関与し、堺商人との結びつきの強い細川氏と、西国の要港をおさえ、博多商人とつながりをもつ大内氏による、寡占《かせん》状態となる（村井章介・橋本雄「遣明船の歴史——日明関係史概説」）。一五世紀後半は細川側が優勢であったが、永正五（一五〇八）年になると、流浪していた足利義稙が大内義興《よしおき》に擁《よう》されて上洛《じょうらく》して将軍職に返り咲くなど、国内情勢は緊迫した。

永正一〇（一五一三）年に永正度の遣明船が帰国すると、義稙復職の立役者として権力を握る大内義興は、明から交付された正徳《せいとく》勘合を獲得した。その結果、次回の大永《だいえい》度の遣明船は、三艘とも大内氏の経営となり、正徳勘合一〜三号を携えて大永三（一五二三）年四月に寧波《ニンポー》に入港した。一方、対抗する細川高国《たかくに》も、旧《ふる》い弘治《こうち》勘合を持した船一艘を派遣し、大内船に遅れて寧波に入港させた。ここに、国内で対立する有力二大名による寧波の乱が始まるのである。

### 寧波の乱

事件の発端は、外国使節の迎接や朝貢貿易を監督する寧波の市舶太監《しはくたいかん》が、先に到着していた大内船より細川船を優遇したことにあった。

そもそも、中国において朝貢貿易を管轄する官庁の市舶司《しはくし》は、唐代には広州《こうしゅう》に、南宋・元代からは泉州《せんしゅう》や慶元《けいげん》（寧波）などにも設置された。明代においても広東《カントン》（広州）・福建《ふっけん》（泉州）・浙江《せっこう》（寧波）に三市舶司が置かれ、広東市舶司は東南アジア・インド洋域からの朝貢国を、福建市舶司は琉球《りゅうきゅう》を、そして浙江市舶司は日本からの朝貢を管轄した。その主な職務は、貿易船の登記、渡航許可証の発給、進貢品の点検・計量、輸入品の政府買い上げ、関税の徴収、朝貢使節の応接などである（中島楽章「寧波における迎接体制」）。

細川船は入港に遅れをとったうえに、持参した勘合は一代前の弘治勘合であったが、寧波当局は、貢納品の臨検で細川方を優先し、使節歓迎の宴席でも彼らに上席を与えて接待した。これは、細川船の副使宋素卿《そうそけい》が、市舶太監の頼恩《らいおん》に賄賂《わいろ》を贈ったことによるとされる。

細川方の裏工作に激怒した大内方は、宋素卿らの殺戮《さつりく》を企図し五月一日に蜂起した。まず官庫を襲撃して預けていた武器と貢納品を強奪し、武装して寧波の東南城門に立てこもった。そして五月三日には、細川方の正使鸞岡瑞佐《らんこうずいさ》ら十数名を拘束・殺害し、さらに使節宿舎の嘉賓堂《かひんどう》を襲い、細川船に火をつけて焼き払った。宋素卿ら七十数名は寧波から西の紹興《しょうこう》に逃亡したが、大内方はこれを追撃して紹興府城に押し寄せた。城門を閉じて防備する府城に入れなかった大内方は引き返して、寧波衛の袁璡《えんしん》を拉致《らち》したまま船で逃亡したのである。

この事件に対し、明側は首謀の大内方関係者を捕縛することができず、結局、宋素卿と細川方の人物を拘留して尋問を行った。そして五ヵ月後の一〇月に、大内方逃亡者のうちの「中林《ちゅうりん》」と「望古多羅」（マゴタロウか）という二名の日本人捕虜と首級三三が、朝鮮国王の使者によって明に届けられた（『朝鮮王朝実録《ちょうせんおうちょうじつろく》』中宗《ちゅうそう》一八年七月甲戌《こうじゅつ》条）。科道官による捜査と刑部の審理を経た嘉靖《かせい》四（一五二五）年四月、皇帝は、細川方の宋素卿と大内方の「中林」「望古多羅」の二名に死罪を命じた。それと同時に、日本に対しては、大内船の正使謙《けん》道宗設《どうそうせつ》ら暴動当事者の身柄引き渡しを求める勅諭《ちょくゆ》を、琉球を仲介として伝えた。さらに、拘留されていた細川方の関係者には無罪帰国が許され、これも琉球を仲介して日本に送還されることになったのである（『明世宗実録《みんせいそうじつろく》』嘉靖四年六月己亥《きがい》条）。

## 2　明朝にとっての戦国大名

### 大内・細川氏の国際情報戦略

一六世紀前半の日本国内で覇権を競い合う細川氏と大内氏の抗争が、対明朝貢の窓口である寧波で勃発したのみでなく、その暴動首謀者の捕縛や皇帝勅諭の伝達、関係者の帰国送還という事件処理に、朝鮮や琉球までもが関わる東アジア規模の国際問題に拡大していることは、注目に値する。

実は、当事者である大内・細川両氏も、事態の国際的な波及を自覚していた。そしてその解決を自らに有利に導くべく国際カードを切っていることは見逃せない。

事件から二年後の『朝鮮王朝実録』中宗二〇（一五二五）年四月乙巳《いっし》条によると、二年前に寧波の「府庫を窺《うかが》いて焼火」した「奸細《かんさい》の徒」は細川方だと訴え、捕虜とされている者たちを「送り奉り」たいので明皇帝に仲介してほしい、との「日本国王」の書簡が朝鮮に届いている。その内容からして、書簡の発給者は大内義興であろう。大内氏は、旧くから関わりの深い朝鮮王朝を介して、「大明上皇の清聴《せいちょう》」を得ようと画策したのである。

これに対して、細川高国が仲介を依頼したのは、琉球であった。『明世宗実録』嘉靖九（一五三〇）年三月甲辰《こうしん》条には、即位して間もない琉球国王尚清《しょうせい》の朝貢の記事がある。そこに、四年前に没した先代尚真《しょうしん》を介して「日本国王　源《みなもとのよしはる》義晴」から明皇帝への「表文《ひょうぶん》」が届いたこと、その書簡には、本来京都にもたらされるべき正徳勘合を大内氏に強奪されたため、旧い弘治勘合を持たせて朝貢しただけで、本来的に「日本国王」を名乗れる地位にあるのは、前将軍足利義澄の跡に自らが擁立した義晴であるとして、高国は、その真正の

「日本国王源義晴」のもとに新たな勘合と金印を授けてほしいと、琉球国王を通じて明に訴えたことが記されている。

中国寧波で勃発した日本の大内・細川両大名の軍事衝突「寧波の乱」は、このように、日中二国間関係の枠を超え、両大名自らが朝鮮王朝と琉球王国を巻き込んでの東アジア規模の国際情報戦を繰り広げるなかで、その事後処理の道筋が模索された事件であった。

**義隆没後も続く遣明船**

その後、日本国内では、大永六(一五二六)年に細川高国に対抗する細川晴元《はるもと》・三好元長《みよしもとなが》らが阿波《あわ》で挙兵し、翌年京都に侵攻したことで、高国は近江《おうみ》に逃れ、政治的求心力を失った。これによって、以後の遣明船経営権は大内氏が集約することになり、その後の天文《てんぶん》八(一五三九)年度と同一六(一五四七)年度の遣明船は、享禄《きょうろく》元(一五二八)年に没した大内義興の跡を継いだ大内義隆《よしたか》による独占派遣となった。

周防《すおう》の大内氏は、この三一代当主義隆の時期に全盛を迎え、山口《やまぐち》に本拠を置いて周防・長門《ながと》・安芸《あき》・石見《いわみ》・備後《びんご》・豊前《ぶぜん》・筑前《ちくぜん》の七ヵ国守護職《しゅごしき》を兼任する日本最大級の大名に成長した。そうした時期に独占的に経営・派遣されたのが、天文年間の二度の遣明船であった。天文一〇(一五四一)年と同一九(一五五〇)年にそれぞれ帰朝した船が大内氏の大名財

大内義隆

政にもたらした利益は計り知れず、また、その本拠の山口は文化的にも爛熟《らんじゅく》した。

しかし、天文二〇（一五五一）年九月、その絶頂にあった義隆が、不満を抱いていた家臣の陶隆房《すえたかふさ》に謀反《むほん》を起こされて自害した。この騒動以降、日本から明に渡って皇帝への進貢を遂げた遣明使節の記録は途絶えた。この事実をもって、一般的な日本史の辞典や教科書では、日明間の勘合貿易は断絶した、と説く。

だが、その通説にそぐわない、いくつもの事例を紹介しよう。

貿易の実権を握った大内義隆が、陶隆房によって自刃《じじん》に追い込まれたのは天文二〇年九月一日のことである。しかしながら、例えば、その二年半後の天文二三（一五五四）年三月に、肥後《ひご》の戦国大名相良晴広《さがらはるひろ》が「大名船」を明に派遣している（田中健夫「不知火海の渡唐船――戦国期相良氏の海外交渉と倭寇」）。また、弘治《こうじ》年間（一五五五〜五八年）には、倭寇禁圧を要求するために来日した鄭舜功《ていしゅんこう》の帰国に随行して、豊後《ぶんご》の戦国大名大友氏が使僧を派遣して明に入貢している。さらに、同じ使命を帯びて来日した蔣洲《しょうしゅう》の帰国に際しては、義隆没後に大友家からの養子として大内家を継いだ大内義長《よしなが》とその兄の大友義鎮《よししげ》が、連合遣明船を派遣している。中国側の史料によると、この時、大内義長は倭寇被虜《ひりょ》の中国人の送還を名分として明へ入貢している。その際、大友義鎮の遣明船は明側から「巨舟」と称された（田中健夫『中世対外関係史』、鹿毛敏夫『アジアン戦国大名大友氏の研究』）。

無論これらの遣明船は、勘合の不備などの理由で入貢を拒絶されたが、ここで確認しておくべきことは、通説の「大内氏が滅亡した一五五一年をもって勘合貿易が断絶した」とされる時期以降にも、相良・大友・大内ら西日本の地域大名によって遣明船が派遣され続けていたという事実である。例えば、前述の大友氏の遣明船は、勘合の不備により寧波への入港を拒絶されたが、彼らはそのまま日本に帰国したのではなく、中国沿岸を南下して福建省の浯嶼《ごしょ》にあらわれている。浙江での公貿易をあきらめ、沿岸警備の手薄な福建での中国人海商を相手とした貿易に切り替えようとしたのである。

## 胡宗憲と大内義長・大友義鎮

このような日本の地域大名の貿易活動は、海禁《かいきん》のたてまえをとる中国側から見れば、まぎれもない密貿易行為であり、その活動は倭寇的行為そのものと見なされた。

嘉靖三五（弘治二・一五五六）年、新たに浙直総督となった胡宗憲《こそうけん》は、倭寇的活動の取り締まりを日本側に要求するため、蔣洲と陳可願《ちんかがん》を日本に派遣した。

蔣洲と陳可願は、日本の五島《ごとう》(長崎県)でまず王直《おうちょく》らに会った。そして陳可願は王直との会見の報告のため先に明に帰り、一方、蔣洲は豊後に滞在し、使者を山口に派遣して倭寇の取り締まりを要求した。これを受けて山口の戦国大名大内義長は倭寇被虜の中国人を本国に送還するとともに、日本国王の印を用いて朝貢した。一方、豊後の大友義鎮も、蔣洲を本国まで護送するとともに、使僧徳陽《とくよう》に貢物を献上させ、上表文《じょうひょうぶん》で倭寇の罪を謝し、さらに新規の勘合頒布を願って朝貢した。

蔣洲が対馬《つしま》の宗氏に宛てた嘉靖三五(弘治二・一五五六)年一一月三日付咨文《しぶん》(東京大学史料編纂所蔵)には、「近年以来、日本各島の小民、仮るに買売をもって名となし、しばしば中国の辺境を犯し、居民を劫掠《ごうりゃく》す」と、日本人が商取引を名目に中国海辺に侵入し、民衆を脅かしていることを伝え、「旧年十一月十一日より来たりて五島に至り、松浦・博多に由《よ》り、已《すで》に豊後大友氏に往《ゆ》きて会議し、即ち遍《あまね》く禁制を各島の賊徒に行うを蒙《こうむ》る、回文《かいぶん》を備有し、船を撥《はっ》し徳陽首座《しゅそ》らを遣わし、表を進めて物を貢す」と、自らが五島から松浦、博多を経て豊後に来たこと、豊後では大友氏と会合して倭寇禁制を蒙り、各地の海賊衆への回文も得たこと、そして徳陽が上表文と貢物を携えて豊後から明へ発つことを連絡している。

## 「日本九州大邦主」

この時期の日本のようすを描いた西欧人の地図では、例えば、ポルトガルのイエズス会士ルイス・ティセラ（ティシェイラ、Luís Teixeira）は一五九五年に作成した日本地図で、本州部分をIAPONIAとし、九州全体をBVNGO（豊後）と表記し、また、オランダの地理学者ペトルス・ベルチウス（Petrus Bertius）も一六一〇年作成のアジア図で、本州部分をIapanとし、九州全体をBungo（豊後）と記している。つまり、一六世紀後半の日本に接近した西欧人は、九州全体をIAPONIA（Iapan）国に並立するBVNGO（Bungo）国と錯覚して認識していたのである。さらに、第二章でも述べるように、天正七（一五七九）年以前に大友義鎮はカンボジア国王と「金書」「貢物」を授受する善隣外交関係を構築しているが、その「金書」（カンボジア国王書簡）のなかでも大友義鎮は「日本九州大邦主」と呼ばれている。大内－大友連合の成立を機に始まった豊後大友氏の黄金時代が、実質的には第一・第二ピークあわせてもわずか一五年の期間にしかおよばないものの、接近した外国勢力の目には九州全域に勢力を拡大した九州の統一政権に見えていたのである。

倭寇禁圧宣諭《せんゆ》のために訪れた鄭舜功と蔣洲の二人とともに、日本のなかで主に豊後に滞在して大友義鎮との交渉に最も力を注いでいること、さらに、『日本一鑑《にほんいっかん》』窮河話海《きゅうがわかい》巻九によると、鄭舜功は当主大友義鎮のみならず臼杵鑑続《うすきあきつぐ》、吉岡長増《よしおかながます》など、加判衆《かはんしゅう》と呼ばれる当

**ペトルス・ベルチウスの「アジア図」。九州の右横に大きく「Bungo」と記されている。**

該期の大友政権中枢の奉行人七名とも交渉を重ねている。中国の明王朝側からも、大友氏が九州島各地に盤踞《ばんきょ》する日本人倭寇を制御しうる実質的な九州の支配者と見なされていたことがわかる。

統一権力をもたない地域分権の時代とも言える日本の戦国時代において、その地域公権を担った各戦国大名のなかでも、大友義鎮や大内義長のように環《かん》シナ海域の一角（九州や中国地方）に領国を有し、大船を建造する技術と財力をもち、さらに直轄水軍を軸に領国沿岸の海上勢力を組織しうる政治力と軍事力を保持した人物は、明政府からは、倭寇組織のうちの日本側構成員を統轄・制御しうる最上級首領と見なされていたに違いない。

**天文21（1552）～弘治2（1556）年頃の西国大名の力関係と中国対応**

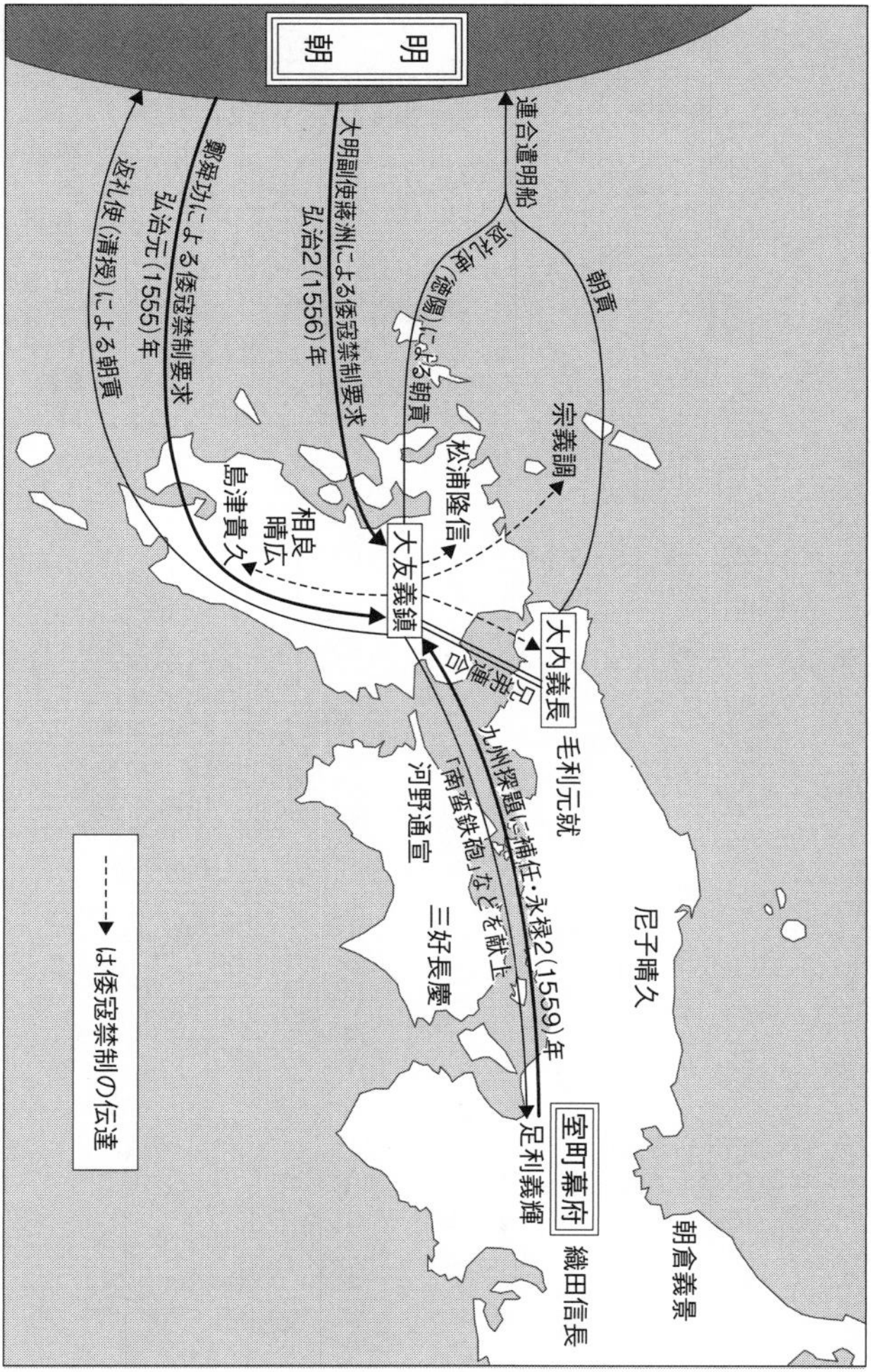

## 模造「日本国王之印」で朝貢

ここで興味深いのが、この蔣洲の宣諭を受けての大内義長と大友義鎮の対応である。大内義長が使用した日本国王の印は、現在、山口県の毛利博物館に蔵されている。印面一〇センチメートル四方桜材の木製「日本国王之印」で、「日本国昔年欽奉《せきねんきんぼう》 大明国勅賜《ちょくし》御印壱顆《か》」との由来を記した義長の証状が付属しているが、その判は弘治二（嘉靖三五・一五五六）年一一月付、まさに日本の「弘治」年号である。一方、大友義鎮も、上表文を認《したた》めて新たな勘合の頒布を願い出ている。

この大内義長・大友義鎮の明への交渉は、まさに「弘治」年間西日本の有力戦国大名の対明政策の特徴を物語っている。周知のとおり、日明間の勘合貿易は、その末期において実質的には大内氏が「日本国王」の名義で朝貢船を派遣していた。中国側でも、大内氏の名は貿易の継承者として周知されていたものと思われるが、大友家から同家に入った義長は、まさにその大内氏の名に拠《よ》って貿易を継承しようと試みたのである。

さて、「日本国王之印」を保有する対明外交貿易権継承者としての立場の認証に成功し、かつて大内義隆が天文年間に行った手順に基づいて「日本国王」としての遣明船団を派遣したつもりの大内義長と大友義鎮であったが、その後、思わぬ落とし穴が待っていた。義長が仕立てた遣明表を審査した明側が、一行の朝貢をしりぞけたのである。『明世宗実録』嘉靖三六（一五五七）年八月甲辰《こうしん》条では「豊後は進貢使物有りと雖《いえど》も、しかして実に印信勘合なし、山口は金印回文有りと雖も、しかして又国王名称にあらず」と、大友義鎮・大内義長共に、おのおの勘合の不備と国王名を名乗っていなかったことにより朝貢を許されなかったのである。

実は、遣明表の作成には、文書の様式や国王印の捺印箇所、そして通交者の名義にいたるまで細かな規定があり、天文年間の大内義隆による派遣では、相良武任《さがらたけとう》ら一部の奉行人のみがその書式に沿った文書の作成に携わっていた。陶隆房の乱によって義隆が没し、武任が排斥された後の大内家家臣のなかには、遣明表の作成に精通する人物がいなかった。外交故実《こじつ》に不慣れな大内義長は、「金印」の認証と「回文」の作成まではかろうじて成功したものの、肝心な自らの通交者名称を「日本国王」名義としていなかったのである。

ただ、むしろここで注目したいのは、「山口は金印回文有り」とした明側の判断である。大内義長が「回文」に捺《お》した木製「日本国王之印」（模造印）の印影が、明側ではかつて永楽二（応永一一・一四〇四）年に永楽帝が足利義満に下賜した正規の「金印」の印影と見なされているのである。

室町将軍が封をして幕府の庫に保管していた明国勅賜の「金印」が、どういう経緯で大内家に移り、また、どの段階で失われたのかは明らかでないが、義長が大内家家督を継いだ天文二一（一五五二）年の段階ではすでに正規の「金印」は失われていた。そこで模造した木製「日本国王之印」を捺印したのだが、さらに、蔣洲の使者に勅賜「金印」喪失の事実を悟られないようにするために、その模造印影に「日本国昔年欽奉　大明国勅賜御印壱顆」との由来を記した花押《かおう》入りの証状を作成し、残存していた勅賜金印箱に添えて使者に披露したのだろう（もちろん、模造した木印は箱の中に隠したまま）。

二〇一一年九月に毛利博物館の協力を得て木製「日本国王之印」と印箱（本章扉参照）の調査を実施したが、「日本国王之印」が木製模造であり、かつ本来、紐《ちゅう》がつく背の部分が斜めの粗削りのままであるのに対して、印箱の方は、外側の朱漆《しゅうるし》五面に雲龍《うんりゅう》文様を彫り金箔を押し込んだ中国伝統の鎗金《そうきん》技法で制作され（本章扉参照）、金象嵌《きんぞうがん》の錠も附属していた。印箱は、模造木印の箱ではなく、明らかに本来存在していた勅賜金印を収めるための金印箱と判断できる。

## 倭寇扱いされた大友船団

さて、明朝による一五五〇年代の倭寇鎮圧政策のなか、興味深い日本の戦国大名遣明使節の動向がある。前述の胡宗憲は、倭寇の中国側の最大の首領である王直を帰順させるため、王直の従前の罪を許し、また海禁政策を緩和して私貿易を許可することを伝えた。海禁緩和を知った王直は、山口、豊後をはじめ西日本各地の領主に連絡した。すると、許可を知った大友義鎮も喜び、早速に「巨舟」を建造し、使僧善妙《ぜんみょう》ら四十余人を帰国する王直に随行させ、彼らは嘉靖三六（一五五七）年一〇月初めに浙江省舟山島《しゅうざんとう》の岑港《しんこう》に着岸した。

ところが、許可されて入港したはずの一行が岑港に上陸すると、王直が明政府によって捕縛《ほばく》された。すなわち、胡宗憲の海禁緩和・互市《ごし》許可の政策は、倭寇の頭目《とうもく》王直を捕らえるための策略で、彼に同行して入港した大友義鎮の船団も、明政府からは海賊船団の一味（まさしく倭寇）としての扱いを受けたのである。そのため、王直配下の毛海峰《もうかいほう》は大友氏の使僧善妙らと共に手分けして防御柵を立て並べ、四面を取り囲む明の官軍の岑港入港を阻止した。

胡宗憲と王直は、同じ安徽《あんき》省徽州《きしゅう》府の出身である。両者の直接のつながりを示す史料は見つからないが、王直が胡宗憲を信用して捕縛されたいきさつの裏には、両者の何らかの接点が想起される。胡宗憲自身が倭寇と関わりを持っていた、あるいは、民間貿易容認を提唱する意図を持ちながらも、自らの弾劾《だんがい》の危険性のためにそれを実現できなかった可能性が指摘されている（増田真意子「明代嘉靖後期に於ける海禁政策の実行とその転換」）。

この岑港での攻防で、大友氏の遣使一行は船を焼かれてしまった。ところが、その後、彼らは、造船用物資を調達して岑港の裏手の柯梅《かばい》に移り、新たな船の建造に取り掛かっている。明側も厳しい攻撃を仕掛けたが、「浙江岑港の倭徒、柯梅に巣《そう》す、総督侍郎胡宗憲《じろう》しばしば兵を督してこれを討つも、克し能《あた》わず」という状況であった。やがて遣使団は、同年の「十一月に至りて舟を成し」、一三日に南洋に下海していった。

## 西国大名の二枚舌外交

交渉に失敗して舟山の柯梅を発った大友氏の派遣船団だったが、その後、素直に帰国の途に就いたわけではなかった。中国沿岸をさらに南下して、今度は福建省の浯嶼《ごしょ》にあらわれたのである。『明世宗実録』嘉靖三八(一五五九)年四月丙午《へいご》・同年五月癸未《きび》条の記録がそれを明示しているが、実は、明政府の厳しい攻撃を受けながらも、それを巧みにかわして華南海域で商取引を行おうとするこの船団の姿こそ、一六世紀倭寇の組織実体の一端そのものに他ならない。

すでに、一五世紀前半の守護大名大友親世《ちかよ》は、九州豊後から兵庫までの瀬戸内海を横断する一五〇〇石積みの大型構造船「春日丸《かすがまる》」を保有していた。また、一六世紀後半の大友義鎮は中国のみならず、南シナ海を横断して東南アジアへ渡る「南蛮に至り差し渡され候船」を派遣している(鹿毛敏夫『戦国大名の外交と都市・流通——豊後大友氏と東アジア世界』)。弘治年間直前の天文二〇年代に肥後の戦国大名相良氏が不知火海《しらぬいかい》から派遣した遣明船に関わる史料を分析した田中健夫氏は、「朝貢船以外の外国船はすべて密貿易船すなわち倭寇とする中国側の常識にたてば、不知火海の渡唐船は日本側ではたとえそれを普通の通商貿易船と考えていたにしても、中国側にとってはまぎれもなく倭寇船だった」と結論づけている（「不知火海の渡唐船――戦国期相良氏の海外交渉と倭寇」）。

明政府に対する勘合貿易継承工作に失敗したとみると、すかさず沿岸警備の手薄な華南海域での密貿易交渉に切り換える、この「変わり身」こそが、朝貢体制の枠組みをかい潜《くぐ》っての、日本の地域領主（日本国内史的には戦国大名）のアジア外交の実勢であった。一六世紀の日本の大内義長や大友義鎮、相良晴広らは、国内史的には日本列島周縁部に位置する戦国大名だが、中国を中心とした環シナ海域の世界秩序のなかでは、ひとまずは朝貢体制下の通交秩序に則った対明交渉者の一員としての姿勢を見せるものの、その交渉による実益が見込めないと判断した瞬間から、倭寇的勢力としての実像を顕在化させる存在だった。この外交交渉における二面性＝二枚舌性こそが、東アジア世界の伝統的宗主国家中国に対する日本の戦国大名外交の実態である。

## 明朝の恐れと期待

一方、古代以来「中華」の天子として周辺国の国王に徳を示して世界を統治してきたことを自任する明王朝にとって、一六世紀半ばの「東夷《とうい》」日本から押し寄せる倭寇の波は深刻さを増していた。明側の浙直総督胡宗憲や工部侍郎趙文華《ちょうぶんか》らは、特に嘉靖期の違法貿易の取り締まりに腐心し、なかでも王直と結託して公許を得ない密貿易を行う日本からの渡航船団の活動を、冊封体制《さくほうたいせい》という国家の根幹を揺るがしかねない外患《がいかん》(まさしく倭寇)と認識していた。倭寇禁圧要請のために、嘉靖三四(一五五五)年に派遣して翌年に帰国した鄭舜功や、同じく嘉靖三四(一五五五)年に派遣して同三六(一五五七)年に帰国した蔣洲に同行するかたちで朝貢を求めてきた大内義長と大友義鎮の遣明船の動きは、明側に大きなインパクトを与えたものと思われる。

大友義鎮の渡航船については、『明世宗実録』にあえて「巨舟」と表現していることに、その船の大きな特徴があらわれている。杭州湾の入り口に浮かぶ舟山島は、日本の種子島《たねがしま》ほどの小島で、その周囲には東シナ海を行き交う朝貢船が頻繁に往来していたはずである。数多くの渡航船のなかでも、あえて「巨舟」と称された大友船は、まさに物理的に大きな構造船であると同時に、イメージとしても王直らと連携して密貿易を行おうとする巨大倭寇船団であった。

加えて、岑港での攻防でその船を焼いたにもかかわらず、その使節一行が舟山島山間部に立て籠もり、やがて裏手の柯梅から新船で逃亡した事実は、胡宗憲らに大きな衝撃を与えた。『明世宗実録』嘉靖三七（一五五八）年七月条には、「桐油鉄釘を携帯し、柯梅に移駐して、舟を造る」との記録がある。異郷の島で使節一行が造船用の木材や「桐油鉄釘」を調達し、数ヵ月の時間をかけて新船を建造できた背景には、海禁政策をとる明政府に必ずしも従わず、むしろ互市（それは明政府から見れば密貿易）の取引相手として使節一行を匿《かくま》い資材や食料を提供する舟山島の一般民衆の存在が指摘されよう。

さらに、明側の認識で注目したいのは、先述した嘉靖三五（一五五六）年一一月三日付の大明副使蔣洲咨文の文書様式である。蔣洲が対馬の宗氏に宛てたこの咨文の原史料を見ると、複数箇所に「平出《へいしゅつ》（平頭抄出《へいとうしょうしゅつ》）」と「擡頭《たいとう》」が確認できる。これは、文書の文中に敬意を表すべき語句や人名が出てきた時に行う中国や日本の律令に規定された書式で、文章の途中で改行し当該用語を行頭に置いて書き出すことを平出、改行したうえにさらに通常の各行よりも二字または一字分上から当該用語を書き出すことを擡頭という。蔣洲咨文では、明朝皇帝の行為である「欽差《きんさ》」（勅命による派遣）と「旨《し》」（命令）の二語を最高厚礼してそれぞれ二行目と四行目に二字擡頭し、また、自国の「中国」についても二番目に敬って一字擡頭としているが、次に、三番目に敬うべき語句・人名として、「貴国」（日本）と「大

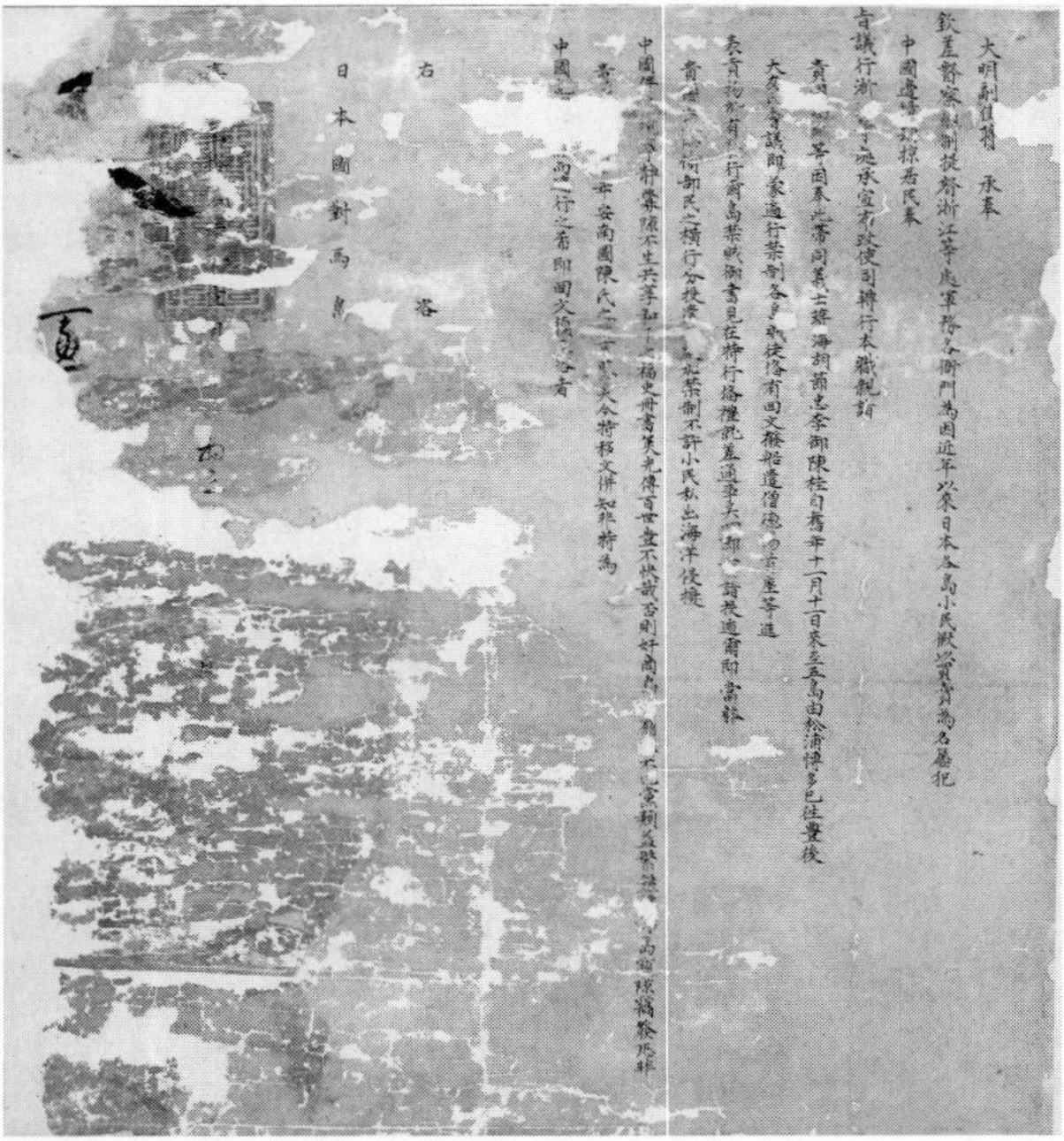

大明副使蔣洲咨文（東京大学史料編纂所）

友氏」の二語を平出扱いしているのである。

旧年十一月十一日より来たりて五島に至り、松浦・博多に由《よ》り、已《すで》に豊後大友氏に往《ゆ》きて会議し、即ち遍《あまね》く禁制を各島の賊徒に行うを蒙《こうむ》る

通常の日本国内的ヒエラルキーならば「豊後大友に往きて会議し」と表記されるところを、「大

友氏」と表記したうえで「貴国」（日本）と同列に扱って平出し敬意をあらわそうとしたこの咨文からは、一六世紀半ばの東アジアの国際情勢のなかで「北虜南倭《ほくりょなんわ》」（明朝を脅かす北方からのモンゴルと南方からの倭寇）への対処に苦しむ明朝の副使が、西日本の最有力戦国大名を最大限に遇《ぐう》することにより、彼らにかける倭寇禁圧への期待を読み取ることができるだろう。

## 「中華」世界からの脱却

しかしながら、日本の西国大名の姿勢は、表裏を使い分け、形式より実利を追い求める二枚舌外交であった。一五四〇年代の大内義隆の遣明使までは、従来同様の朝貢儀礼に則った対明外交を踏襲していたものの、その跡を継いだ大内義長や、九州の大友義鎮、相良晴広らの対明交渉は、同じ遣明使と呼ばれはしても、その外交の方針と性質はまったく異なっていた。

先に、嘉靖三六（一五五七）年の大内義長・大友義鎮合同派遣の遣明使が、勘合の不備および国王名義でないことを理由に寧波への上陸・入貢を拒絶されたのは、彼らの外交無知による失策だったと述べた。しかしながら、近年の研究では、彼らはあえて「日本国王」名義ではなく自己名義での通交を試みたものだとする説が浮上している（須田牧子「最末期の遣明船の動向と『倭寇図巻』」）。前述のように、この船が入貢棄却されたのは、天文年間の遣明船派遣を独占していた大内義隆が陶隆房のクーデターで没し、遣明表作成をはじめとする外交手順に精通していた家臣が排斥されたことにより、対明外交故実のノウハウが新当主大内義長に継承されなかったためとするのが、従来の一般的な考え方である。しかしながら、須田氏の分析では、義隆のもとで外交に携わっていた家臣の一部が義長政権にも見出され、対明外交のためのアイテムと人的基盤は義長時代に引き継がれていたとし、この弘治年間の遣明船は、互市の承認という明朝の新しい外交政策を前提として、日本の地域権力が倭寇禁圧の実績を掲げて「日本国王」を介さず自己名義で直接派遣した船だという。

この指摘に従うならば、戦国大名による一五五〇年代派遣の遣明船は、「日本国王」による朝貢形式で営まれてきた従来型の遣明船派遣事業とは一線を画す存在として、日明関係における新たな動向を示すものと評価されることになる。

すなわち、一五五〇年代の対明外交を主導した大友義鎮らの活動は、内紛状態にある戦国期日本において、地域の有力大名が「地域国家」としての主権意識を成熟させ、伝統的「中華」世界の殻を破って東アジア史の表舞台に登場し活躍した稀有な事例として評価することができる。そこで、以下の章では、戦国大名たちの意識のなかで成熟したその「地域国家」外交権の行使の実態について、対東南アジア・対ヨーロッパに視点を変えて見ていこう。

# 第二章　外交交易対象の転換
## ——対中国から対東南アジアへ

薩摩の硫黄島

## 1　硫黄輸出と鉄砲生産

### 「サルファーラッシュ」の遣明船

前章では、一六世紀の戦国大名による対明外交の実態を見てきたが、では、そもそも彼らを東シナ海を隔てた中国の地での交易に向かわせた原資は何だったのだろうか。ここではまず、誰もが中学・高校の教科書で習う「鉄砲伝来」との関わりから、その謎を繙《ひもと》いていこう。

最初に述べておくが、鉄砲伝来の「伝来」という言葉は、実は歴史の真相を語っていない。一六世紀半ばの日本にポルトガル人が鉄砲を伝えたのは事実だが、彼らは自前の船で来航したのではなく、戦国大名が派遣した遣明船と結んだ中国人倭寇王直のジャンクに乗船して日本にたどり着いたのであった。鉄砲技術の伝播《でんぱ》とは、まさしく当時の「世界史の縮図」である。「鉄砲伝来」は、単なる物の「伝来」ではなく、一五・一六世紀のアジアン・マーケットにおける日本人の能動的活動の歴史文脈のなかで理解する必要がある。

そこで、まずは「サルファーラッシュ」という耳慣れない言葉から紹介しよう。

足利義満の対明国交樹立から半世紀後、八代将軍足利義政《よしまさ》の代の宝徳《ほうとく》三（一四五一）年に日本から中国に渡った船団は、遣明船史上最多で、総勢九艘の船に一二〇〇人の使節団員が乗り込んだ大規模なものであった。各船には、膨大な量の進貢物と商売荷物が積まれていたと推測されるが、その具体的な量はどのようだったのであろうか。

奈良興福寺の門跡寺院である大乗院に伝来した記録のひとつである『大乗院日記目録』によって、その輸出積み荷の量を示すと表1のようになる。まず、太刀《たち》・長刀・槍をあわせた刀剣類がおよそ一万振《ふり》、扇が一二五〇本、蒔絵《まきえ》物が六三四色《しき》で、一五世紀のアジアのなかで高い技術水準にあった日本製の刀や工芸品が大量に中国へ運ばれたことがわかる。

ところが、この表でむしろ注目すべきなのは、日本産鉱物資源の輸出量である。「斤《きん》」は当時使われた重さの単位で、一斤はおよそ六〇〇グラム。換算すると、まず銅一五万四五〇〇斤は、九二トン七〇〇キログラムとなり、これまた膨大な量の日本銅が船で運ばれていたことになるが、もうひとつの鉱物資源硫黄のほうは、その倍以上の三九万七五〇〇斤。これは現在の単位の二三八トン五〇〇キログラムに相当する。現代に譬えて、軽自動車一台が一トン弱なので、全長三〇〜四〇メートルほどの木造帆船九艘に軽自動車二三八台（一艘平均二六台）分の重量の硫黄を積んで東シ

| 品目 | 輸出量 |
|---|---|
| 太刀 | 9500 振 |
| 長刀 | 417 振 |
| 槍 | 51 振 |
| 扇 | 1250 本 |
| 蒔絵物 | 634 色 |
| 銅 | 15 万 4500 斤 |
| 硫黄 | 39 万 7500 斤 |

**表1　宝徳3（1451）年遣明船団の主要積み荷の量（『大乗院日記目録』享徳2年12月27日条より）**

ナ海を横断したと考えればイメージが湧くであろう。つまり、足利義政が一五世紀半ばに中国に派遣した遣明船は、その積み荷の大半を硫黄（サルファー）が占める「サルファーラッシュ」の遣明船だったのである（鹿毛敏夫『アジアのなかの戦国大名――西国の群雄と経営戦略』）。

## 日宋貿易と硫黄

日本から中国への硫黄の輸出の歴史は、さらに四〇〇年ほどさかのぼった一〇世紀末から確認できる。宋代の中国では、火薬の兵器としての利用が拡大し、黒色火薬の原料としての硫黄・硝石《しょうせき》・木炭の需要が急増した。一一世紀になると、宋政府は、国内ではほとんど産出しない硫黄を日本から大量に買い付けることを計画し、また、軍需物資としての硫黄を国家的管理の下に置いた。鉄砲使用をはじめとした火器の時代の前提として、宋代以降の中国は、日本産硫黄のみならず、朝鮮半島や東南アジア、そして紅海《こうかい》やペルシア湾岸ルートを介した西アジア地域からも大量の硫黄を調達する流通システムを確立しつつあった（山内晋次『日宋貿易と「硫黄の道」』）。

一方、鎌倉幕府の側も、大宰府《だざいふ》を介して博多《はかた》の綱首《こうしゅ》（中国系有力貿易商人）に日本産の硫黄や金の輸出を託す請負貿易関係を結び、帰国した唐船から銅銭や陶磁器などの唐物《からもの》を得ていた。南宋の紹定《しょうてい》元（一二二八）年に編纂された地誌『宝慶四明志《ほうけいしめいし》』では、日本から南宋への輸出品として、金・真珠・水銀・硫黄・木材などが挙げられている。また、宝祐《ほうゆう》六（一二五八）年ごろ作成の南宋官人の奏状によると、「倭商」と呼ばれた博多綱首ら中国系貿易商人が、自身所有の「倭金」に加えて、日本の「国主・貴臣」（有力領主）から預かった「倭板・硫黄」（日本産の木材と硫黄）を携えて毎年来航しているという（大塚紀弘『日宋貿易と仏教文化』）。

近年の発掘調査によると、一一世紀後半から一二世紀前半に機能していたと推測される博多の港湾関連施設（船積荷物の集積場所）の遺構から、豊後《ぶんご》および薩摩《さつま》産の硫黄粒数十点の出土が確認されており、これらの硫黄は、九州各地の硫黄産地から日宋貿易の輸出品として博多の港に集荷されたものと推定されている（大庭康時「博多遺跡群出土の中世初頭の硫黄」）。日本産硫黄は、平安後期から鎌倉・室町・戦国、そして江戸初期まで、一〇世紀末から一七世紀初頭までの長期間にわたる主要輸出資源だったのである。

## 遣明船の経営主体

話を一五世紀に戻して、前述の遣明船団の内実を見てみよう。

宝徳三（一四五一）年の遣明船は、九艘の船団で構成されていた。各船は、実は義政期にすでに財政難であった室町幕府から「勘合」という証票を買い取った有力寺社や有力守護

| 船 | 経営主体 |
|---|---|
| 一号船 | 天龍寺 |
| 二号船 | 伊勢法楽舎 |
| 三号船 | 天龍寺 |
| 四号船 | 聖福寺 |
| 五号船 | 島津氏（計画までの参入で実際には渡航せず） |
| 六号船 | 大友氏 |
| 七号船 | 大内氏 |
| 八号船 | 多武峰 |
| 九号船 | 伊勢法楽舎 |
| 十号船 | 天龍寺 |

**表２　宝徳３（1451）年遣明船団の経営主体**

大名が実質的経営主体となって運営した。一号船以下の経営主体は表2の通りである。

足利将軍家ゆかりの禅寺として京都五山第一位の格式をもつ天龍寺《てんりゅうじ》が、一号船・三号船・十号船の三艘の経営権を買い取って貿易船を派遣しているのはうなずけよう。そもそも天龍寺自体、足利尊氏《たかうじ》が元代の中国に貿易船を派遣して、その利益で造営した寺院である。他にも、伊勢《いせ》の法楽舎《ほうらくしゃ》、奈良《なら》の多武峰《とうのみね》、博多の聖福寺《しょうふくじ》など、室町時代に趨勢を誇った各地の大寺社が船団経営に参入している。

一方、五号船から七号船の経営権を買い取ったのは、島津・大友・大内という西日本の大名であった。彼らは、それぞれ薩摩（鹿児島）・豊後《ぶんご》（大分）・周防《すおう》（山口）に本拠を据え、室町将軍から守護職《しゅごしき》という地域統治権を認められた有力武家であり、鎌倉・室町・戦国と続く日本の中世四〇〇年の歴史のなかで、守護大名から戦国大名へと成長していく。

三九万七五〇〇斤＝二三八トン五〇〇〇キログラムの硫黄は、こうした有力寺社・有力大名が経営する各船に分載して明へと運ばれたが、単純に九艘で割った平均量（四万四一六六斤＝二六トン五〇〇キロ）を積み込んだのではない。例えば、天龍寺経営の一号船は平均に近い四万三八〇〇斤＝二六トン二八〇キログラムを積んだが、伊勢法楽舎の九号船には一万一〇〇〇斤＝六トン六〇〇キログラムしか積まれていない。どの船に何をどの程度積むかは、その船の経営者である寺社や大名の財力と調達能力を示しており、伊勢法楽舎は天龍寺ほどの調達資金を有していなかったことがわかる。

## 九州産硫黄の「爆売り」

そんななか、船団中で最大量の硫黄を積載した船があった。豊後の守護大名大友親繁《ちかしげ》が経営する六号船である。この船の硫黄積載量は九万二〇〇〇斤＝五四トン一二〇キログラム。その量は、天龍寺一号船の二倍、伊勢法楽舎九号船の八倍に相当する。

一五世紀九州の一守護大名に過ぎない大友氏が、なぜこれほど大量の硫黄を調達して遣明船に積み込むことができたのか。その理由は明白である。豊後には、九州山地くじゅう連山の硫黄山《いおうざん》と、別府《べっぷ》温泉の西方に位置する伽藍岳《がらんだけ》・鶴見岳《つるみだけ》という硫黄鉱石の二大産地があり、大友氏はすでに一四世紀の段階からその産地と鉱石搬出ルートおよび拠点を掌握していたからである。

豊後の硫黄山（上）と伽藍岳（下）

遣明船に積み込む硫黄の産地は、大友氏領の豊後だけではない。『戊子入明記《ぼしにゅうみんき》』には、寛正《かんしょう》六（一四六五）年の遣明船について、「一、琉《（硫）》黄四万斤、大友方・志摩津《（島津）》方これを進《まい》らす」との記述がある。大友氏に加えて、薩摩の島津氏も輸出用硫黄を調達していたことがわかる。

薩摩の硫黄産地は、大隅《おおすみ》半島南端の佐多岬《さたみさき》から南西に四〇キロメートルほど進んだところにある硫黄島《いおうじま》（本章扉参照）である。その名の通り、まさに硫黄を産出するこの島では、現在でも標高七〇三メートルの硫黄岳の山肌から複数の噴煙が立ちのぼり、その煙口に黄色い硫黄鉱石が結晶するようすが見て取れる。

このように、日明貿易によって中国へ進貢・輸出された硫黄は、遣明船の渡航ルート上に位置する九州の二大守護大名によって開発された硫黄鉱山で採掘されたものだった。遣明船史上最高額となる二三八トンの硫黄を輸出した宝徳三（一四五一）年の船団では、その後の事情により島津氏の五号船の派遣は中止されてしまったが、もし計画通りに島津船が渡航したならば、五四トンを積んだ大友船に匹敵する量の硫黄が積まれたに違いない。自領内に硫黄鉱山を領有する九州の二大名の二艘だけで一〇〇トンを超える硫黄が輸出される計画だったわけで、その状況は、さながら中国に対する九州産硫黄の「爆売り」である。

京都相国寺《しょうこくじ》の僧瑞渓周鳳《ずいけいしゅうほう》の日記を抄出した『臥雲日件録抜尤《がうんにっけんろくばつゆう》』には、帰朝した六号船の商人から徴収する抽分銭《ちゅうぶんせん》（輸入関税）率を、大友親繁が他船より三割下げて賦課《ふか》したことを記している。他船平均の二倍を上まわる大量の硫黄を積載して対明交易を成就《じょうじゅ》させた大友親繁にとっては、抽分銭減額分を差し引いても余りある大きな利潤がこの遣明船経営からあがったことを物語っている。

### 鉄砲の国内生産体制の確立

室町幕府の足利義満が一五世紀初頭に始めた遣明船派遣による日明貿易は、こうして硫黄の輸出を軸に一六世紀半ばまで継続した。その最末期の遣明船のひとつに天文一三（一五四四）年派遣の三艘の船がある。これらの船は、九州の戦国大名大友・相良両氏（細川氏も加担）によって仕立てられ、種子島を経由して天文一三～一五（一五四四～四六）年にかけて相次いで明へ渡った。そして、その渡航船一艘に、種子島で生産された鉄砲を携えた松下五郎三郎という人物が乗船していた。この人物は、種子島の領主種子島時堯《たねがしまときたか》の家臣である。

種子島というと、ポルトガル人を乗せた中国人倭寇王直の船が来航し、種子島時堯に鉄砲を伝えた歴史的事実、いわゆる「鉄砲伝来」を想起するが、『鉄炮記』が記すその年代は天文一二（一五四三）年八月である（天文一一年八月説もある）。ポルトガル人は翌年にも種子島に再来して、当時日本人では難しかった鉄砲の銃底封塞《ふうそく》の技術を伝授した。鉄砲伝来地の領主種子島時堯は、伝わってわずかの期間で「数十」挺の鉄砲の自家生産に成功し、そのうちの一挺を携えた松下五郎三郎を遣明船に乗せたのである。

ところが、日本への鉄砲伝来は、種子島だけに限られたものではなかった。例えば、「大友家文書録」という古文書によると、九州豊後の大友義鎮《よししげ》は、天文二二（一五五三）年までにポルトガル人から種子島銃とは異なる系統の「南蛮鉄砲」を得ていたようである。義鎮から「南蛮鉄砲」の進上を受けた将軍足利義輝《よしてる》は、翌年一月に大友氏に宛てた礼状を認めているが、「鉄砲数多《あまた》ご座候えども、只今のご進上は類《たぐい》なく候」（各方面から多くの鉄砲が贈られてくるが、今回の大友義鎮進上のものは類例がない）と大喜びしている。

一方、九州大名による鉄砲の国内生産体制の確立も早かった。永禄《えいろく》六（一五六三）年、大友氏は豊後国三重郷《みえ》（大分県豊後大野市《ぶんごおおの》）の甲斐本鍛冶《かいもとかじ》を大名御用鍛冶とし、領内一般の鍛冶衆が保有する地鉄と炭のすべてを「公役《くやく》」として供出させる集中生産体制を敷いている。永禄初年は、自家製の鉄砲に改良を加えて複数回にわたって足利義輝に進上するほど鉄砲生産に傾倒した時期であり、甲斐本鍛冶が集中生産したのは、通常の刀ではなく鉄砲と考えて間違いないだろう。

## 硫黄内需の拡大

そしてここに、一五世紀以来一五〇年間にわたって派遣された遣明船の「サルファーラッシュ」に沸く九州の硫黄が、中国での外需に加えて、初めて国内需要に後押しされることとなる。

一六世紀半ばの伝来から十数年で確立された九州での国産鉄砲と火薬の集中製造技術は、その後、瞬《またた》く間に日本列島各地に伝わっていく。永禄二(一五五九)年六月、越後《えちご》(新潟《にいがた》)の長尾景虎《ながおかげとら》(上杉謙信《うえすぎけんしん》)は、将軍足利義輝経由で「鉄砲薬の法ならびに調合次第」(鉄砲用火薬の製造・調合の秘伝書)を入手した。「上杉家文書」によると、巻子《かんす》仕立てのその秘伝書は九州の大友義鎮が将軍家に献上したもので、火薬の成分となる硫黄・硝石・木炭の調合量と調合方法が詳細に記されている。特に、「硫黄、赤く黄色なるを用い申し候。青色なるは悪《あ》しく候。白砂など混じり候わば、それをばよく小刀にてこそげ落とし、調合しかるべく候」と、色味による硫黄の目利き（赤・黄色は精良、青色は不良）や砂の選別を詳述しており、硫黄産地の伝統に裏づけられた技術と言えよう。

戦国日本は技術革新の時代だった。種子島や九州に伝わった鉄砲は、短期間で国産化され、その生産技術が列島各地に伝播した。伝来からわずか数十年後には、国内に大量の鉄砲が普及し、各地で鉄砲を使った戦闘が行われた。そして、鉄砲の大量普及は、火薬の需要増を誘発し、その原料として、それまで輸出一辺倒だった硫黄の国内需要を高め、炭の安定生産方法も確立させた。輸入に依存していた硝石についても、国内生産の技法が開発されていく（中島楽章「一六世紀東アジア海域の軍需品貿易――硝石・硫黄・鉛」）。

## 堺出土タイ産陶磁器内の豊後産硫黄

その一方で、グローバル化が進行する世界のなか、一六世紀後半からの九州の戦国大名の外交方針の転換によって、戦国日本はアジアン・マーケットにおいてさらなる重要な位置を占めるようになる。それを象徴する事実として、近年の考古・分析化学の成果がある。

大阪府堺の一六世紀後半の町屋遺構から、タイ産の陶磁器五個が地中に埋まった状態で出土した。四〇〇年以上前の壺のため、通常ではその内部の貯蔵物は残存しないが、幸いなことに二個のタイ産壺は木蓋《きぶた》で密閉されていたため、内容物が当時の状態で残されてい

**堺出土のタイ産壺**

た。蓋をあけた瞬間、中に入っていたのは、硫黄だった（續伸一郎「堺環濠都市遺跡から出土した硫黄」）。

驚くのはこれだけではない。近年の分析化学の進展は著しいものがあり、わずかなサンプルから物質の組成や原料産地を探り当てることが可能である。タイ産壺内の硫黄についても、同位体比解析《どういたいひ》を行った結果、その産地が判明した。前述した九州豊後の伽藍岳産の硫黄であった（Mizota C., Yamanaka T. "A stable isotopic constraint on the origin of sulphur ore excavated from the exotic four-lobe jars that prevailed during late medieval to early modern times in Sakai（Osaka), south-western Japan"）。

さらに、同様の同位体比解析による考古遺物の分析は近年多岐にわたっており、同じ一六世紀後半の豊後府内《ふない》（大分市）の遺構から出土した多くの鉛玉（鉄砲弾丸）を調査したところ、その三〇パーセントがタイ南西部のソントー鉱山産の鉛とわかった。ソントーの鉛は、カンボジアのアンコール遺跡をはじめ東南アジア諸国に広く流通していたものである（平尾良光編『鉛同位体比法を用いた東アジア世界における金属の流通に関する歴史的研究』）。

## 一五七〇年代からの東南アジア交易

九州豊後の鉄砲弾丸にタイ産の鉛が使用され、鉄砲量産地の堺から出土したタイ産陶磁器に豊後産硫黄が充塡《じゅうてん》されていた事実は、何を物語るのか。そのからくりはこうである。

およそ一五〇年にわたって続いた遣明船による日明貿易に代わるものとして、九州の大名たちは次なる交易のターゲットを東南アジアに向けた。表3は、文献史料で確認できる戦国大名による一六世紀段階の東南アジア交易を一覧にしたものである。詳しくは後述するが、天正《てんしょう》元（一五七三）年におけるカンボジア国王との外交交易関係が確認できる大友義鎮から、タイ国王との歳遣船《さいけんせん》交易を求めた松浦鎮信《まつらしげのぶ》、そして大友氏に代わってカンボジア国王との外交関係締結を画策した島津義久《よしひさ》まで、いずれの外交事象も天正年間前半（一五七〇年代）に集中していることがわかる。

| 年 | 事項 |
| --- | --- |
| 天正元（1573）年 | 大友義鎮が「南蛮」（カンボジア）と交易（銀・鹿皮を輸入。商人頭は豊後豪商仲屋） |
| 天正３（1575）年 | 南蛮から大友義鎮への「虎の子四疋」が肥前平戸に着 |
| 天正４（1576）年 | 南蛮から大友義鎮への「石火矢」（大砲）が肥後高瀬に着 |
| 同　年 | 「暹羅」（タイ）使節乗船のジャンクが平戸に着 |
| 天正５（1577）年 | 「暹羅」使節乗船のジャンクが再度平戸に着。松浦鎮信が暹羅に歳遣船交易を求める |
| 天正７（1579）年 | 「甘埔寨」（カンボジア）使節が大友義鎮への象・銅銃・蜂蠟を持参し、島津義久が抑留 |
| 同　年 | 島津義久が「甘埔寨」に交易を求める |

**表３　文献史料で確認できる戦国大名による16世紀段階の東南アジア交易**

堺や豊後府内で出土したタイ産の陶磁器壺と鉛は、こうした一五七〇年代の九州諸大名と東南アジア諸国との外交交易関係、いわゆる初期の南蛮貿易（対東南アジア貿易）によって九州に運ばれたもので、日本からは銀や硫黄を輸出する一方、東南アジア諸国からは壺を容器（コンテナ）として硝石（火薬の原料）や鉛（鉄砲弾丸の原料）、蜂蠟《はちろう》（ロウソク・口紅の原料）などがもたらされたのである。

この南蛮貿易での輸入品は、まずは九州で船から下ろされた。その一部は火薬や弾丸、ロウソクの原料として現地で消費されるが、大部分は京都をはじめ列島各地に流通することになろう。そうしたなか、豊後で消費されてカラになった二個のタイ産壺に、新たに伽藍岳産の硫黄を入れたものが、瀬戸内海流通路を通って堺に運ばれた。こうして、一五七〇年代に織田信長の勢力下に組み込まれ鉄砲鍛冶による量産体制が敷かれていた堺で、タイ産壺に詰められた豊後硫黄を原料として、火薬が製造されたのである。

## 一五七〇年代の世界変革

グローバルヒストリーを含めた世界史と日本史における近年の多面的研究の成果によると、一六世紀における歴史の画期は、一五七〇年前後に求める考え方が一般的である。古くはチャールズ・ボクサーが指摘し、一九九〇年代にはデニス・フリンらが主張したようカ・アメリカに、旧来の個別大陸間の中距離交易に加えて、アジア・ヨーロッパ・アフリの四大陸を結ぶ恒常的な海上貿易の連環が完結して、いわゆる「世界貿易」が誕生した一五七一年が大きな画期としてとらえられる。その重要要因は、中国における銀の大量需要である。無論、銀の大流通に共時性の基礎をおく時代認識は、地域によって強度が異なるが、一五七一年前後の世界貿易の活性化は、地域による強さや方向性の相違を超えて相互に比較するに足るレスポンスを生み出している（岸本美緒「銀の大流通と国家統合」）。

さらに、明代中国史研究においても、海禁と朝貢貿易に伴う厳しい経済統制の維持が困難になった明朝が、一五六〇年代末についに海禁を緩和したことを大きな画期としてとらえ、一五七〇年前後からの東アジア海域が、「互市《ごし》」「往市《おうし》」などの多様な民間交易の秩序を新たに形成していく過程を、「一五七〇年システム」と称する研究もある（中島楽章「一四～一六世紀、東アジア貿易秩序の変容と再編――朝貢体制から一五七〇年システムへ」）。

実は、日本史においても、一五世紀初頭に室町幕府（足利義満）が樹立した対明関係を基軸とする東アジア世界での日本の外交関係は、その外交主体が同世紀後半以降に幕府から地域大名にすり替わるものの、「中華」世界における「日本国王」受認者が外交権を保持する（その主権をめぐって大内氏等諸大名が競合・対立する）という性質面においては、一五世紀初頭から一六世紀前半（一五五〇年代）まで変化はない。東アジア海域世界における日本外交に明確な性質転換が認められるのは、一五六〇~七〇年代からであり、この時期になって初めて日本外交は、中国皇帝から「日本国王」に冊封されることをもはや必要としない脱「中華」志向の外交へと切り替わっていった（鹿毛敏夫「戦国大名の『国』意識と『地域国家』外交権」）。

このように、世界史、中国史および日本史の各分野における海域史研究の近年の研究動向では、一六世紀における社会変革の画期を、一貫して一五七〇年前後に求める共時性を有している。

## 2 戦国大名の東南アジア外交

### 松浦鎮信とアユタヤ国王

では、一五七〇年代に始まる戦国大名の東南アジア外交の実態を、詳細に見てみよう。

まず、肥前平戸《ひぜんひらど》の戦国大名松浦鎮信については、松浦史料博物館蔵「松浦家文書」の「引書本付録十三番」に収められている「法印公与暹羅《ほういん》《シャム》国主書案」という史料がある。「法印」（松浦鎮信）が「暹羅国主」（タイ、アユタヤ朝の国王）に宛てた書状案で、日付は「天正五（一五七七）年正月吉日」となっている。

鎮信は、松浦隆信《たかのぶ》の長男として天文一八（一五四九）年に生まれ、永禄一一（一五六八）年に元服・家督継承した際に、大友義鎮より偏諱《へんき》を受けて「鎮信」を名乗った。晩年に出家して「式部卿法印《しきぶきょうほういん》」と呼ばれたが、天正年間初頭には、対立する大村純忠《すみただ》を攻略し、純忠の娘（松東院《しょうとういん》）を息子久信《ひさのぶ》の妻とする和議をまとめている。

史料では、「前歳、暹羅御皇の洪恩《こうおん》あり、もって郭六官《かくろっかん》宝舟を遣わ」されたことで平戸の松浦領国に「平安」が増したことを喜び、「今度《このたび》もまた呉老《ごろう》宝舟を蒙《こうむ》」り、アユタヤ朝からの国王使船が平戸に「二度渡海」してきたことを謝している。そして鎮信は、今後も「年々一舟を賜《たま》」えば「千歳万歳」と述べて、アユタヤ―平戸間で毎年一隻の定期船の就航を提案するこの書状を認めて、「日本平戸国源朝臣《あそん》松浦鎮信」名義で、アユタヤ「大国御皇」に送ったのである。

この「法印公与暹羅国主書案」から読み取れるのは、天正五（一五七七）年段階の松浦鎮信が、東南アジア方面との外交交易関係の締結に腐心している事実である。書状のなかで鎮信は、「もし日本の物御用の如《ごと》くんば、欽言を奉《たてまつ》って叙す」と、アユタヤ国王が必要な日本の物資をいつでも調達可能である旨を伝えており、アユタヤ―平戸間での歳遣船就航に並々ならぬ意欲を寄せていたことがわかる。

## 「唐船」が結ぶ平戸と「南蛮」

島津家久《いえひさ》による薩摩から京・伊勢への旅日記『中書家久公御上京日記《ちゅうしょいえひさこうごじょうきょうにっき》』によると、天正三（一五七五）年七月一二日から一八日の間、帰路の家久が平戸に滞在している。その七月一三日の部分には、「十三日、唐船《からふね》に乗り見物つかまつり候、なんばんより豊後殿へ進物とて虎の子四疋《ひき》、それをめずらしく見帰り候」とある。家久は、平戸に入港中の「唐船」に乗船見物し、その船内で、「なんばん」（南蛮）より「豊後殿」（豊後の領主大友義鎮）へ進物として贈られてきた「虎の子四疋」を珍しく見物したのである。

トラは当時、インドから東南アジア、中国、朝鮮半島にかけて広く生息していた動物だが、「なんばん」よりの進物と記されていることから、東南アジアの国からの贈答品と考えることが妥当であろう。

このアユタヤ―平戸間の航路を「虎の子」などの進物を積んで天正三（一五七五）年に移動した船について、『中書家久公御上京日記』は、「唐船」と表記している。一方、天正五（一五七七）年正月の「法印公与暹羅国主書案」においては、アユタヤから前年に来航したのが「郭六官宝舟」、今回来航したのが「呉老宝舟」と表現されている。「郭六官」と「呉老」は、いずれもその来航「唐船」を操る中国人船主の名前と考えられることから、一五七〇年代の天正年間初頭に、東南アジアと九州の間を中国人ジャンクが頻繁に往来していたことがわかる。

すでに、一五四〇年代の日本へのポルトガル人による鉄砲伝授は、自前のポルトガル船ではなく、中国人倭寇王直のジャンクに乗船しての出来事だったことは述べた。また、天文一八（一五四九）年に来日したフランシスコ・ザビエルが日本宣教活動の最初の目的地として鹿児島を選択したのは、その二年前に、マラッカで鹿児島出身のアンジロウ（アンジロー、ヤジロウ）という人物と出会ったことが契機である。その語学力と旺盛な知識欲をザビエルから認められたアンジロウは、マラッカでの出会いののち、ザビエルに随伴してインドのゴアに渡り、正式にキリスト教の洗礼を受けてパウロと名乗る。そして、再びマラッカを経由し、自らの故郷鹿児島にザビエルを案内している（海老沢有道「ヤジロウ考」、岸野久『ザビエルの同伴者アンジロー——戦国時代の国際人』）。その日本行きの船も、もちろん中国人が操船するジャンクだった。マラッカ海峡を抜け、南シナ海を北上するその船内で、中国人船長たちが頻繁に「偶像」を拝み、「おみくじ」を引いて船の針路を変えるのを見て、ザビエルらは進まない船内で大きなストレスを抱えたという（藤田明良「ザビエルが出会った〝悪魔〟の正体は？」）。中国人船長らによる航海神「媽祖《まそ》」への信仰と「杯珓《ペイジャオ》」による吉凶占いに翻弄されたザビエル一行の日本への船旅の記録は、人種や宗教観が異なる人間が乗り込んで雑居するジャンク船内の実態を物語っていて、おもしろい。

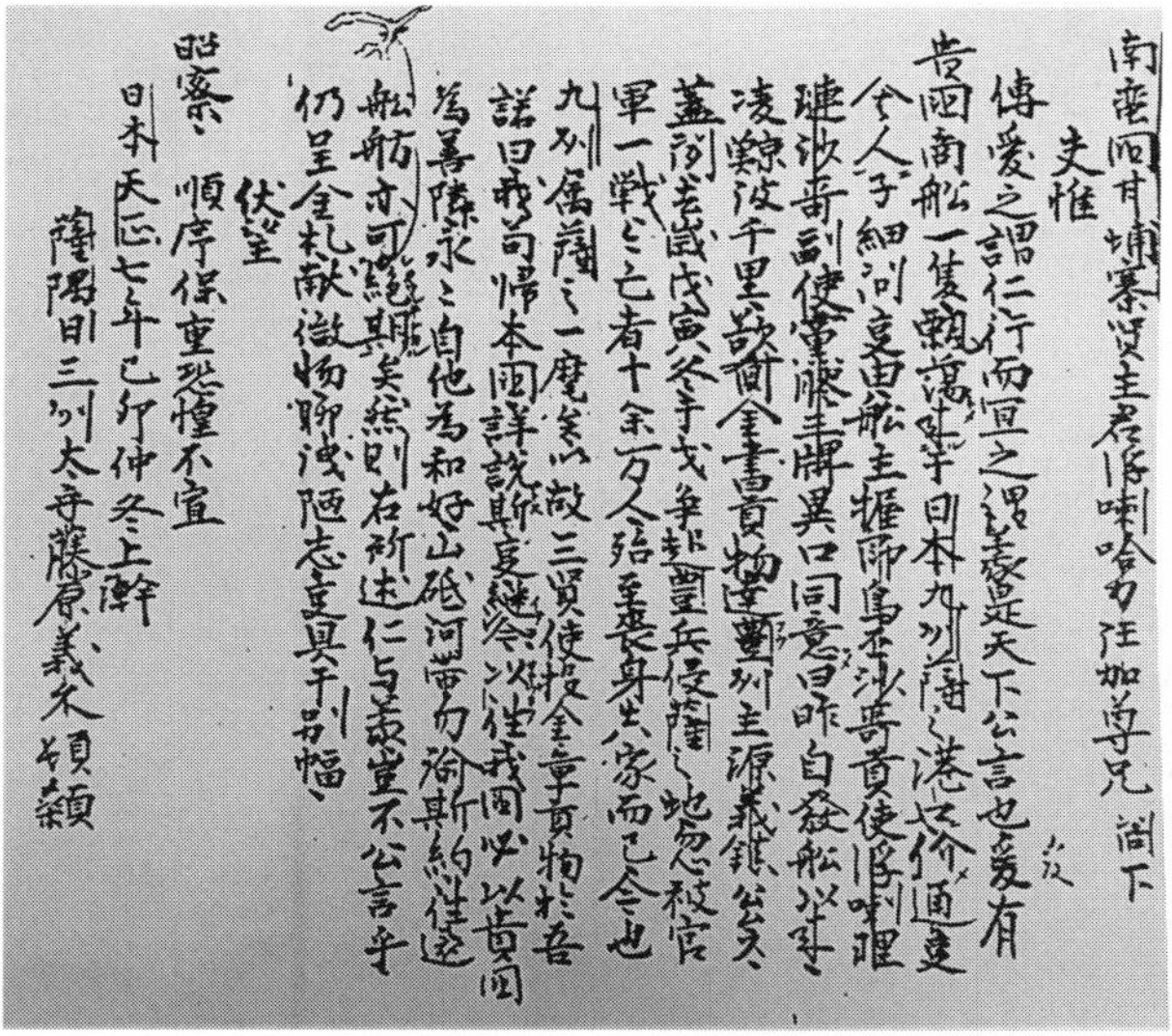
南蛮国甘埔寨賢主君浮喇哈力汪加等兄 閣下
夫惟
傳愛之謂仁行而宜之謂義是天下公言也爰有
貴国南船一隻颿颺于日本九州薩〻港以修通交
今人子細詢之由船主握郎烏丕沙哥貢使浮喇理
璉沙哥副使當膝夫牌異口同音曰昨自發船以来
凌鯨波千里啓貴金書貢物于豐州主源義鎮公
蓋例去歳戊寅冬干戈争起豐兵侵薩〻地忽被官
軍一戰〻亡者十余万人殆至喪身失家而已今也
九州属薩〻一麾矣以故三貢使投金章貢物於吾
諾曰我苟帰本国詳説斯意継今以往我国必以貴国
為善隣永〻自他為和好山砺河帯勿渝斯約往還
船舶亦可絶躍矣然則右所述仁与義豈不公言乎
仍呈金札献微物聊浅陋志宜具于別幅
伏望
照察 順序保重恐惶不宣
日本天正七年己卯仲冬上澣
薩隅日三州太守藤原義久 頓首

**島津義久がカンボジア国王に宛てた「金札」の写し**

## 一六世紀のカンボジア

次に、薩摩の島津義久の状況を見てみよう。

京都の霊雲院《れいうんいん》に『頌詩《じゅし》』という史料がある。天正年間に島津氏の外交僧として活動した雪岑津興《せっしんしんこう》に関わる記録だが、そのなかに「日本天正七年己卯仲冬上澣《きぼうちゅうとうじょうかん》」（天正七〈一五七九〉年一一月上旬）の日付で、「薩隅日三州太守《たいしゅ》藤原義久」（島津義久）が「南蛮国甘埔寨《カンボジア》賢主君」（カンボジア国王）の「浮喇哈力汪加」に宛てた「金札《きんさつ》」（国書）が写されている。

その国書の内容分析の前に、一五七〇年代のカンボジアの状況を説明しておこう。カンボジアといえば、アンコール・ワットなどのアンコール遺跡が著名だが、その母体となったクメール朝（アンコール朝）が繁栄したのは九世紀から一五世紀前半までである。一四三一年、タイのアユタヤ朝との攻防で首都アンコールが陥落して以降の時期は、ポスト・アンコール期とも呼ばれ、一六世紀以降の王都は、南部のプノンペンやロンヴェーク、ウドンに置かれた。

特に、チャン・リエチエ王が建設したロンヴェークは、一五二九年から九四年にかけて機能した王都であり、その王城は旧アンコール期寺院群の北半に設定された（北川香子「ポスト・アンコールの王城――ロンヴェークおよびウドン調査報告」）。インドシナ半島内陸部にあるアンコールの旧王都とは異なり、ロンヴェークはトンレサップ川中流域西岸の微高地に立地しており、トンレサップとメコンの二つの大河の水運利用に優れた交通の要衝と言える。

近年、このロンヴェーク遺跡については、奈良文化財研究所が中心となっての考古学調査が進行している（佐藤由似「ロンヴェーク遺跡の調査報告」）。それによると、一六世紀のロンヴェークは、東西約二キロメートル、南北約二・五キロメートルの規模の都城《とじょう》で、その南北西の三方を三重の土塁と堀で囲み、東方は土塁を築かずトンレサップ川の氾濫《はんらん》原《げん》に向けて開口する都市構造である。ワット・トロラエン・カエン寺院を中心として、かつては一〇八の寺院群が都城内に伽藍を有したと伝えられている。

## 「浮喇哈力汪加」

さて、島津義久のカンボジア国王宛て「金札」は、天正七（一五七九）年一一月付であることから、宛て書きの「南蛮国甘埔寨賢主君」は、前述のポスト・アンコール期ロンヴェーク王都のカンボジア国王に間違いない。では、「甘埔寨賢主君」の後に続く「浮喇哈力汪加」の六文字は、何を意味するのであろうか。

カンボジア歴代国王の『年代記』によると、一六世紀後半のロンヴェーク時代の国王は、バロム・リエチエ一世（一五二〇年生、一五六六年即位、一五七六年没）と、その長男のサター一世（一五五三年生、一五七六年即位、一五九六年没）の二人である。国書の発給は一五七九年一一月であることから、これが無事にカンボジアに届いたとするならば、受け取った国王はサター一世となる。

カンボジアでは、歴代国王が王位に就く際、その聖別式で王にクメール語の長い称号がつけられる。一六世紀後半の王では、例えば、バロム・リエチエ一世は「プリヤ・リエチエ・アンチャ・プリヤ・ボロム・リエチエ・ティーレチュ・レアミア・トゥプディ・プリヤ・アン」。サター一世は「プリヤ・リエチエ・アンチャ・プリヤ・ボロム・リエチエ・レアミア・トゥプディ」。また、サター一世の二男バロム・リエチエ二世は「プリヤ・リエチエ・アンチャ・プリヤ・バロム・リエチエ・ティーレアチュ・レアミア・トゥプディ」が称号で、いずれもその冒頭が「プリヤ・リエチエ・アンチャ」で始まる。

「南蛮国甘埔寨賢主君浮喇哈力汪加」とは、この称号の音に漢字を当てて、「プリヤ」(Preah)は「浮喇」、「リエチエ」(Reachea)は「哈力」、「アンチャ」(Ang Cha)は「汪加」と表記したものと考えられる。

現地語では、「プリヤ・リエチエ」(Preah Reachea)は、王や王族に敬意を表してつける接頭語である。また、「アンチャ」(Ang Cha)は、サタ一一世の祖父アン・チャン(Ang Chan)王の血統を意味するものと思われる。すなわち、「浮喇哈力汪加」は、クメール語の称号「プリヤ・リエチエ・アンチャ」(Preah Reachea Ang Cha)の漢字表記で、アン・チャン系の国王を意味していると考えられる。

## 島津義久のカンボジア外交戦略

島津義久がサタ一一世に送った「金札」の内容を見てみよう。

南蛮国甘埔寨賢主君浮喇哈力汪加《プリヤリエチエアンチャ》尊兄閣下

それ惟《おも》うに、

博愛《はくあい》をこれ仁と謂《い》い、行宜《ぎょうぎ》をこれ義と謂う、これ天下の公言なり。ここに貴国商船一隻有り、飄蕩《ひょうとう》として日本九州薩《さつ》の港口に来たる。通事舎人に介《かい》して子細事由を問う。船主《せんしゅ》握郎烏丕沙哥、貢使《こうし》浮喇理璉沙哥、副使《ふくし》党膠三牌、異口同意にして曰《いわ》く、「昨《さき》に発船してより以来、鯨波《げいは》千里を凌《しの》ぎ、金書・貢物を齎《もたら》し、豊州主　源《みなもとの》義鎮《よししげ》公に達せんと欲す」と。けだし聞くに去歳戊寅《ぼいん》の冬、干戈《かんか》争い起き、豊兵薩の地を侵すに、忽《たちま》ち官軍との一戦を被《こうむ》り、戦亡せる者十余万人、ほとんど喪身失家に至るのみ。今九州は薩の一麾《いっき》に属す。故《ゆえ》をもって三賢使は金章・貢物を吾《われ》に投ず。諾《だく》して曰く、「我かりそめに本国に帰り、この事を詳説せんとす。継今以往、我国必ず貴国をもって善隣《ぜんりん》となし、永々に自他和好をなし、山砥河帯《さんしかたい》するとも、この約を渝《しず》めること勿《な》く、往還の船舫もまた期を絶《た》つることなかるべし」と。しかればすなわち右に述《の》ぶる所の仁と義は、あに公言ならざらんや。よって金札を呈し、微物を献じて、聊《いささ》か陋志《ろうし》を洩《も》らさんとす。事は別幅に具す。

伏して望むらくは、

昭察されんことを。順序保重、恐惶《きょうこう》不宣《ふせん》、

日本天正七年己卯《きぼう》仲冬《ちゅうとう》上澣《じょうかん》

薩隅日三州太守藤原義久頓顙《とんそう》

〔現代語訳〕

南蛮国カンボジア国王プリヤ・リエチエ・アンチャ尊兄閣下

　それ思うに、

博《ひろ》くして愛するを仁と言い、行いて宜《よろ》しきを義と言う、これは天下の公言である。

ここに

貴国からの商船一隻があり、漂流して日本九州の薩摩の港に着岸した。通事を介して来航の理由子細を尋ねたところ、船主の「握郎烏丕沙哥」、貢使（正使）の「浮喇理璉沙哥」、副使の「党膠三牌」は、異口同意に、「さきにカンボジアを出航して以来、南シナ海と東シナ海の大波を乗り越えて、カンボジア国王の金書（国書）と貢物を持参して、豊後国王の大友義鎮公のもとへ赴きたいと願っています」と答えた。ところが聞くところに昨年（一五七八年）の冬に合戦が起き、豊後の兵が薩摩に侵入してきたが、すぐさま薩摩官軍との一戦となり、豊後兵は戦亡した者十余万人、ほとんど大友家は没落してしまい、現在九州一円は薩摩の支配下に入った。そのためカンボジアからの三名の使者は賢明な判断をして国王の金章（国書）と貢物を大友ではなく私（島津義久）に献じてきた。遣使たちは承諾したうえで、「私たちは島津殿の援助を受けてもしカンボジア本国に帰ることができれば、九州におけるこの政変事情を国王に詳説したい。今後は、我がカンボジア国は必ず島津国と善隣外交関係を結び、永く相互に友好し、たとえ中国の泰山《たいざん》が砥石《といし》のように低くなり黄河の水が枯れて帯のように細くなろうとも、この協約を反故《ほご》にしたり、相互の国を往来する船を絶やすことのないようにしよう」と述べた。しかればすなわち冒頭に述べた仁と義は、まさに公言である。よって私からの金札（書簡）を謹呈し、いささかの土産物を差し上げて、わずかながらも私の志をお伝えする。詳細は別幅に記す。

カンボジア国王閣下が昭察されんことを、伏して望む。順序保重、恐惶不宣。

日本天正七（一五七九）年一一月上旬

薩摩・大隅・日向三ヶ国太守島津義久頓纇

天正七（一五七九）年に、カンボジアからの商船一隻が薩摩の港に漂着した。島津義久は、船に乗り込んでいた船主・貢使・副使の三名を通事を介して尋問したところ、三名のカンボジア人使節は、自らが千里の波を越えて、カンボジア国王からの「金書」と「貢物」を「豊州主源義鎮公」（豊後の大友義鎮）に贈るためにやってきたと答えたのである。

ところが、九州では、その前年の天正六（一五七八）年一一月に日向《ひゅうが》の高城《たかじょう》において、薩摩の島津軍と豊後の大友軍が大規模な合戦（高城・耳川《みみかわ》の戦い）を繰り広げていた。ともに鎌倉期以来の守護家として代々の盟約関係にあった島津氏と大友氏であったが、天正年間の両家の友好関係は完全に決裂し、激しい軍事衝突期に陥っていたのである。カンボジア国王宛書状のなかで、島津義久は、カンボジア商船の薩摩の港への来航を「飄蕩」(漂着)と表現しているが、当時の九州の政治状況から鑑《かんが》みて、これは、大隅半島沖から日向灘を経由して豊後をめざす船を島津氏が臨検し、敵対勢力のもとへの通交を遮断させようとする、大友氏に対する海上封鎖策としてとらえるほうが妥当である。すなわち、島津義久は、敵対関係にある大友氏のもとへ向かうカンボジア使節船を拿捕《だほ》・抑留し、カンボジア国王サター一世が大友義鎮に贈ろうとしていた書簡と進物を押領《おうりょう》したのである。

抑留と押領の事実を隠すための島津義久の言い分は、いかにももっともらしい。義久は、書状後半部分で「去歳戊寅の冬、干戈争い」と、あえて天正六年の高城・耳川の戦いに触れ、薩摩に侵入した十数万の豊後大友軍を倒したことにより、薩隅日「三州」のみでなく「九州」全域が島津氏領となったと誇張喧伝《けんでん》し、それ故に三名のカンボジアからの「賢使」は、当初の交易相手大友氏ではなく島津氏に「金章」と「貢物」を献上したと嘯《うそぶ》く。さらに、日本での交渉相手が変わったことについては、「三賢使」がカンボジア本国に帰った際に、その理由を自ら「詳説」すると言ったと記述している。使節船抑留と書簡・進物押領の事実を隠し、大友氏から島津氏への外交交渉相手の変更はあくまでカンボジア

「三賢使」の能動的判断であることを強調した内容である。

さらに、三賢使が語ったとして義久が書状末尾に記した「継今以往、我国必ず貴国をもって善隣となし、永々に自他和好をなし、山砥河帯するとも、この約を渝めること勿く、往還の船舫もまた期を絶つることなかるべし」の台詞は、重要である。「今後は、カンボジア国と薩摩国で善隣外交関係を結び、永く相互に友好し、たとえ中国の泰山が砥石のように低くなり黄河が帯のように細くなろうとも、約束を反故にしたり、相互の国を往来する船を絶やすことのないようにする」としたカンボジア国王使節と義久の協約である。「山砥河帯（山礪《さんれい》河帯《かたい》）」という中国のことわざを引用して、カンボジア国王使節と島津義久が外交協約を締結したのである。この協約締結を祝して、義久から「金札」（書簡）と「微物」（薩摩からの進上品）が、帰途につく三名の使節に託されて、カンボジア国王サター一世へ贈られた。

すなわち、九州を二分する高城・耳川の戦いに勝利し、大友氏との政治抗争のなかで軍事的優位に立った「三州太守」島津義久は、それまで大友氏が結んでいたカンボジアとの外交交易関係を遮断し、同氏に代わって新たに自らが「九州」の覇者としてカンボジア国王との善隣外交関係を結ぼうと企図したわけである。前述した松浦鎮信同様、島津義久にとっても東南アジア方面の国との外交関係の樹立と、相互往来の歳遣船就航による交易の実現が大きな魅力であったことは間違いない。

しかも、この大友氏にすり替わっての対カンボジア外交交渉は、その後、実際に実を結んだようである。義久の跡を継いだ弟義弘《よしひろ》の慶長四〜一二（一五九九〜一六〇七）年の時期になると、島津氏がカンボジアやルソン等を相手とした東南アジア貿易を主導していた事実が指摘されている（清水有子「島津義弘の東南アジア貿易」）。これは、豊臣・徳川政権下での財政的窮乏への対処としての東南アジア貿易の推進と言えるが、特にカンボジア国との交易関係の成就は、先代義久が天正七（一五七九）年に大友氏から奪取した対カンボジア外交権が相手国王から追認された結果と言えよう。

## 戦国大名の世界認識

このように、一六世紀の戦国大名による海洋交易活動は、従来の私たちの認識を超えてはるか広範囲におよんでおり、特に九州・西日本各地の戦国大名による船を使った活動は、中国沿岸の東シナ海エリアを越え、その南方の南シナ海沿岸に位置する東南アジア諸国に達していた。

大友氏はポルトガルのインド総督への使者をゴアへ派遣し、松浦氏はアユタヤ国王へ書簡と武具を贈答した。カンボジア国王との間では、前述のように一五七〇年代には大友氏がその外交関係の締結に成功していたが、九州を二分する軍事衝突（豊薩合戦）以降は、軍事的優位に立った島津氏がその通交を遮断し、自らがカンボジアとの善隣外交関係を構築した。

カンボジア外交をめぐる島津氏と大友氏の争いに象徴されるように、彼らは、戦国末期の激化した軍事情勢のなかで、東南アジア諸国との外交関係を他大名に先んじて優位に進めようと画策した。それは、大友氏がカンボジアから導入しようとした「銅銃《どうじゅう》壱門」「銃匠《じゅうしょう》」（鉄砲技術者）や「石火矢《いしびや》」（大砲）のような、戦国の戦いを有利に進めるための軍需物資の調達や軍事技術者の確保を目的としての競合であったことも確かだが、その一方では、前掲『頌詩』等によると、それに加えて「鹿皮」「銀子《ぎんす》」「虎の子」「蜂蠟」（ミツバチのロウ。ロウソクや口紅の原料）「象」「象簡《ぞうかん》」（ゾウとゾウ使い）等も輸入されようとしていた。こうした積み荷の存在は、単なる軍事品にとどまらない、より広い意味での異国の産物、動物、人間の流入と受容を意味するものとしても興味深い。一六世紀後半のこうした戦国大名のアジア世界に幅広く目を向けた諸政策は、日本国の枠組みをはるかに超えた彼らの世界認識を物語っている。

この問題に関して、一六世紀末の豊臣政権期から一七世紀初頭の江戸初期にかけての事例は、従来から複数指摘されている。例えば、文禄二（一五九三）年に、加藤清正《かとうきよまさ》はルソン

（フィリピン）に大型貿易船を派遣して、二〇万斤（一二〇トン）もの小麦粉や銀を輸出することを計画しており、その船は、肥前の有馬氏が建造したものを買い取ったものである可能性も指摘されている（中島楽章「一六世紀末の九州―東南アジア貿易」）。これは言うまでもなく、前年に始まった豊臣秀吉の朝鮮侵略に対応した動きである。

朝鮮出兵に動員された諸大名は、基本的に武器や弾薬等を自力で調達しなければならなかった。侵攻を開始した当初こそ朝鮮軍を圧倒して明朝国境に迫った日本軍だが、文禄二（一五九三）年に明朝の救援軍が本格的反攻に転じて以降、後退を余儀なくされる。その後、講和交渉が行われる間も、現地に駐屯する諸大名は、軍需物資の調達に奔走した。加藤清正が企図したルソン交易も、不足する軍資金を調達するためのもので、清正は翌文禄三（一五九四）年にも硝石・硫黄・鉛・鉄等の軍需物資を数千斤単位で調達するよう指示している（中島楽章「一六世紀東アジア海域の軍需品貿易――硝石・硫黄・鉛」）。

## 徳川政権とカンボジア

一六世紀後半の諸戦国大名による東南アジア外交政策は、やがて、世紀末から一七世紀にかけて国内で成立した統一政権によっても継承されていった。一九世紀初めに近藤重蔵《こんどうじゅうぞう》が編纂した『外蕃通書《がいばんつうしょ》』は、江戸幕府が交わした外交文書を国別・時代順にまとめたものだが、そこには一七世紀初頭に幕府がカンボジア宛に発した漢文書簡一三通と、カンボジア発の漢文書簡九通が収録されている。

確認できる最も早いものは慶長八（一六〇三）年正月のもので、徳川家康は冒頭で「日本国源家康、柬埔寨《カンボジア》国主麾下《きか》に復章す」と呼びかけているが、これは二四年前の天正七（一五七九）年に「南蛮国甘埔寨賢主君浮喇哈力汪加尊兄閣下」と呼びかけた島津義久の「金札」を踏襲したものと言えよう。また、家康は「復章」（返書）と称していることから、徳川家康とカンボジア国王の外交関係はその数年前から始まっていたものと推測される。

一連の書簡で、家康は一貫して「日本国源家康」を名乗り、カンボジア国王を「柬埔寨国主」と呼んでいる。一方、カンボジアからの漢文書簡で、家康への呼称は「日本国主」「日本国王」「日本国大王」「日本大邦国王」「大日本国王」「大日本国主」「大邦日本国王」とさまざまだが、これも、かつて天正七（一五七九）年のカンボジア国王「金書」の冒頭で、外交関係にあった大友義鎮に対して、「甘埔寨浮喇哈力汪加、頓首拝して書を日本九州大邦主源義鎮長兄殿下に啓す」と呼びかけた際の「源義鎮」「日本九州大邦主」の呼称に共通する。

家康に宛てた漢文書簡で、カンボジア側は、「柬埔寨国寡人」「柬埔寨国主浮勝王嘉」「柬浦（埔）寨浮哪王家」等を自称しているが、この「浮勝」や「浮哪」は、対大友・島津の「金書」「金札」中の「浮喇」同様、現地で「プリヤ」（Preah）と発音する国王称号の漢字表記であろう。

興味深いことに、同じ近藤重蔵が編纂した『外蕃書翰』（『外蕃通書』の参考図録）には、「太《たい》歳癸卯《さいきぼう》」（慶長八・一六〇三年）から「龍飛戊申《りゅうひぼしん》」（慶長一三・一六〇八年）にかけてのクメール語書簡写六通が収録されており、前述の漢文書簡と対応している。双方を比較すると、例えば、クメール語書簡では日本からの贈答品を「貢物」「献上」の意味の語で表現しているものの、漢文書簡では日本から贈物を「賜《たまわ》る」と表記のニュアンスを変えている（北川香子・岡本真「一七世紀初頭カンボジア—日本往復書簡について」）。

家康と外交文書を交わしたカンボジア国王はスレイ・ソリヨーポア（在位一六〇二～一八年）と思われるが、同時期のカンボジアは、大友義鎮や島津義久と善隣外交関係を結んだサター一世の都ロンヴェークが隣国アユタヤの侵攻によって一五九四年に陥落した後の混乱期にあたる。アユタヤの虜囚《りょしゅう》となったこともあるスレイ・ソリヨーポアとその長子のチェイ・チェッターは、王国の再統合を目指して国内外の対抗勢力と戦い、やがて一六二〇年に新都ウドンの建設に成功する。かつて一六世紀後半、日本の戦国末期の激しい軍事攻防のなかで大友氏と島津氏がカンボジアとの外交関係を奪い合ったように、今度は一七世紀初頭のインドシナ半島内での軍事衝突のなかで、カンボジア国王は「日本国主」徳川家康と結んで、その外交的支持と軍事的援助を得ようとしていたのである。前述した慶長八（一六〇三）年正月のカンボジア国王宛て書簡のなかで、家康は「貴国、英雄闘諍《とうそう》の患難《かんなん》有」ることを嘆いて、「本朝土宜《どぎ》、目録別楮に在り、その物軽賤《けいせん》といえども聊《いささ》か軍要に備う」と述べている。カンボジア国内の争乱を嘆いて、国王に軍備品を贈ったのである。さらに家康は、「敞邦《しょうほう》の兵甲、貴国の求めるところに応ずべし」と、カンボジア国王の求めに応じて日本から兵器を提供する準備があることを伝えている。

一方、江戸開幕直前の家康にとっても、国内での安定した政権維持のためにアジア周辺国との善隣関係は欠かせないものだった。「その地たとえ隔遠といえども、その交わり親切、すなわち何ぞ四海兄弟《しかいけいてい》の思いをなさざらんか」。日本とカンボジアは離れてはいるが、その友好関係が大切で、兄弟のように交流し合おうと呼びかける家康のこの言葉は、二四年前にカンボジア国王使節と島津義久が交わした「我国必ず貴国をもって善隣となし、永々に自他和好をなし、山砥河帯するとも、この約を渝めること勿く、往還の船舫もまた期を絶つることなかるべし」との協約にも共通する。

# 第三章　対ヨーロッパ外交の開始とその影響

阿久根の海岸で見つかったファルカン砲

## 1　一六世紀日本の「地域国家」外交権

### 「国家の外聞」

一五～一六世紀の日本列島に群雄割拠した戦国大名が、自らの支配対象領域を「国」と認識していた事実は、多くの先学によって指摘されている。近代化の過程を経て成立した「国民国家」を体得している現代人からすると、戦国大名による諸領国は、政治権力が分散化した当該武家社会における地域的分権の一つひとつに過ぎないが、自らの主権がおよぶ領域（領土・領海・領民）を他領と分けて防衛し、簡易的な法に基づく行政・裁判・徴税機構を組織し、公儀意識に基づく社会基盤の整備に努めた為政意識において、中世後期日本社会におけるその「地域国家」の成立と存在を積極的に評価することは可能だろう（池享『日本中近世移行論』）。

戦国大名の「国」意識を表す比較的早い時期の史料の一つとして、次の大友義長《よしなが》書状がある（「岐部《きべ》文書」）。

猶々《なおなお》、来月□□□□□於いては如何候《いかが》の間、当月中に各首途あるべく候、渡唐二号船帰朝候の処、中乗《なかのり》と船頭慮外喧嘩《けんか》により、客衆懸け乗るの儀、是非に及ばず候、然《しか》らば方々に追手を懸け候の間、日州外浦《にっしゅうとのうら》に於いて留め置き候、弥《いよいよ》彼の船出船無き様、覚悟致すべく候の条、諸浦警固舟の事相催《あいもよお》し、急度《きっと》差し下るべく候、誠に国家の外聞、この題目に候、各《おのおの》馳走に至らば、一段の軍忠たるべく候、重ねて日州へ飛脚を遣わし候、来たる廿九・卅日の間、必ず到来有るべく候、その内に船誘《ふなごしらえ》等を相調え、飛脚到来候わば、翌日に出船の覚悟憑《たの》み入り候、油断の儀有るべからず候、恐々謹言、

義長《(大友)》（花押）

七月十九日

櫛来《くしく》藤九郎殿

岐部弥太郎殿

富来《とみく》彦三郎殿

［現代語訳］

中国から戻ってきた遣明船の中で慮外にも喧嘩《けんか》騒動が起きたのは、是非に及ばないことだ。逃げた首謀者には追っ手をかけ、船は日向《ひゅうが》の外浦に係留させた。無断で出航しないよう、諸浦には警固船を準備して現地に下るよう指示した。これは誠に国家の面

目に関わる事件だ。この件で奉公馳走すれば、格段の軍忠である。日向には飛脚を派遣している。今月二九日か三〇日には戻ってくるであろうから、それまでの期間に警固船の艤装を済ませ、飛脚が戻ればその翌日に出船する覚悟をしておくように。油断あるべからず。恐々謹言。

なお、対処が来月になってはならない。今月中に対応せよ。

七月十九日　義長《大友》（花押）

櫛来藤九郎殿

岐部弥太郎殿

富来彦三郎殿

宛書の三名は、豊後《ぶんご》国国東《くにさき》地方沿岸部を本貫とする大友家家臣の水軍衆である。室町時代の日明勘合貿易のうち、永正《えいしょう》八（一五一一）年に、明での外交儀礼と朝貢貿易を終えて九州沿岸まで戻ってきた遣明船の「二号船」の中で、喧嘩暴動が起こったことがわかる。その原因や詳細は定かではないが、当時の遣明船一艘の乗船者は百数十名であり、狭い船内は緊迫した状態に陥ったものと推測される。

この事態に対して、豊後国の戦国大名大友義長は、同船を「日州外浦」（宮崎県日南《にちなん》市南郷《なんごう》町外浦の港）に係留させ、取り調べが済むまで船が出航しないよう、配下諸浦の家臣に警固船を準備して、急ぎ現地の港まで出向くよう命じたのである。来月では手遅れになるから、現地に派遣した飛脚が戻るまでの一〇日間で「船誘《ふなごしらえ》」（手持ちの船を警備船に仕立てる艤装）を済ませ、「当月中に」出船せよとの文面からは、事態の緊急性も伝わってくる。

大友義長は、文明《ぶんめい》一〇（一四七八）年に生まれ、二〇歳の明応六（一四九七）年に豊後大友家第一九代当主に擁立されて、父親治《ちかはる》とともに同家の戦国大名化を成し遂げた人物と評される。肥後《ひご》国守護職菊池《きくち》氏の内紛に乗じ、また、筑後《ちくご》の有力領主星野《ほしの》氏などの反抗を鎮め、豊後に隣接する肥後国（熊本県）や筑後国（福岡県南部）にかけての九州中央域に統治勢力を拡大させた。

その大友義長にとっての「国家」意識を如実に表すのが、前掲史料である。書状からは、遣明船内の騒動を無事に鎮めて船と積み荷を安全に護送することの重要性が伝わるのみではない。特に注目したいのは、書状後半部の「誠に国家の外聞、この題目に候」（これは誠に国家の面目に関わる事件だ）との文言で、領国を統治する戦国大名にとって、陸上に加えて、その沿岸海域を軍事・経済的にコントロールする制海権が「国家」の一大事と認識されていたことがわかる。一六世紀初頭戦国大名の地域国家の意識が、日本列島陸上の領土のみでなく、それに隣接する領海域にまでおよんでいたことを証する史料と言えよう。

## 中世日本外交の性質転換

中世末期の地域公権力が独自に有した「国家」意識が、史料上最も強く露出するのは、日本国外の国家主権に対峙《たいじ》する外交の場面である。

周知のように、日本では一世紀の奴国《なこく》や三世紀の邪馬台国《やまたいこく》の時代から海外の国に使者を遣わし物品を交わす外交・交易活動を繰り広げてきた。国家外交という言葉が示すように、外交は本質的に国を代表する「国家権力」（国王や元首等。日本では天皇や武家政権の将軍等）が行うものである。古代における隋や唐を対象とした遣隋使・遣唐使の派遣がその典型であるが、九世紀末以来途絶えていた中国を相手とした国家外交を、武家政権として最初に切り開いたのは室町幕府の将軍足利義満《よしみつ》である。一五世紀初頭以来、幕府の将軍は、国内においては「室町殿」の名義を使い、国外に対しては「日本国王」号を用いる二重政権的性質を有していた（田中健夫『増補　倭寇と勘合貿易』）。すなわち、室町幕府の将軍は、明皇帝から「日本国王」として冊封されることで、東アジア通交圏における日本の主体権力としての立場を獲得したのであり、その「日本国王」のみに許される中国外交交渉上の特権が、将軍が国内での求心力を得るための大きな要素となっていたのである（高橋公明「室町幕府の外交姿勢」）。

一方、古代から現代まで二〇〇〇年の日本の歴史のなかで、地域公権力が外交権を行使した稀有な時期が存在する。室町幕府の将軍権力が弱体化した一五世紀後半から一六世紀に、列島各地で政治・経済的実力を保持した守護大名・戦国大名による地域大名外交である。すでに述べてきたように、この時期には、室町将軍が義満以来行使してきた「日本国王」としての対明外交権を、大内氏や細川氏らが実質的に掌握して遣明使節を派遣することになる。室町期の遣明船については、近年の研究史の進展によってその実態がずいぶんと明確化されてきたが、明の永楽《えいらく》元（一四〇三）年に入明した「応永一〇年度船」から嘉靖《かせい》三六（一五五七）年に明に着いた「弘治《こうじ》度船」まで、計一九回の派遣が明らかにされるなかで、景泰《けいたい》四（一四五三）年に入明した足利義政期の「宝徳《ほうとく》度船」以降の一一回の派遣が、主に大内・細川・大友・相良らの大名権力による使船構成であった。

すなわち、日本史の時間軸における一五世紀後半から一六世紀は、列島の地域社会に生きた人々が実力を積み上げて政治や経済の表舞台に現れ、海外勢力を相手とした外交・交易の世界にまで乗り出していった特徴ある時代であり、そうした社会変革のなかで、中世後期日本の外交は、幕府外交から地域大名外交へと性質転換していったのである。

## 「地域国家」外交権の主張

　この地域大名外交の時代の主たる交渉相手国は、東アジアの宗主国明であり、「宝徳度船」から「天文《てんぶん》一六年度船」までの一五世紀後半から一六世紀前半にかけてのおよそ一〇〇年間の遣明船は、明朝の冊封体制に則った「日本国王」名義で派遣され、特に、嘉靖一八（一五三九）年に寧波《ニンポー》に入港した「天文八年度船」や同二七（一五四八）年寧波着の「天文一六年度船」を独占経営した大内義隆《よしたか》は、朝貢儀礼とそれに伴う貿易に成功して莫大な富を獲得し、一六世紀前半期の日本国内において最大勢力を誇る戦国大名に成長した。一方、嘉靖二（一五二三）年に入港地で細川船と大内船が引き起こした寧波の乱に象徴されるように、同時期の細川氏は、朝貢の利権をめぐって大内氏と激しく競合・対立し、また、有効勘合を保持できなかった大友氏や相良氏らは、確信犯的に貢期外船（明政府から見れば「倭寇」的密貿易船）を派遣することで貿易実利を得ていた。一六世紀前半までの地域大名外交の性質は、足利義満以来の「日本国王」外交権の継承と行使を軸として基本的に展開したものと言うことができよう。

　一方、地域大名による外交の性質が転化し、「日本国王」外交権に依拠しない新たな「地域国家」外交権が幅広く主張されだすのが一六世紀後半、特に一五七〇年代である。この時期になると、従来型の対明外交の記録は史料上に見られなくなり、代わって、前述のように大友氏や肥前《ひぜん》の松浦《まつら》氏、薩摩《さつま》の島津氏らによる東南アジア諸国を相手とした外交・交易活動の記録が頻出するようになるのである。

すでに第二章において、平戸の戦国大名松浦鎮信《しげのぶ》が暹羅《シャム》の「御皇」（国王）に宛てた天正《てんしょう》五（一五七七）年の書状案について紹介した。松浦史料博物館に残るその原文書は、シャム国王に宛てた正文ではない案文《あんもん》のため、国書としての正確な書札礼《しょさつれい》は考察しがたいが、相手国王をさす「御皇」の文字を平出《へいしゅつ》（平頭抄出《へいとうしょうしゅつ》。敬意を表すべき語の前で改行して当該用語を行頭に書き出すこと）し、また、その国王からの「御文書」や二隻の国王使船主名に闕字《けつじ》（敬意を表すべき語の前に一～二字分の空白を設けること）した痕跡が見え、東アジアの漢字文化圏に属する日本の戦国大名とタイの国王の外交儀礼の生々しいやり取りの遺物としても興味が尽きない。そして、特に注目できるのは、このシャム国王を相手とした外交文書において、松浦鎮信が、「日本国平戸」ではなく、「日本平戸国源朝臣松浦鎮信」と自称している点である。天正年間日本の戦国大名松浦氏が、平戸という狭小な領土にもかかわらず、自らの支配領域自体を「平戸国」と意識して、「地域国家」外交を試みていたことがわかる。

## 島津義久の外交書札礼

一方、同じ第二章で紹介した、島津義久《よしひさ》が「南蛮国甘埔寨賢主君」（東南アジアのカンボジア国王）に宛てた天正七（一五七九）年の書状写し（本書七五頁）を、書札礼の観点から再考すると、前述のシャム国王宛て松浦鎮信書状と同様、この国書でも、相手国王をさす「南蛮国甘埔寨賢主君」、相手国をさす「貴国」、および相手国王の行為をさす「昭察」の三語を、擡頭《たいとう》（敬意を表すべき語の前で改行して当該用語を他行の先頭より一〜二字高い位置から書き始めること）する敬意表現が見られる。さらに、冒頭と末尾を「仁」と「義」の格言表現で開始・締めた表現から、この国書起草者がある程度外交文書の作成に手慣れた人物であった印象も受け、外交禅僧雪岑津興《せっしんしんこう》自身の起草であった可能性も否定できない。

この国書によると、大友氏に代わる新たな「九州」の支配者になったことを喧伝《けんでん》する「薩隅日三州太守」島津義久に対し、カンボジア国王使が「我かりそめに本国に帰り、この事を詳説せんとす。継今以往、我国必ず貴国をもって善隣となし、永々に自他和好をなし、山砥河帯するとも、この約を渝めること勿く、往還の船舫もまた期を絶つることなかるべし」と述懐したという。

すなわち、「十余万人」の大友軍を倒して「三州」のみでなく「九州」全域が自領になったと誇張する島津義久の言葉を真に受けたカンボジア国王使は、義久の援助を得てカンボジアに帰国できれば本国王に九州の政権交代の事態を報告することを約すとともに、国王全権使節として、今後、「我国」（カンボジア国）と「貴国」（島津義久領国）とで善隣和好関係を締結し、たとえ「山砥河帯するとも」、この外交協約を反故《ほご》にしたり、相互の国を往来する船を絶やすことのないようにする、と述べたのである（原漢文では、「我国」＝島津国、「貴国」＝カンボジア国と読むこともできるが、本書七五頁に掲出した義久書状写で、四行目の「貴国」〈カンボジア国〉の語へは擡頭による敬意が確認できるものの、一一行目の「貴国」には見られないことから、後者の「貴国」は島津義久領国を指すと判断するのが妥当である）。

このように、カンボジア国王サタ一世の使節と薩摩の戦国大名島津義久は、「我国」「貴国」と呼び合う対等な「国」意識をベースとした外交関係を結ぼうと企図したのであり、この四年前に見られた松浦鎮信の「日本平戸国」同様、この時期（一五七〇年代）の諸大名「地域国家」における外交権行使の事例の一つとして評価することができよう。

そして、その後の一七世紀初頭になると、島津氏の外交権行使は、「日本大将軍家康公」（徳川政権）の権威を背景に強圧化してくる。例えば、近世初頭の日朝間の外交文書集成『江《こう》雲随筆《うんずいひつ》』のなかに、「薩摩州刺史藤氏家久《ししとうしいえひさ》」（近世薩摩藩主初代の島津家久）が「呂宋《ルソン》国司」（スペインのフィリピン総督）に宛てた元和《げんな》元（一六一五）年一〇月の書状写があり、家久は、琉球を「我が薩摩州附庸《ふよう》の国」としたことを喧伝した上で、「国小にして財乏し」い琉球に代わって、薩摩―ルソン間で貿易関係を開くことを求めている（村井章介「近世初頭、対馬・朝鮮間の〈境界文書〉群――『江雲随筆』の魅力を語る」）。

## 「日本国王」外交の継承と放棄

東南アジアの国と日本の戦国大名「地域国家」との間で締結された外交関係の最も早いものとしては、前章ですでに見たように、「南蛮国甘埔寨《カンボジア》賢主君浮喇哈力汪加《プリヤリエチエアンチャ》」(カンボジア国王サター一世)と「豊州主源義鎮」(大友義鎮)のものがある。また前述の『頌詩』には、カンボジア国王が大友氏に宛てた国書も掲載されており、国王サター一世は、「浮喇哈力汪加」の名義で「日本九州大邦主源義鎮長兄殿下」と呼びかけて、義鎮《よししげ》からの贈答品を謝し、「象」や「銅銃」「蜂蠟」を返礼品として贈っている。両者の外交関係は、元亀《げんき》・天正年間の早い時期(一五七〇年代初頭)から結ばれていたものと推測される。

本来、中華世界における「日本国王」と認められた天皇や室町将軍の専権であった国家外交が、大内氏や細川氏のような地域公権力による地域大名外交に転化したのは、前述のように一五世紀半ばである。以来、一六世紀前半までのおよそ一世紀にわたる日本の外交は、主に諸大名による「日本国王」名義や有効な勘合の競合・争奪という形で展開していく。そうした点において、一六世紀前半までの地域大名外交は、足利義満以来の国家外交権を継承する側面を特徴とするものである。

一方、一六世紀半ば以降になると、その領域の大小いかんにかかわらず、自らの領国を

「国」と認識するような戦国大名の「国家」意識の成熟により、従来型の「日本国王」外交権に依拠しない、新たな「地域国家」外交権が主張されるようになっていた。一五七〇年代に松浦氏、島津氏、大友氏らが東南アジアの国々との交渉で試みた外交姿勢は、中華に朝貢することで維持されてきた東アジア諸国の伝統的な国際秩序とはまったく異質であることが、そのことを如実に物語っている。

## 「国王」と見なされた大名たち

一方、西欧を相手とした外交では、かつて足利義満が苦労した対中華の朝貢外交ほどの複雑な障壁はなかった。松本和也氏の分析によると、フランシスコ・ザビエルが来日した一六世紀半ばから近世初頭の徳川家康の時代までのおよそ半世紀の間、イエズス会は、日本の実質的権力者は大名であるととらえ、その領国をある程度独立した「国」と認識し、大名そのものを「国王」として評価していたという（『イエズス会がみた「日本国王」――天皇・将軍・信長・秀吉』）。確かに、同時期のイエズス会系諸史料を読むと、同氏が指摘するように、戦国大名を「尾張《おわり》の国王」（織田信長）、「山口の国王」（大内義隆）、「河内《かわち》の国王」（三好義《みよしよし》継《つぐ》）等と各所で表記している。

ただし、すべての大名が一律に「国王」とされていたわけではない。例えば、一五五四年五月付でインド管区副管区長のメルシオール・ヌーネス・バレトがイグナティウス・デ・ロヨラに宛てた書状（『日本関係海外史料　イエズス会日本書翰集』訳文編二〈上〉）によると、ザビエルの離日時に、大内義長・大友義鎮・松浦隆信《たかのぶ》の三大名が、ポルトガルのインド副王アフォンソ・デ・ノローニャに親書《しんしょ》を送ったことがわかるが、その原文で、義長は「El rey de Amanguche」（山口の国王）、義鎮は「el rei de Bumgo」（豊後の国王）と表記されているが、隆信は「el duque de Firando」（平戸の公爵）と書き分けられている。「国王」扱いされた大内義長と大友義鎮のうち、義鎮の使者ロウレンソ・ペレイラ（日本名不詳）がインド副王に届けた親書は、インドからポルトガル国王へと伝達されたようで、一五五八年三月一六日付でポルトガル国王ドン・セバスチャンが義鎮に宛てた親書（『日本関係海外史料　イエズス会日本書翰集』訳文編三）では、「国王かつ私の主君にして祖父は、貴殿が派遣された使節への返答に際し、大変満足しておられた」と述べ、祖父であり先代国王のジョアン三世が、義鎮の対応に満足して使者ペレイラに返書を授けたことがわかる。すなわち、大友義鎮は、一五五〇年代に、ジョアン三世、ドン・セバスチャンの二代にわたるポルトガル国王との外交関係の締結に成功したのである。

実際、前述のインド管区副管区長メルシオール・ヌーネス・バレトの書状等で、「日本で最も勢力のある豊後の国王」と称された大友義鎮のもとには、「ポルトガル国王の名において甚《はなは》だ高価な献上の品々」「副王閣下が贈ったたいへん優れた武器及びその他の品々」等、ポルトガル国王およびインド副王からの贈答品が届けられた。

ヨゼフ・ヴィッキ編『インド史料集』には、一五五四年にバレトらが日本に携行した品々の一覧が収載される（表4、『日本関係海外史料 イエズス会日本書翰集』原文編二〈上〉）。それによると、銀製十字架、キリストの十字架像、聖母マリアの祭壇背後の飾り衝立《ついたて》、錦織祭服、白いビロード祭服、錦織祭壇用天蓋《てんがい》等の祭具から、鉄砲、ガラス製の杯・器・ランプ、砂時計、手動時計、小型ナイフ、鋏《はさみ》、拡大鏡、真鍮《しんちゅう》製水差し、真鍮製喫煙具（キセル）、クリスタル・グラス製取手付コップ、ガラス製世界図等の物品、書籍では聖書や聖人人名録から、プラトンやアリストテレス、プトレマイオスの書物に至るまで、さまざまな物品が、ポルトガル国王・インド副王―戦国大名の外交関係によって日本国内にもたらされたことがわかる。

このように、伝統的対明外交における弘治三（一五五七）年の脱「日本国王」外交の試行、および同時期に日本に接近したイエズス会・ポルトガル国王との外交関係締結の成功の経験を経て、室町時代後期の地域大名外交は、従前の中国皇帝より冊封を受けることをベースとした「日本国王」外交権の争奪・行使の時代から、その領国を「国」と自他ともに認識する戦国大名による「地域国家」外交権行使の時代へと、性質変化していったと言

**表４　1554年にメルシオール・ヌーネス・バレトらが日本に携行した主な物品**

**[祭具]**
白いビロードの祭服１着
赤いダマスコ織の司祭服１着
錦織の祭壇用天蓋１枚
カリス（聖餐杯）２脚（１つは塗金した大型のもの、他は銀製の小型のもの）
祭壇用天蓋１枚と一重の絹製カーテン数枚
祭壇用天蓋１枚と赤いカンバイア（インド西海岸）産木綿のカーテン数枚
銀製の十字架１個
大型のキリストの十字架像１体
中型のキリストの十字架像２体（そのうちの１体はサン・トメの木製）
聖母マリアの祭壇背後の飾り衝立２枚
受難の祭壇背後の飾り衝立２枚
ミサ典書３冊（そのうちの１冊は錦織の布で飾られている）
祭壇用掛け布（大判のもの３枚と、小判のもの 25 枚）
聖杯用の塗金した布飾りの厚紙２枚
聖体布７～８枚
祭壇用鉄製書見台２脚
ハンカチ１ダース半（半ダースはラメ入り）
ポルトガル製中型の祭鈴１個
大型の蠟燭４本と装飾のない白い蠟燭 47 本
聖油で満たした細頸のガラス瓶３本

**[ドン・ペドロ・マスカレーニャス（第６代インド副王、第 17 代インド総督）から授かった物]**
錦織の豪華な祭服一式
錦織の少年用祭服一式
深紅のビロード製合羽１着
王家の旗１竿
黒いビロードと銀で飾られた鉄砲１丁

**[フランシスコ・バレト（第 18 代インド総督）から授かった物]**
赤い広袖の長衣１着
大型のガラス製世界図１枚

**[ヴァスコ・ダ・クーニャ（ポルトガル王家貴族）から授かった物]**
大型の鉄砲１丁
絹毛混紡織物のマント１着

**[ディオゴ・デ・アルメイダ・フレイレ（ゴアの長官）から授かった物]**
深紅のビロードと金モールの飾りが付いた兜1個
象嵌が施された大型の鉄砲1丁

**[ジル・フェルナンデス・デ・カルヴァリョ（コーチン要塞司令官）から授かった物]**
綿入りの絹のガウン1着
青いビロードの裾飾りの付いた青い広袖の長衣1着

**[シモン・ダ・クーニャ（騎士貴族）から授かった物]**
大型のガラス製世界図1枚
ペグー（ミャンマー）の鳥3羽（頭につける羽）
アラバスタ石製の取手付コップ1個と他にクリスタル製のもの1個
クリスタル・ガラス製の洗面器1つ

**[鍛冶屋のメストレ・ペドロから授かった物]**
良質の鉄砲2丁
真鍮製の水差し1個と同品質の脚付ランプ1個
真鍮製の喫煙具（キセル）1個
クリスタル・グラス製の取手付コップ1個と同品質のカリス1脚

**[カーザから携えた衣類]**
ポルトガルの布製の聖職者用長衣4着と袖付衣類1着
ポルトガルのマント3着
ポルトガルの布製のガウン3着と褐色の司祭用長衣1着
ポルトガル製の黒い布27コヴァド（1コヴァド＝約66センチ）
カタソル（蛇の一種）の革製で裏地の付いた衣類1着
新しいベッドカバー6枚

**[麻の衣類等]**
シャツ177枚とズボン下89枚
白いズボン21着
布製スリッパ17足
靴3足

**[書籍類]**
聖書3冊（そのうちの1冊は大型のもの）
新約聖書6冊
トマス・アクィナス『神学大全』4巻
コンスタンティノープル大司教ヨハネス・クリソストムスの著作4巻
マルティン・デ・アスピルクエタ『聴罪司祭と告解者の手引き書』8冊

殉教者列伝1冊
対異教徒大全（トマス・アクィナスの著作）
聖人人名録
プラトンの作品
アリストテレスの倫理学
フランシスコ・ティテルマンス編『自然哲学の概要』
プトレマイオス1冊
白いノート35冊

**[少年用の書籍]**
ローマ教会通常典礼聖歌集1冊
アントニウス・デ・ネブリハのラテン語文法書3冊
聖母マリア小聖務日課5冊
大型の初級教本26冊

**[その他の物品]**
ガラス製の杯2脚
ガラス製の器1個
鉄砲2丁
ガラス製のランプ7個
照明器具2揃
砂時計2個
小型の手動時計1個
小型ナイフ1ダース
鋏3本
文箱2個
むく毛の子犬2匹
注射器1本
小型燭台2個と祭壇用の大型燭台6個
聖水盤2個
磁器製燭台8個

**(『日本関係海外史料 イエズス会日本書翰集』原文編二〈上〉より主だった物品を抜粋)**

えるのである。

## 2　戦国大名・統一政権の対ヨーロッパ外交

### 松浦隆信の宣教師対応

ポルトガル・リスボンのアジュダ図書館が蔵する古写本のなかに、「el Rei de Firando」(平戸の国王)松浦隆信が、インド管区副管区長のメルシオール・ヌーネス・バレトに宛てた一五五五年一〇月一六日付の書状写しがある(『日本関係海外史料　イエズス会日本書翰集』訳文編二〈下〉)。

尊敬すべきパードレ

パードレ・メストレ・フランシスコ〔・ザビエル〕は、この私の領地に来て何人かの者をキリスト教徒にした。これについて、私はたいへん喜び満足している。私は彼らに大いに保護を与え、いかなる害をも彼らに加えることを許さない。また同様に豊後からパードレ(バルタザール・ガーゴ)が二度来た。同様に彼は私の親類数人と、他にも高貴な身分の者多数をキリスト教徒にした。私は彼らの教理及び講話を数回聴聞し、これを甚だ良いと思って心に留め、キリスト教徒になろうとしている。私は尊師が当地に来れば、大いに喜ぶであろう。なぜなら、私はさきに一度欺《あざむ》いたけれども、再びそうすることはないからである。そして、尊師は能《あた》う限りの名誉と厚遇を私から受けることになり、神のために多くの奉仕をすることになるであろう。

〔一〕五五五年十月十六日に平戸において記す。

平戸の国王、〔松浦〕隆信（花押）

天文一八（一五四九）年に来日したフランシスコ・ザビエルが肥前の平戸を訪れたのは、翌天文一九（一五五〇）年であり、この時、ザビエルはその地の領主松浦隆信に面会している。しかしながら、その後、ザビエルは平戸に長居することはなく、周防《すおう》山口を経て京都へと向かった。イエズス会としては、日本での布教活動を庇護《ひご》しうる有力な政治権力を誰に求めるか、いまだ外交のチャンネルを模索する段階であった。

一方の松浦隆信のほうも、元来の曹洞宗《そうとうしゅう》への信仰が篤《あつ》く、キリスト教の「教理及び講話を数回聴聞」したと強調するものの、書状に記す「保護」「厚遇」等の文言は、バレトを平戸に招くことで進展するであろう対西欧の外交と交易を主眼とした取り引きの言葉として解釈されよう。

この書状写しの末尾には、バレト自身の但し書きが添えられており、そこには「私（メルシオール・ヌーネス・バレト）は、彼（松浦隆信）が私に約束していることを否定できないように正真正銘の書翰を日本へ持参します」とある。隆信が約束するキリスト教布教への保護・厚遇を確実に履行させるため、バレトは隆信の書状原本を携えて来日したのである。一五五〇年代における、戦国大名とイエズス会パードレ（司祭）の外交上の駆け引きを証する、興味深い史料である。

## 教会「大道寺」の特許状

松浦隆信がバレトと取り引きをしていた一五五〇年代の早い時期に、すでに日本で活動するパードレたちに教会用の土地と建物の所有を認めた戦国大名がいる。西国最大の勢力を誇っていた大内義隆の没後に周防大内家の家督を継承した大内義長である。

ポルトガル国外務省文書館が所蔵する「イエズス会文書」のなかに、次の漢字による大内義長判物《はんもつ》が収録され、後半部にはポルトガル語による訳文が施されている（『日本関係海外史料　イエズス会日本書翰集』原文編二および訳文編二〈下〉）。

周防国吉敷《よしき》郡山口県大道寺事、従西域来朝之僧為仏法紹隆可創建彼寺家之由、任請望

之旨所令裁許之状如件、
天文廿一年八月廿八日
周防介　御判
当寺住持

日本の豊後の太守《たいしゅ》が山口のイエズス会のパードレたちに地所を付与した贈与証明書

Regno de Suo（周防国）、Regno Nagato（長門国）、Regno Bugen（豊前国）、Regno Chicugen（筑前国）、Aqui（安芸〔国〕）、Regno Juami（石見国）、Regno Bingo（備後国）、Regno Bichio（備中国）の太守は世界の涯《はて》まで御旨に従って聖徒にするという教えを宣《の》べ伝えるために来た西方のパードレたちにDay do gi（大道寺、〈天への大なる道〉）を譲渡する。これは大いなる都市Amanguchi（山口）のうちにある土地であり、同地においては何人も殺されず拘禁され得ない特権を有している。そして、私の後継者たちに明示されるように、いかなる時にも彼らの所有権を奪うことのないように、私はこの特許状を彼らに付与する。

今、天文の治世を統べる王二十一年八月二十八日

太守ダイジキ菩薩、署名。

同寺に居住するパードレ（コスメ・デ・トルレス）へ。

天文二一（一五五二）年八月二八日付で、「周防介《すおうのすけ》」＝大内義長が、山口で活動中の「当寺住持」＝コスメ・デ・トルレスに発給した特許状である。まず、前半部分の漢文は、以下のように読み下せる。「周防国吉敷郡山口県大道寺の事、西域より来朝の僧、仏法紹隆のため彼の寺家を創建すべくの由《よし》、請望《せいぼう》の旨《むね》に任《まか》せ裁許せしむる所の状件《くだん》の如《ごと》し」。周防山口の大道寺については、西域から来朝した僧（パードレ）が、仏法（キリスト教の教義）を宣《の》べ広めるために彼の寺家（教会）を創建したいとのことなので、その請望を許可するこの判物を発給する、との大意である。興味深いのは、宣教師を「西域より来朝の僧」としてとらえ、その教義を「仏法」、教会を「寺家」と表現している部分で、一六世紀半ばの伝来初期における日本人のキリスト教認識の誤解の実態が読み取れる。

一方、後半部のポルトガル語訳文では、この原文にさまざまな補足説明がなされる。大内義長については、周防・長門・豊前・筑前・安芸《あき》・石見《いわみ》・備後《びんご》・備中《びっちゅう》の八ヵ国をも領有する有力な「太守」と説明し（ただし、「豊後の太守」との説明は誤記もしくは誤解）、トルレスらはその義長から大道寺を「譲渡」され、その教会敷地内で生命や身体を侵されない「特権」を認められたとする。さらに、その所有権や特権を将来にわたって保証するものとして、この「特許状」を授かったとしている。原文の文意が、彼らにとって都合の良いように拡大解釈されて紹介されていることがわかる。言語の異なる国家や人間による異文化接触の場面において、双方の誤解や拡大解釈が温存されたまま相互交流が進展していく事例の一つとして評価されよう。

## 島津貴久のインド副王宛て書翰

一方、一五六〇年代に入ると、戦国大名の対西欧外交は、一段階ステップアップする。リスボンの科学学士院図書館が蔵する『日本書翰集』のなかに、永禄四（一五六一）年に、「El Rei de Conguxima」（鹿児島の国王）島津貴久《たかひさ》がインド副王ドン・フランシスコ・コウティーニョに宛てた書状の写しがある。その原文の日本語訳は、以下の内容である（『日本関係海外史料　イエズス会日本書翰集』原訳文編五）。

昨年、〔イエズス〕会の二人のイルマンが、我が鹿児島（Conguxima）国に来て、説教をしつつ我が領内をめぐった。彼らが到来したその年、当地では戦があり、援軍として送る必要のある船を準備することに忙殺されており、吾が望む、彼らに相応しいもてなしをしなかった。

さらに、一隻のポルトガル商人たちのナヴィオ船が当地のマンゴ（Mango、山川《やまがわ》）という港にやって来たが、やはり同じ戦の際に来たため、吾が望んでいたもてなしをしなかった。それどころか、〔国〕外からこちらへ略奪しに来ていた賊がいたゆえ、当地にポルトガル人たちがいるとは知らず、アフォンソ・ヴァス（Afonso Vaz）と称する者と戦闘になり、〔賊が〕彼を殺してしまった。それによって吾は不快な思いをした。

吾は毎年それ（書翰を送ること）を行うであろうゆえ、閣下は吾に対し、その栄誉に与《あずか》らしめんため、〔書翰を〕認《したた》めんとお望み給わんことを。こちらへポルトガル人たち乃至《ないし》パードレたちを派遣する際は、閣下からの書翰乃至伝言を持参されたい。吾は閣下の臣に相応しいあらゆるもてなしを行い、敬意を以て遇するであろう。

薩摩（Saxumaa）より。四年（永禄四年）。

島津貴久

この書状送付は、その後半部に「吾は毎年それ（書翰を送ること）を行う」「閣下は吾に対し、……〔書翰を〕認めんとお望み給わんことを」と明記する通り、島津―インド副王間で相互に文書のやり取りをする国交開設が目的である。そのため、書状を持参するポルトガル人およびパードレを受け入れる準備が島津側にあることを伝達している。

実は、このインド副王宛て書状を発給した永禄四（一五六一）年に、貴久はイエズス会のインド管区長パードレだったアントニオ・デ・クアドロスにも手紙を送っており、そこにも次のような文言がある。

（前略）小国ではあるが、当国へはナバジス（navagis、南蛮人）のパードレたちが喜んで来るに違いない。なぜなら、たとえ他の地域では無人の海に遭遇しようとも、当地のそれ（海）は常に満ちているからである（福音を待ち望む人びとが多くいる様の比喩）。（中略）彼ら（ポルトガル人商人）が我らの土地へ到来するならば、我らの大いなる喜びである。当地では彼らにいかなる危害も加えないし、それどころか、すべてにおいて大いに厚遇されるであろう。というのも、世界が創造されて以来、我らはポルトガル人たちのような人びとを見たことがなかったからである。彼らが商売のために我が領地に来るならば、誠に喜ばしい。キリスト教徒たちのいる土地には盗賊もいないので、その心配も無用である。

吾は早急にパードレたちを派遣するよう、尊師に懇願する。彼ら［の到着］を、浜辺にて心よりお待ちしている。
〔永禄〕四年九月二十八日（一五六一年十一月五日）作成。

このインド管区長宛て書状から、貴久の目的が、単に島津―インド副王間での国交開設にとどまらず、その関係を通じて「彼ら（ポルトガル人商人）が我らの土地へ到来する」ことにあったことがわかる。すなわち、島津貴久は、インド副王との間で通商協約を結ぼうと画策し、その目的のために、宣教師を薩摩に受け入れる用意があると伝えたのである。

### アフォンソ・ヴァス事件と阿久根砲

一方、前掲インド副王ドン・フランシスコ・コウティーニョ宛て書状の前半部分で、貴久は、鹿児島を訪れた二人のイルマン（修道士）に適切なもてなしができなかったこと、薩摩の主要港である山川（鹿児島県指宿《いぶすき》市）に着岸したポルトガル商人の船に対しても応対ができなかったこと、および、「〔国〕外からこちらへ略奪しに来ていた賊」によって島津氏領内に滞在していたポルトガル商人アフォンソ・ヴァスが殺されてしまったことをわびている。

これらの記述から、一五六〇年代初頭の薩摩にキリスト教宣教師やポルトガル商人等の

「とっぽどんの墓」

ヨーロッパ人が出入りしていたことがわかる。このうち、ポルトガル商人アフォンソ・ヴァスについては、永禄四（一五六一）年末に薩摩国北西部の阿久根《あくね》の港に来航して越冬していたところを海賊に襲われて、落命したとされる。

阿久根市内には、地元で「とっぽどんの墓」と呼ばれる小祠がある。「外仏《とっぽとけ》」の呼称が訛《なま》ったもので、賊に襲撃されて悲惨な最期を遂げたアフォンソ・ヴァスの遺体を村人たちが葬り、外国人の墓として言い伝えたものとされる。

また、昭和三二（一九五七）年には、阿久根の海岸でファルカン砲（小型大砲）が発見され、現在は阿久根市民交流センターに展示されている（本章扉参照）。全長三メートル、弾走部二・四九メートル、薬室六一センチメートル、口径七センチメートルの後装砲で、その砲身には、ポルトガル王室の紋章と天球儀の文様が陽刻されている。中島楽章氏によると、この表象は、ポルトガル国王マヌエル一世(在位一四九五〜一五二一年)時代から、ポルトガル王室統治下で鋳造される火砲に用いられたもので、リスボン軍事博物館に展示された火砲では、この紋章と天球儀の陽刻は、もっぱら一六世紀の火砲に残されており、一五〇〇年前後から、一五八〇年にポルトガルのアヴィス王家が断絶するまで用いられたとする(「一五四〇年代の東アジア海域と西欧式火器——朝鮮・双嶼・薩摩」)。

阿久根の海岸で見つかったこのファルカン砲は、同時期のポルトガル領で鋳造され、阿久根に来航したアフォンソ・ヴァスの船に搭載していたものが、海賊襲来時の暴動で海中に沈んだものかもしれない。

## ポルトガル国王の大友義鎮宛て書翰

薩摩の島津貴久が、こうして一五六〇年代初頭にインド副王との国交樹立と通商協約締結を画策していた時期、豊後の大友義鎮は、すでにポルトガル国王との関係を成熟させ、篤い信任を得ていたことがわかる。リスボン科学学士院図書館蔵『日本書翰集』が収載する一五六二年三月付、ポルトガル国王ドン・セバスチャンがインド副王ドン・フランシスコ・コウティーニョに宛てた書状には、次の記述がある（『日本関係海外史料　イエズス会日本書翰集』原訳文編五）。

我が友、インド副王伯よ。予、国王は、愛する者へと同様、汝《なんじ》に厚情を送る。

予は、日本の地において異教徒の改宗に没頭しているイエズス会のパードレたちに対し豊後大公（Duque de Bungo、大友義鎮）が行っている、多大な庇護と善き事業について知った。あれらの異教徒たちの改宗に関してや彼（義鎮）がキリスト教徒になるためにどれほど心を注ぎ、準備が整っているか、さらに我らの聖なる信仰を〔日本人が〕受け容《い》れるための道具となり得ることを知り、予が彼に厚誼《こうぎ》とそれについての満足を示すことにした。それゆえ、これ（本書翰）と共に行くであろう書翰の写しを通じて汝が知るであろうことを、彼に宛てて認めるべきと思われた。

汝に大いに推奨し、命じるのは、彼の大公（義鎮）を改宗せんとして、用いられるべき手段を効率よく探すこと、ゴアの大司教（ガスパール・デ・レオン・ペレイラ）や、彼（義鎮）とその地に関する事柄についての情報を有するイエズス会のパードレたちと話し合うこと、そして、汝にも明白な予が彼に認める厚誼を常に彼に示すことである。

改宗する人びとは身分が高ければ高いほど良い。そしてそうなる（改宗する）ことが大いに期待される異教徒には、最大の好意が示されるべきである。というのも、それらの人びとがそのようであること（身分が高いこと）に対する敬意もさることながら、［それらの人びとが有する］我らの聖なる信仰への［敬意］は、よりいっそう大きな理由であるためである。なぜなら、彼らの模範と共に、大勢がそれ（聖なる信仰）を受け容れることを決心するであろうし、すでにそれを受け容れた者たちは、よりよく身を保つであろうからである。（後略）

ポルトガル国王ドン・セバスチャンは、日本でのイエズス会宣教師たちの活動に大友義鎮が多くの庇護を与えていることを聞き、厚誼の書状（後掲）を送ることとした。さらに、「改宗する人びとは身分が高ければ高いほど良い」との方針を示し、義鎮の改宗が他の大勢の日本人の改宗と信仰の維持につながる重要事であるとして、ゴアの大司教や日本に精通するパードレたちと話し合い、また、インド副王自身からも義鎮に厚誼の意を示すよう指示している。

そして、一五六二年三月一一日、ポルトガル国王ドン・セバスチャンは、「Nobre e honrado Duque de Bungo」（高貴にして徳高き豊後大公）と呼びかけて、大友義鎮に次の書状を送った（リスボン科学学士院図書館蔵『日本書翰集』）。

予、ポルトガル及びその他の国々の王(Rey de Portugal etc.)ドン・セバスチャンは、日本の地にあるイエズス会のパードレたちが当王国に書き送ってくる諸書翰を通じて、卿《けい》(大友義鎮)が領内の住民に対して与えている、キリスト教徒に改宗し、我等の聖なる信仰を受け容れるための許可という厚誼に対する喜びを表明する多くの道理があることを知った。

また、前述のパードレたちに与えられた絶え間ない多大な好意や、それらの人びとのために施されたすべてのこと、すなわち彼らが危険、労苦、窮乏に見舞われた際に庇護〔を与え〕、忠告や助言、援助、施しで常に彼らを援《たす》けたことによって、予はとても大きな喜びを〔過去に〕得たし、〔現在も〕得ている。とりわけ、我らの主の徴印や啓示であるこれらの善行の後に、卿が我らの贖《あがな》い主イエス・キリストの教えの真正さや清純さに関する完全かつ真実の知識を授かることを予は願うからである。〔さらに主が〕、卿がそれ(キリストの教え)を受け容れるべく光明と恩寵《おんちょう》を卿に与えるという恵みを施され、卿ならびに未《いま》だこの徳について知るに至っていない卿の家臣の霊魂の救済のために、その〔教えの〕うちに受け入れてくださることを望むからである。

なぜなら、デウスに対してすべての者が捧げるべき敬意や奉仕、崇拝を、被造物に捧げることなく、主なる君かつ全世界の創造主に対する信仰と忠誠を堅持するのを〔彼らが〕目の当たりにするといったふうに、卿がそれ（キリスト教）を受け容れれば、彼らも皆、同様にするであろうことを期待しているからである。もし卿らが忠実で信心深くあるならば、予は卿自身やその家臣たちが予に依頼する、道理に適《かな》ったあらゆることを常に喜んで行い、予の王国の者たちや家臣らが卿のために〔依頼されたことを〕実行するのを喜ばしく思うであろう。

卿がこのいとも聖にして真実なる教えを受け容れることに大きな期待を抱いているので、卿が聖なる洗礼の水を授かったことを、もしくは卿の領内で活動するあれらイエズス会のパードレたちの書翰で知り得たならばすぐさま、インディア地方における予の首席指揮官にして副王（ドン・フランシスコ・コウティーニョ）に伝令を送る。卿はかくも徳高き人物であるゆえ、卿の〔霊魂の〕救済のために必要なことを知り、堅持するように努められよ。もし卿が満足の意から予に書翰を送るならば、我らの主の格別の恵みとして、また卿の霊魂の善意としてそれを受け取るであろう。そして彼（インド副王）もまた、道理に基づいて卿が依頼するあらゆることを予の名において行い、卿に報いるよう心を尽くすであろう。というのも、我らの聖なる信仰の真実を受け容れるため、異教徒の誤解や欺瞞《ぎまん》を捨てるすべての者に対し、常に〔そう〕するよう予が望んでいることを、彼は知っているからである。

高貴にして徳高き大公よ、我らの主がその恩寵によって卿を照らし給い、それにより常に卿を守り給わんことを。

一五六二年三月十一日　リスボンにて記す。


この書状から、一五五〇年代に大友義鎮がジョアン三世とドン・セバスチャンの二代にわたるポルトガル国王と結んだ外交関係が、六〇年代初頭には一段と深まっていたことがわかる。

すなわち、前述のインド副王ドン・フランシスコ・コウティーニョ宛て書状と同様、ドン・セバスチャンは、豊後におけるキリスト教布教の許可および活動するイエズス会員たちへの庇護を、最大限の言葉で謝している。そのうえで、「卿が我らの贖い主イエス・キリストの教えの真正さや清純さに関する完全かつ真実の知識を授かることを予は願う」として、大友義鎮自身およびその家臣たちの改宗を促している。

さらに、「予は卿自身やその家臣たちが予に依頼する、道理に適ったあらゆることを常に喜んで行い、予の王国の者たちや家臣らが卿のために［依頼されたことを］実行する」と述べ、義鎮改宗の引き換え条件として、大友氏側の依頼を受諾する準備があることを明言する。ポルトガル国王にとって、「徳高き人物」と称える「豊後大公」の受洗が、東アジアの日本全体における布教活動の成功を占う「大きな期待」として認識されており、義鎮との書信交換を待望し、また、インド副王に対しても「道理に基づいて卿が依頼するあらゆることを予の名において行い、卿に報いるよう心を尽く」させることを約束しているのである。

このように、一五六〇～七〇年代日本の戦国大名は、東南アジアのタイやカンボジアおよびヨーロッパのポルトガル等、いわゆる外国の国王との間での、ほぼ対等と思える国書の交換や外交・通商協約の締結を模索し、それにそれぞれがおおよそ成功している。こうした事態は、かつての「中華」の皇帝より冊封を受けることをベースとした時代（一五五〇年代以前）における、「日本国王」外交権の競合や争奪、偽装といった「痛み」を伴う対中国朝貢外交の実態とは異なり、相互の利害関係に基づく取引をベースとしたフラットでシンプルな善隣外交関係と意義づけることができるだろう。多様な「地域国家」主権による外交が展開された一六世紀後半期、その戦国大名たちの海外に向けた一連の活動が、「中華」に縛られてきた東アジアの伝統的な国際秩序を突き崩す契機になったのである。

## 豊臣政権の脱中華外交

ここまで、有史以来、中華世界の周辺国の一つとして中国皇帝から「日本国王」に冊封されることで維持してきた日本の国家外交が、中世後期に「国」意識を成熟させた戦国大名による「地域国家」外交権の行使によって、特に一六世紀半ば以降に脱中華志向の外交へと性質転化していった実態を明らかにしてきた。

そもそも、明代の中国では、皇帝と臣下が文書を往復するための「詔書《しょうしょ》」「勅書《ちょくしょ》」と「表文《ひょうぶん》」や、臣下を官職に任命するための「誥命《こうめい》」「劄付《さっぷ》」、対等な官庁間で文書を往復するための「咨文《しぶん》」など、多様な文書様式が存在し、これらは周辺諸国との外交文書にも適用されていた。例えば、日明関係においては、明の永楽五（一四〇七）年に足利義満が成祖《せいそ》（永楽帝）から受けた「勅書」別幅が徳川美術館に現存しており、文書様式の観点からも、一五世紀の足利将軍が、古代以来の伝統的な中華世界の外交システムの一端に国際的に位置づけられていたことが証明できる。

この「中華の論理」に日本の統一政権として抵抗しながらも、最終的にその呪縛から抜け出すことができなかったのが、一六世紀末の豊臣秀吉であろう。詳細は第七章で述べるが、秀吉は、強大な軍事力と朝廷権威を利用して、天正一八（一五九〇）年までに日本列島各地の諸大名を降伏させ、陸上の「領土」としての全国統一を成し遂げた。しかしながら、主として西国大名が個々に保持する「地域国家」としての外交権を剥奪し、中央政権「国家」としてそれを一元的に集約するまでは、真の意味での全国統一とは言えなかった。

そこで豊臣政権は、西国大名が個別に外交関係を構築していた琉球国やインド・ゴアのポルトガル政庁、マニラのスペイン政庁、および高山国《こうざんこく》(台湾)、朝鮮、明などに対して、自らへの朝貢を求め、それを拒絶されると武力侵攻に出る、強硬外交政策を実行していったのである。

結果的に、秀吉の外交政策は失敗に終わり、豊臣政権自体の没落を早めた。明との講和交渉においても、明の万暦《ばんれき》二三(一五九五)年に神宗《しんそう》(万暦帝)から受けたのは、秀吉を「日本国王」に封ずる「誥命」(大阪歴史博物館蔵)、およびそれとセットの「詔書」と「勅諭《ちょくゆ》」に過ぎず(荒木和憲「中世日本の往復外交文書」)、脱中華を目指しながらも、最後まで「中華の論理」から脱却することができなかった外交だったと言えよう。

同様に、一六世紀後半期の大内義長や大友義鎮の対明外交も、脱「日本国王」外交を試行して実現し得なかったものだが、西国大名の脱中華外交と豊臣秀吉のそれは、外交交渉に向けた根本的方針において決定的な差異があることに留意しなければならない。

一六世紀後半の西国大名たちの外交は、群雄割拠する国内情勢を背景に、海外勢力と結んで外交交易関係を締結することで、自領で不足しがちな鉛などの鉱物資源や硝石、火器

（鉄砲や大砲）、鹿皮をはじめ、諸外国の稀少品を輸入して、大名同士の競り合いにおいて軍事・経済的優位性を保つことを目的としたものであり（鹿毛敏夫編『硫黄と銀の室町・戦国』）、その基本的外交方針は、海外諸勢力との協調的対等関係の締結を目指す内容であった。松浦鎮信や島津義久の対東南アジア諸国外交において、華夷意識《かいいしき》に基づく文書様式ではなく、対称性を基本とする私文書様式の外交文書が取り交わされていたことは、その証左といえる。

一方、一六世紀末の豊臣政権の外交は、その強力な国内軍事統率力を背景に海外諸勢力に対して朝貢を要求する強硬的外交を基本方針としたものであった。その外交文書の様式としては、西国大名と同様の私文書様式を採用しているが、そもそも二国間の対称性・対等性を前提とした外交交渉ではない。

日本外交の脱中華を目指して、群雄割拠状態の戦国大名が行った「地域国家」外交と、それらを束ねた統一国家の主権として豊臣政権が行った外交は、こうした根本的意識において歴然とした差異があり、やがて後者の強硬外交は、一六世紀末の東アジア世界に多大な犠牲を伴いながら破綻《はたん》していくのである。

## 幕末外交への影響

そもそも、人間が行う国家外交は、時代とともにその性質を変化させるものであり、固定概念化された近代国民国家の発想ではなく、相対化した「国家」概念のもとで、人間の相克《そうこく》の営みとしての特質をあぶり出すことが重要である。

ここまで述べてきた一六世紀における日本外交の性質変化の問題は、その後、近世末期日本の国家外交の基本的姿勢にも影響をおよぼすことになる。例えば、幕末期の外交儀礼を考察した佐野真由子氏は、江戸幕府が、初代アメリカ総領事タウンゼンド・ハリスの接遇をはじめとした欧米諸国との交渉において、対朝鮮外交を相応の先例に選択し、対等外交の儀礼を整備・挙行し続けたことを強調し、東アジア域内からそのような国が出たことが、中華とその周辺国の上下関係を前提とする伝統的国際秩序の終焉《しゅうえん》を早めたと意義づけている（『幕末外交儀礼の研究――欧米外交官たちの将軍拝謁』）。

近世末期（一九世紀半ば過ぎ）に日本に再接近してきた欧米諸国に対するこうした外交方針の基本軸は、実は、その二五〇年以上前の中世末期（一六世紀後半）に芽生え・主張されだした戦国大名「地域国家」や豊臣統一政権による脱中華志向の外交姿勢を淵源とするものとも言える。

中華とその周辺国の上下関係を前提とした冊封体制とはまったく性格を異にする外交関係が、一六世紀後半という時期に、本来は国を代表する外交権を保持するとは考えがたい

「地域国家」の主権者＝戦国大名の手によって開拓されたことは一見、奇異に見える。しかしながら、逆に考えれば、かつて室町将軍足利義満や天下人豊臣秀吉らが抜け出すことのできなかった東アジアの伝統的国際秩序を、きわめてシンプルな形で打ち破ることができたのは、古代以来の伝統の呪縛にとらわれる必要がなく、実利・対等を基軸とした新たな二国間関係を比較的安易に獲得しやすい彼らの政治的立場と地政学的環境がその要因となっていたろう。

一六世紀後半に芽吹いた日本の脱中華および対等外交の素地は、その後、近世徳川政権による二百数十年間の管理・温存を経て、一九世紀半ば過ぎにあらためて登場したロシア、アメリカ、イギリス等欧米諸国との交渉場面に応用された。中国へ三《さん》跪《き》九《きゅう》叩頭《こうとう》する必要を伴わない外交儀礼の実現が東アジアの日本という国から起こったことで、この圏域内の伝統的国際秩序は終焉へと向かった。また、個々の国家の相互関係を前提とする新秩序は、近世の琉球のように、中国と日本に両属する存在のあり方も否定することになった。

さらに、さきの佐野氏によると、一九世紀の幕末日本にやってきた欧米外交官たちは、日本ないしアジアの慣習を一概に劣位と見なし、その修正を求めたわけではないという。彼らはときに明示的あるいは事実上、西洋式の礼典執行を求めたが、それはイギリス公使ハリー・パークスの場合に典型的に表れたように、中国式の華夷観念が発揮され、自らが劣位に置かれるのを恐れたためであった。一九世紀の対日交渉において、彼らは日本側が譲れない慣習についてはかなり柔軟に受け容れながら、元首の名代として、本国と駐在国との対等な関係を確保するという使命を果たしていたとの指摘である。

こうした見解は、一六世紀後半から一七世紀初頭の日本外交を考えるうえでも有益である。平川新氏によると、慶長一四（一六〇九）年に来日し、家康の引見を受けた前フィリピン臨時総督ロドリゴ・デ・ビベロには、日本征服の構想があったが、メキシコ先住民とは違い、日本人には知性と軍事力があるため征服は困難と悟ったという（『戦国日本と大航海時代——秀吉・家康・政宗の外交戦略』）。ビベロは、日本を「Imperios」（帝国）、家康を「Emperador」（皇帝）と表現し、強大な力をもつ君主が統べる、マニラのスペイン勢力をも脅かす軍事大国として日本を認識していた。

また、日本側に残る文献史料として、後掲するスペイン国王使節ドン・フェルナンド・デ・アヤラとドン・アントニオの連署書状に見るように、「日本将軍様」（江戸幕府）との外交を求めるスペイン側は、薩摩藩の取りなしと「御心添え」を「頼み申し」て初めて、幕府との直接交渉のテーブルにつけるのが実態であった。スペインの「世界征服事業」などと、刺激的に取りあげられがちな同時代の「ウエスタン・インパクト」については、世界各地域の実情に応じた冷静な分析が必要である。

そして、従来、中世と近代の間に特異な「近世」（江戸時代）を位置づけて時代を整理してきた日本史の側においても、本章で試みてきたように、同じ武家社会の特質とその変遷の問題として、今後、一三世紀（鎌倉時代）から一九世紀（江戸時代末期）までを大きく俯瞰《ふかん》した、武家社会日本の対外交渉史という史的文脈からの歴史考察の必要性を提案しておきたい。

# 第四章　戦国大名領国のコスモポリタン性

大友氏の本拠地豊後府内（現・大分市）の現在

## 1　戦国日本のコスモポリタン・シティー

### 戦国大名と豪商の海外雄飛

さて、本章からは視点を変えて、当時の海外との交流の姿を具体的に見ていこう。まず冒頭に、一六世紀から一七世紀初頭の戦国大名と豪商たちによる、世界に幅広く目を向けたきわめて多様な外交政策や経済活動の実態を、表5として掲出しよう。

北海道でアイヌとの交易交渉を行った蠣崎季広《かきざきすえひろ》から、九州南端の薩摩《さつま》で琉球やカンボジアへの外交戦略を進めた島津義久《よしひさ》まで、この時代の日本列島の各地域政権は、単なる日本という「国家」の枠内で動く地方権力ではなく、その強弱はあるがそれぞれの「地域国家」の意識に基づく外交権を多様に行使していた実態が、この表から読み取れるであろう。また、堺（大阪府堺市）の日比屋《ひびや》や博多《はかた》（福岡市）の神屋・嶋井《しまい》、豊後府内《ぶんごふない》（大分市）の仲《なか》屋《や》ら、いわゆる豪商たちが手がけた活発な海外交易とその成果としての富の蓄積も、そうした世界に向けて展開する戦国大名外交の時代相を自らの経済的活動に取り込むことに成功した経済人の姿と言える。

そして、彼らが独自かつさまざまに繰り広げた対外活動は、現代の地球儀や世界地図に

**表5　16世紀〜17世紀初頭の戦国大名と豪商による地方からの対外交渉**

**[大名]**

蠣崎季広（1507〜95）…北海道松前の戦国大名。1550年、対立する西部アイヌの首長ハシタイン、東部アイヌの首長チコモタインと交易協約を結ぶ。

安東舜季（1514〜53）…出羽の戦国大名。1550年、長年にわたるアイヌと蠣崎氏の紛争を調停。

伊達政宗（1567〜1636）…陸奥、出羽の戦国大名。

① 1613年、サン・フアン・バウティスタ号を建造。フランシスコ会宣教師ルイス・ソテロ、セバスティアン・ビスカイノ、支倉常長らが乗船して、スペイン領メキシコのアカプルコに渡る（慶長遣欧使節）。

② 1614年、使節一行が大西洋を横断しスペインに渡る。

③ 1615年、使節一行がスペイン国王フェリペ3世、ローマ教皇パウロ5世に謁見。

④ 1618年、使節一行がアカプルコを出発、サン・フアン・バウティスタ号でフィリピンのマニラに到着。

⑤ 1620年9月、支倉常長が帰国。

朝倉義景（1533〜73）…越前の戦国大名。1567年ごろ、琉球への渡航船派遣について島津義久に協力を依頼。

毛利元就（1497〜1571）…安芸の戦国大名。のち、中国地方全域に勢力を拡大。1562年6月に石見銀山を掌握、翌月に使節を対馬宗氏のもとに派遣して、朝鮮通交の斡旋を依頼。

毛利輝元（1553〜1625）…元就の孫。のち、豊臣政権の五大老となる。赤間関代官高須氏が、1584年に来航した中国泉州の商船と交易、翌年の再取引を約束。

大内義興（1477〜1529）…周防の守護大名。

① 1508年、前将軍足利義稙を奉じて上洛、幕政に関与。

② 1511年の遣明船を派遣し、正徳勘合を獲得。

③ 1523年、正徳勘合を携えた大内義興、弘治勘合を携えた細川高国双方の遣明船が、入貢の先後をめぐって寧波で衝突。大内側は細川船を焼き、放火・略奪は寧波市街におよぶ（寧波の乱）。

大内義隆（1507〜51）…義興の子。周防、長門、豊前、筑前、石見、安芸、備後の守護職を兼ねた西国最大の戦国大名。

① 1538年の遣明船を独占的に派遣。

② 1539年5月、遣明正使湖心碩鼎が寧波の嘉賓堂（接待所）に入る。

③ 1540年3月、遣明使が北京に到着。皇帝拝謁儀礼をこなしながらおよそ70日間滞在。同年9月、北京入貢の帰路に杭州の西湖を見学。

④ 1547年の遣明船を再び独占的に派遣。

⑤ 1550年、ザビエルを引見。

⑥ 1551年、ザビエルを再び引見し、ポルトガルのインド総督とゴア司教の親書、望遠鏡・置時計・眼鏡などを受ける。ザビエルに布教の許可を与える。

大内義長（1532？～57）…大友義鎮の弟。陶隆房に迎えられ1552年に大内家家督を継承。1557年、明使蔣洲の倭寇禁制宣諭に応じて被虜中国人を本国に送還、日本国王印を用いて朝貢する。さらに同年、熙春龍喜を正使として明に派遣。

一条房冬（1498～1541）…公家、土佐の戦国大名。1538年、本願寺証如や堺商人と結んで「唐船」を建造。

宗義盛（1476？～1520）…対馬の守護大名。

① 1510年4月、三浦（乃而浦・富山浦・塩浦）の倭人が、対馬国守護代宗国親の援軍を得て暴動（三浦の乱）。この乱で、代々の朝鮮歳遣船権益を大幅に喪失。

② 1513年、特送使として宗盛永および小林盛正を朝鮮に派遣し、歳遣船の回復を交渉。

③ 1514年、特送使渋川経実を朝鮮に派遣。

宗盛長（1495？～1526）…義盛の弟盛家の子。

① 1522年、特送使饗庭盛重を伴う偽日本国王使を朝鮮に派遣。

② 1523年、再度偽日本国王使を朝鮮に派遣し、歳遣船を30回分に回復。

宗義調（1532～88）…対馬の戦国大名。

① 1556年11月、明使蔣洲の倭寇禁制宣諭を受ける。

② 1557年、朝鮮に遣使して丁巳約条を結び、朝鮮通交の権益を回復。

松浦隆信（1529～99）…肥前の戦国大名。

① 1550年、ザビエルが平戸に滞在。以後、ポルトガル船を受け入れる。

② 1573年10月3日付ローマ教皇グレゴリオ13世書簡を受ける。

松浦鎮信（1549～1614）…肥前の戦国大名。隆信の子。

① 1576年、中国人郭六官のジャンク船を介してアユタヤ国王と贈答品を授受。翌年にも、呉老のジャンク船を介してアユタヤ国王に書簡と甲を贈る。

② 1584年、スペイン船を平戸に受け入れる。

大村純忠（1533～87）…肥前の戦国大名。

① 1562年、貿易港として横瀬浦（長崎県西海市）を開港。

② 1563年、コスメ・デ・トーレスから洗礼を受け、日本初のキリシタン大名となる。

③ 1571年、長崎を町建てして開港。

④ 1573年10月3日付ローマ教皇グレゴリオ13世書簡を受ける。

⑤アレッサンドロ・ヴァリニャーノと対面し、1582年にローマ教皇グレゴリオ13世、フェリペ2世、イエズス会総会長クラウディオ・アクアヴィヴァ宛て書簡を認め、天正遣欧使節を派遣。

⑥ 1585年5月26日付ローマ教皇シスト5世書簡を受ける。
有馬晴信（1567～1612）…肥前の戦国大名。大村純忠の甥。
① 1580年、受洗してキリシタン大名となる。
② 1582年、ローマ教皇グレゴリオ13世、フェリペ2世宛て書簡を認め、叔父の大村純忠らとともに天正遣欧使節を派遣。
③ 1585年5月26日付ローマ教皇シスト5世書簡を受ける。
大友義鑑（1502～50）…豊後の戦国大名。1544年、寿光を正使とした遣明船を派遣。入貢拒絶を受け、六横島の双嶼で密貿易。

大友義鎮（宗麟）（1530～87）…義鑑の子。豊後、豊前、筑後、筑前、肥後、肥前の守護職を兼ねた九州最大の戦国大名。
① 1551年、ザビエルのインド渡航にあわせて、ポルトガルのインド総督宛ての書簡と贈答品を携えた使者（洗礼名ロウレンソ・ペレイラ）をインドのゴアに派遣。
② 1552年、使者ロウレンソ・ペレイラがゴアに到着、聖パウロ学院で学ぶ。
③ 1556年、明使鄭舜功の帰国にあわせ、清授を正使として寧波に派遣。清授はその後、四川省茂州の治平寺に移る。
④ 1557年、明使蔣洲の倭寇禁制宣諭に応じ、徳陽を正使として派遣。徳陽は舟山島定海の道隆観に滞在。さらに同年10月、倭寇の頭目王直に同行するかたちで善妙を正使とした巨大遣明船を派遣。船は舟山島の岑港に入るが、明官軍からの攻撃を受けて港内に沈む。徳陽は明側の張四維らと交渉。使節一行は島内陸部に逃れて新船を建造、翌1558年11月に島を発ち、福建省の浯嶼に移る。
⑤ 1558年3月16日付ポルトガル国王ドン・セバスチャン書簡を受ける。
⑥ 1568年、ニセヤ司教ドン・ベルショール・カルネイロに書簡を送る。
⑦ 1573年、「南蛮国」カンボジアへ貿易船を派遣。取引ののち、鹿皮、銀、カンボジア国王からの進物と中国商人林存選を乗せて九州南方まで戻るが、大風で避難入港した阿久根で破船。
⑧ 1578年、キリスト教の洗礼を受ける。
⑨ 1578年ごろ、カンボジア国王に「美女等物」を贈る。カンボジア国王サター1世は返礼として、国書と銅銃、蜂蠟、ゾウとゾウ使いを義鎮に贈るが、豊薩合戦で優位に立った島津義久に抑留される。
⑩ 1578年12月20日付ローマ教皇グレゴリオ13世書簡を受ける。
⑪ 1582年、ローマ教皇グレゴリオ13世、フェリペ2世、イエズス会総会長クラウディオ・アクアヴィヴァ宛て書簡を認め、天正遣欧使節を派遣（ただし、日本語書簡については真偽疑問説あり）。
⑫ 1585年5月10日付ローマ教皇シスト5世書簡を受ける。

相良義滋（1491？～1546）…肥後の戦国大名。「国料之商船」を琉球に派遣。

1542年、答礼として琉球王国側が砂糖150斤を相良氏に贈答。

相良晴広（1513～55）…義滋の養子。
①1546年、肥後宮原で銀鉱脈を発見・開発し、遣明船派遣の原資とする。
②1554年、新造した大名船「市木丸」に銀を積んで明に派遣。
島津貴久（1514～71）…薩摩の戦国大名。薩摩、大隅、日向の守護職を兼任。
①1556年と59年に、琉球国王尚元の使節を受け入れ通交する。
②1561～62年、インド総督宛て書簡を送る。
島津義久（1533～1611）…貴久の子。1578年の豊薩合戦で大友氏を破る。
①1570年、義久代替わりを告げる使節を琉球に派遣。
②1574年4月、坊津の「宮一丸」（船頭渡辺三郎五郎）の琉球渡海を許可する朱印状を発給。以後、16世紀末にかけて義久による琉球渡海朱印状は11通を確認（根占の「小鷹丸」、坊津の「権現丸」「天神丸」など）。
③1575年、琉球国王尚永の使節を鹿児島に受け入れる。
④豊後をめざしていたカンボジア国王使節の船を抑留し、1579年11月、大友氏に代わってカンボジア国王へ書簡と産物を贈答。
⑤1582年、種子島久時配下の三島と島津領外との材木取引を禁止。
⑥1609年2月に琉球国王尚寧宛てに最後通牒を送り、3月に出兵。降伏した尚寧は鹿児島に連行、翌年江戸で徳川秀忠に拝謁。

**[豪商]**

日比屋助五郎（16c前半～半ば）…堺の豪商。大内義隆派遣1547年の遣明二号船に乗船し、日明貿易に従事。1560年代に九州来航の中国船、ポルトガル船と取引した日比屋了珪も同族。

神屋寿禎（16c前半）…博多の豪商。石見銀山に権益を有し、代官を遣わして米銭で銀鉱石を買い付ける。大内義隆派遣1538年の遣明船総船頭を務めた神屋主計も同族。

嶋井宗室（1539？～1615）…博多の豪商。1568年、商船「永寿丸」で朝鮮に渡海。兀良哈（中国東北部）からの物資を買い占め博多に戻る。

仲屋顕通（16c前半～半ば）…豊後府内の豪商。年貢米の運用投資益や升の換算差益、米・銭の交換レート益などで富商化し、大友氏と結んだ政商として大名公定分銅を発行、遣明船の派遣や渡来中国人との交易にも関わる。

仲屋宗越（16c半ば～末）…顕通の子。大友氏に加え豊臣氏とも結んで畿内から九州南部まで商圏を拡大し、顕通以来の秤量権益を拡充。カンボジア交易を手がける中国商人とつながり、大友氏のカンボジア交易にも関与。大友義鎮の新城下臼杵にも広大な屋敷を有する。


（足利、豊臣、徳川などの中央政権としての対外交渉事例は除外している）

引かれているような「国境」がない時代に、近代的国民国家としての日本国の枠組みをはるかに超えて活動していた彼らの世界観（アジア世界への強い帰属意識と、そのアジアを基点に広がる世界認識）を物語るものであり、歴史学の分析対象として、きわめて重要かつ興味深い。その活動は、当然のことながら、日本史のみに帰する問題ではなく、一六世紀から一七世紀初頭にかけての世界史の動向に多くの影響をおよぼすものであった。

## 国際交易港だった「内之浦」

世界史と直接つながっていた地域社会の実例を、まずは日本列島の南北の地において一ヵ所ずつ紹介しよう。

江戸時代初期の儒学者藤原惺窩《ふじわらせいか》が慶長《けいちょう》元（一五九六）年に記した、「南航日記残簡《なんこうにっきざんかん》」という史料がある。惺窩が京都から瀬戸内を経由し、九州東岸沿いを南下して薩摩に向かった際の記録である。この年の七月一三日に大隅《おおすみ》国内之浦《うちのうら》（鹿児島県肝付《きもつき》町）に滞在した惺窩は、現地役人の竹下宗怡《たけしたそうい》から「葡萄勝酒《ぶどうしょうしゅ》」のもてなしを受け、琉球にも住居を有して妻子をもつ宗怡と琉球の風土について歓談したことを記している。惺窩は、さらに内之浦で、「ルスン《ルソン》琉球路程記録之冊」や「蛮人の記す所」の「世界図」を一覧し、入港中の唐船《からふね》の船主で中国泉州出身の「呉我洲《ごがしゅう》」と筆談して、彼の子が「呂宗商賈《ルソンしょうこ》の巨魁《きょかい》」（フィリピンのルソン商人の頭目）であり、この唐船でこれからルソンへ向から話も聞いている。

一二世紀の現代の内之浦からは想像もつかないことであるが、一六世紀末の内之浦は、九州最南端に近いその地理的環境から、入港する唐船を通じて中国や琉球、そしてルソンなどの東南アジア方面からの文化や情報を直接入手することのできる国際的な港町だった。現地で活動する人物のなかには、竹下宗怡や呉我洲のような、のちの近代国家が取り決めた国境をたやすく越え、南九州から琉球、中国、フィリピンにおよぶ東シナ海〜南シナ海の海域を股にかけて活躍するコスモポリタン（国際人）が存在していたのである。

## 蠣崎氏とアイヌ

国境を越えて世界史と直接つながる地域社会は、南方に限ったものではない。北海道すなわちかつての蝦夷《えぞ》ヶ島では、古代の続縄文《ぞくじょうもん》文化と呼ばれる食料採集文化を経て、七世紀以降には擦文《さつもん》土器を伴う擦文文化やオホーツク式土器を伴うオホーツク文化が広がっていた。また一三世紀になるとアイヌと、津軽《つがる》の十三湊《とさみなと》（青森県五所川原《ごしょがわら》市）を根拠地とする安《あん》藤《どう》（安東）氏との交易が行われた。一四世紀には十三湊と畿内を結ぶ日本海交易が盛んに行われ、サケやコンブ等の北海の産物が都にもたらされた。

本州から北海道南部の海岸に進出して港や館《たて》（道南十二館）を中心にした居住地を作った

**函館市・志苔館遺跡**

人々は「和人《わじん》」と呼ばれ、アイヌと交易を行っていた。長禄元《ちょうろく》（一四五七）年、大首長コシャマインを中心に蜂起したアイヌが、和人居住地の大半を攻め落とす事件が発生するが、上之国《かみのくに》（北海道上ノ国町）の領主蠣崎（武田）氏によって制圧された。蠣崎氏の祖武田信広《のぶひろ》が築城した勝山館《かつやまだて》跡からは、和人とアイヌの墓地遺構をはじめ、日本や中国産の陶磁器、アイヌの骨角器などが見つかっていることから、平時の館には和人とアイヌが混住していたことがわかる。また、函館《はこだて》市の志苔館《しのりたて》付近からは、一四世紀末から一五世紀初頭に埋められた中国銭三九万枚が出土しており、この地域の経済的繁栄を物語る。さらに、天文一九（一五五〇）年、蠣崎季広は、西部アイヌの首長ハシタイン、東部アイヌの首長チコモタインと、「夷狄之商舶往還之法度《いてきのしょうはくおうかんのはっと》」と題する通商協約を結んでいる。

その後、蠣崎氏は道南地域の和人居住地の支配者に成長した。文禄《ぶんろく》二（一五九三）年、蠣崎慶広《よしひろ》（季広の子）は、肥前名護屋《ひぜんなごや》城に出陣中の豊臣秀吉に謁見し、本州から松前《まつまえ》に来る商船から船役《ふなやく》を徴収する権限を認める朱印状を獲得している。これは、本州からの商人や船頭に、アイヌとの取引を蠣崎氏支配下の松前でのみ行わせ、アイヌとの直接取引を制限するもので、蠣崎氏による対アイヌ交易の独占的管理権を含意するものだった（村井章介『シリーズ日本中世史 四 分裂から天下統一へ』）。

そして、江戸時代になると、蠣崎氏は松前《まつまえ》氏と名乗る大名に成長して藩制を敷き、慶長《けいちょう》九（一六〇四）年には、徳川家康からもアイヌ交易の独占権を保障する黒印状を獲得した。アイヌ集団との取引は、「商場《あきないば》」や「場所」と呼ばれる交易場で行われ、そこでの収入が松前藩の直轄収益や家臣への給地となった。このアイヌとの交易権を知行《ちぎょう》として家臣に与えることで結ばれる松前氏と家臣団の主従関係は、商場知行制と呼ばれる松前藩独自のものである。商場を与えられた家臣たちは、製鉄技術を持たなかったアイヌが欲しがる鉄製品等を本州で仕入れて船で運び、商場で北方のコンブや毛皮等と交易することで利益をあげた。

一方、一七世紀初頭までのアイヌ集団は、自らも津軽海峡を南下する「狄船」（アイヌ商船）を操って本州方面へ出向いていた。しかしながら、松前藩による商場知行制の強化により、逆にアイヌは自らの自由意志で和人と交易する権利を失うこととなる。これに不満をもったアイヌ集団は、寛文《かんぶん》九(一六六九)年に、首長シャクシャインを中心に蜂起し、松前藩と戦った。しかし、津軽藩の協力を得た松前藩がこの戦闘に勝利し、以後、アイヌは全面的に松前藩に服従させられる立場になる。江戸時代の商場でのアイヌは、もはや自立した交易の相手ではなく、漁場や魚等の加工場等で和人商人に酷使され、差別的な扱いを受けることになったのである。

## コスモポリタン・シティー

前述の内之浦やアイヌ交易の事例のように、一六世紀後半期の日本社会における都市や町が有していた豊かなコスモポリタン性(国際性)については、その後、地域や民間による個別の外交と貿易を規制・禁止し、江戸幕府が一元的にそれを管理した外交政策(いわゆる「鎖国」)を経験した現代人にとって、その実像が見えづらくなってしまった。しかし、第二章で紹介したように、その江戸幕府を開府した徳川家康でさえ、当初は、群雄割拠の戦国日本のなかで先行して対カンボジア独自外交を進めていた大友氏や島津氏らの方法を踏襲する形で、東南アジア方面への積極外交政策を進めていた。

幕府による「鎖国」政策が完成する一七世紀前半まで続いた戦国・江戸初期諸大名の活

松前……1457年のコシャマインの蜂起以降、アイヌと和人の攻防が続くが、1550年に蠣崎季広とハシタイン・チコモタインの間で協約を締結。

十三湊…日本海航路を通じて若狭、畿内とつながる、安藤（安東）氏の本拠地のひとつ。

赤間関…1584年、中国泉州からの商船が来航し、船主蔡福らが毛利氏の代官高須元兼と交易。

府内……① 1541年、神宮浦に中国からのジャンク船が来航、明人280人が上陸して神宮寺に滞在。
② 1571年、府内滞在中の盧高（台州出身）と陽愛有（温州出身）が時宗寺院称名寺に梵鐘を寄進。
臼杵……16世紀半ばに大友義鎮が本拠地とする。陳元明らが居住する唐人町が繁栄し、豪商仲屋宗越も広大な屋敷を保有。

外浦……帰国途中の航路で喧嘩が起こった1506年出発の遣明二号船を、大友義長が外浦で抑留。

平戸……① 1542年、倭寇の頭目王直が訪れて本拠のひとつとし、松浦氏の保護を受ける。
② 1575年、島津家久が平戸碇泊中の「唐舟」に乗船し、南蛮から大友氏への進物の「虎の子四匹」を見学。
③ 1576年、郭六官という中国人のジャンク船に乗ってアユタヤ国王使節が来航、松浦氏と外交関係を結ぶ。
八代……① 1538年、相良義滋が大名船「市木丸」を建造し、琉球へ派遣。
② 1554年、相良晴広が新「市木丸」を建造して、明に派遣。
阿久根…1573年、カンボジア交易を終えて豊後に帰国途中の大友義鎮の貿易船が大風避難で入港するが、港内で破船。

鹿児島…1549年、アンジロウ（鹿児島出身の日本人）の先導でフランシスコ・ザビエルが上陸。

**表6　16世紀日本のコスモポリタン・シティー**
（博多、堺、長崎等の著名なコスモポリタン・シティーの説明は省いた）

発な外交・貿易政策を背景に、日本列島では、従来から指摘される博多や長崎《ながさき》のような都市規模のコスモポリタン・シティーのみならず、内之浦のような比較的小さな町レベルでも、その内部にさまざまなコスモポリタン性が醸成されていった。表6と一四五頁の地図は、そうした特徴を有していた一六世紀のコスモポリタン・シティーを、従来あまり指摘されたことのない都市や町を中心

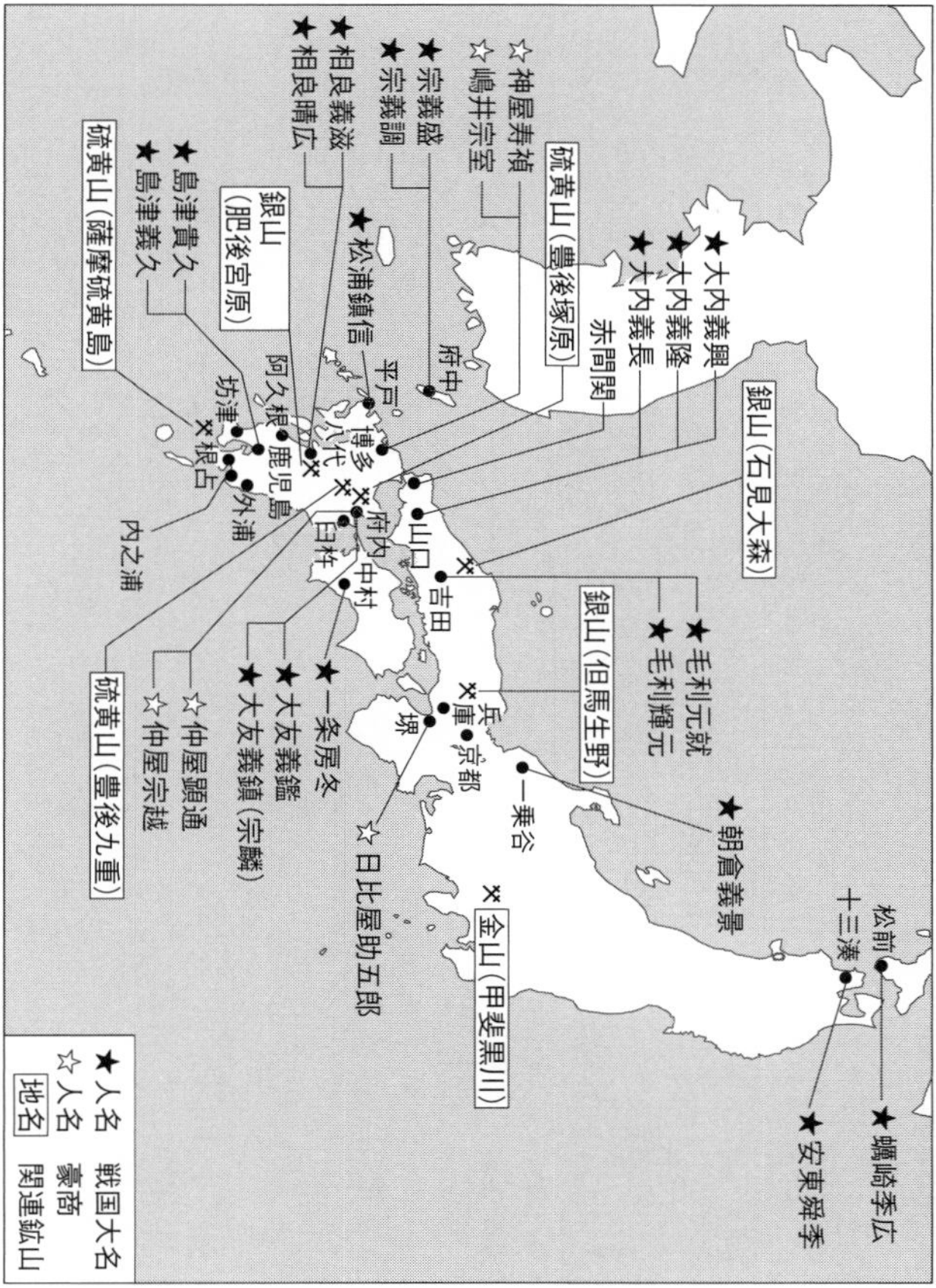


16世紀日本のコスモポリタン・シティー

にまとめたものである。

内之浦のような南方や対アイヌ交易の北方に限らず、列島の各地に「世界」への窓口となる拠点が、小さな漁港レベルの村から、大規模な港湾都市のレベルまで、さまざまに開花していたのが、この時代の大きな特徴と言えるだろう。

## 西日本海物流と太平洋岸造船地帯

一六世紀日本の地域社会が有していたコスモポリタン性については、近年の列島各地でさまざまな分野からの研究が進展している。

表には挙げていないが、近年の考古学調査では、山陰地方の古益田湖《こますだこ》（島根県益田市）の港湾遺跡において、大規模な船着き場跡や東南アジア産陶磁器等が発掘され、中世の益田の東アジア史的位置づけがなされつつある。

中世の港町類型の一つとして、潟湖《せきこ》が注目されて久しい。益田川と高津川《たかつがわ》の河口域にかつて広がっていた古益田湖もその典型である。潟湖の沿岸に位置する沖手《おきて》遺跡や中須西原《なかすにしはら》・中須東原《ひがしはら》の両遺跡から、朝鮮陶磁器をはじめとする大量の輸入陶磁器が出土しており、中世後期の西日本海における活発な物流を裏づける。一五〜一六世紀の国境を越える物流は、守護大名や戦国大名の領国のみならず、国人領主レベルの在地にまでも浸透していった。石見《いわみ》国の国人領主益田氏の領主的発展にとって、それらが重要な経済基盤になったものと思われる。

一方、文献史学においても、一六世紀の四国土佐《とさ》の太平洋岸地域で、そうした物流の一つとしての軍需を支える造船地帯の存在が指摘されている（津野倫明「朝鮮出兵期の長宗我部領国における造船と法制」）。豊臣秀吉は、慶長四（一五九九）年に想定する三度目の朝鮮出兵のため、その前年四月に、「七端八端帆《しちたんはったんぼ》」の船二五〇艘を、長宗我部《ちょうそかべ》氏領国の土佐で建造する大規模造船命令を出した。この軍役は、豊臣政権の「公儀御用《こうぎごよう》」として、四国に隣接する中国地方の毛利氏からは鉄や碇《いかり》を供出させて長宗我部氏に支給する、軍需に対応する資材確保・輸送・分業の体制のもとで実施された。そして、土佐におけるこの大規模造船命令発出の背景には、一六世紀末の同地域における「造船地帯」形成のための諸条件の存在があった。すなわち、土佐の太平洋沿岸航路は、中世以来の南海路の伝統を背景に廻船の往来が盛んであり、文禄《ぶんろく》期には長宗我部氏によって土佐沿岸航路の整備が達成されていたのである。

加えて、長宗我部氏自身の本拠地が、高知平野奥地の岡豊《おこう》（高知県南国《なんこく》市）から太平洋に面する浦戸《うらど》（高知市）へと移転するのも、沿岸航路整備の一環としての海洋政策と言える。浦戸は、弘治《こうじ》元（一五五五）年に来日した鄭舜功による記録『日本一鑑《にほんいっかん》』にも、土佐の港として登場する。また、天正《てんしょう》四(一五七六)年に薩摩《さつま》から都へ向かった近衛前久《このえさきひさ》も、南海路沿いの移動ルートをとり、浦戸に立ち寄っている。

長宗我部氏領国土佐の太平洋沿岸は、大型軍船などを含む造船の技術と伝統を有する地域であり、特に、浦戸と安芸《あき》、中村《なかむら》に造船地帯が形成された。船造りを可能とする資材と人材に恵まれたこの地域を念頭に、長宗我部氏は、造船に関連する諸規定を含む「掟書《おきてがき》」や「政事記《せいじき》」を作成し、海事関係の法制を整備したのである。

日本の歴史のなかで、一六世紀半ばから一七世紀初頭という時期は、地方社会が世界に直接つながることができた稀有な時代である。それを可能とした要因は、国内においては、戦国時代の政治権力の地域割拠性と自立性、造船や船舶航海技術の進歩、地域での産業と経済の発展であり、また世界においては、環シナ海域(東シナ海域と南シナ海域)レベルでの経済・交易活動の活発化、「大航海時代」を経験した西欧諸国の東アジア到達である。こうした要素のうち、どれか一つでも欠けていたならば、日本列島の地方の都市や町でのコスモポリタン性の萌芽《ほうが》は、二〇世紀末からの現代を待つことになっていたであろう。

## 遣明船と堺

一六世紀後半期の東アジア海域の世界史的環境とそのなかでうごめく戦国大名の能動的

開口神社

な外交・交易活動、そしてそれに続く一七世紀初頭の諸大名や豪商による活発な海外交易の実態を踏まえたうえで、ここからは、同時期の日本に繁栄した四つの特徴的コスモポリタン・シティーの内容と、それらの有機的つながりの実態を見ていこう。

まずは、堺である。

堺という地名は、町が摂津《せっつ》国と和泉《いずみ》国の境界に位置していたことに由来するという。古代の堺で注目されるのは、開口《あぐち》神社とその本社住吉大社《すみよしたいしゃ》である。『住吉大社神代記《じんだいき》』には「開速口姫神《あきはやくちひめのかみ》」「開口水門姫《みなとひめ》神社」として記されており、流水の速い港の存在をうかがわせる。

大阪湾に面する「堺浦」は、大津道《おおつみち》・紀州街道・竹内《たけのうち》街道を通って畿内内陸部へとつながる。一三世紀には丹南《たんなん》鋳物師《いもじ》廻船の出入港として機能し、一四世紀には海会寺《かいえじ》・引接寺《いんじょうじ》などの大規模寺院が創建された。南北朝期になると、堺は南朝方の軍港として発展する。その後、和泉国守護となった山名《やまな》氏清《うじきよ》は、堺を「泉府《せんぷ》」と改称して守護所を設置した。

堺が国際的な交易港として登場するきっかけは、一五世紀半ばの応仁《おうにん》の乱《らん》である。乱以前の畿内において、最大の国際交易港は兵庫であった。九州の守護大名大友親世《ちかよ》の大名船「春日丸」が畿内へ物資を輸送する際には、兵庫の港を利用している。従来の遣明船もこの兵庫を発着港として利用していたが、寛正《かんしょう》六(一四六五)年に兵庫を出発した足利将軍と細川氏の遣明船は、応仁の乱での対立勢力の動きのため瀬戸内海を経ての帰航ができなくなり、土佐沖から紀伊水道を北上して堺の津に着岸した。この後、堺は五回にわたって遣明船の発着港として機能することになり、経済的に大きな発展を遂げるようになるのである。

## 堺の東南アジア陶磁器

堺の町は、中世から近世初頭の各段階で数度の大規模火災によって焼失しながらも、一貫して都市的発展をとげてきた。地下には、その痕跡が幾重にも重なって埋蔵されており、その遺構は「堺環濠《かんごう》都市遺跡」と呼称されている。遺構や遺跡の調査成果については、福岡市博物館編『堺と博多展——よみがえる黄金の日々』や堺市博物館編『南蛮——東西交流の精華』等にわかりやすくまとめられている。

遺構からの出土遺物に着目すると、国内陶磁器に加えて海外からの陶磁器の出土がやはり多い。まず、一四世紀末から一五世紀にかけての遺構からは、中国産の青磁《せいじ》や白磁《はくじ》の碗や皿が多数見つかっている。一五世紀後半の遣明船の発着期になると、中国産青花《せいか》の出土が増加し、一六世紀にはその種類も多様化してくる。そして、一六世紀末には、それまでの景徳鎮窯系《けいとくちんよう》に加えて、福建省の漳州窯系《しょうしゅうよう》の青花が多く検出されるようになるのである。

この青花の出土状況の特徴として指摘されているのは、遺構の表道に面する建物跡からは景徳鎮窯系青花が多く出土し、濠《ほり》などの周辺部では漳州窯系青花が増加する事実である。これは、中国産青花の階層差を示すものであり、優品としての景徳鎮窯系青花の需要を補完するかたちで安価な漳州窯系青花が堺にもたらされたものとされている。

「堺環濠都市遺跡」出土の貿易陶磁のなかで、特に興味深いのは、硫黄が入った状態で屋敷地内に埋設されていたタイの焼締《やきしめ》陶器四耳壺《しじこ》の発見である。壺が見つかったのは都市堺のほぼ中央部に位置する車之町西の調査区で、出土した五個の四耳壺のうちの二個に硫黄が充填されていた（第二章に詳述）。備前焼とよく似たこの陶器は、タイのアユタヤ付近の窯では日常雑器として使用されていたものである。

堺でこうした東南アジアの陶磁器が出土しだすのは、一六世紀末から一七世紀初頭にかけてであり、これまでに、タイの四耳壺や鉄絵香合《こうごう》、ベトナムの白磁印花文碗《はくじいんかもんわん》・焼締鉢《はち》・焼締長胴瓶《ちょうどうへい》などが確認されている。なかでも、焼締陶器壺はそれ自体が商品だったのではなく、前述の四耳壺のように、液体や固形物を輸送する容器として運ばれてきたものである。南方産の砂糖や硝石、酒などが、これらの壺や瓶《びん》に詰められて海上輸送されたものと考えられよう。

また、これらの陶器のなかには、ベトナム焼締長胴瓶のように、この時代の日本における茶の湯文化の発展の過程にのみこまれ、本来の雑器としての性格から、茶人の嗜好にかなった茶道具として珍重されるようになるものも存在する。

### 豊後府内

さて、畿内経済圏を後背地にもち瀬戸内海航路の東端に位置する堺に対して、九州とその南方（琉球・中国東南海域）を後背地にもち瀬戸内海航路の西端に位置するのが豊後の府内（大分市）である。堺と府内は、東西に長い瀬戸内海航路の東端と西端で対峙し、水運を通して結びついていたことに特徴がある。

もともと府内の町は、大分川が別府湾（瀬戸内海）に注ぐ河口に発生した（本章扉参照）。町の起源は、一一世紀にさかのぼる。「宇佐宮神領大鏡《うさぐうしんりょうおおかがみ》」（「到津《いとうづ》文書」）の天喜《てんぎ》元（一〇五三）年の申文《もうしぶみ》では、大分川は「市河《いちのかわ》」と呼称されており、河口の川辺で河原市《かわらいち》が開かれていたことが推測される。この市町一帯が、一三世紀に相模《さがみ》から西国下向した大友氏の守護所設置により豊後の政治的中心としての機能を有するようになり、やがて一六世紀末には五〇〇〇軒の町屋を擁する西日本有数の都市として発展した。

一六世紀後半期の豊後府内のようすを描いたとされる古図が複数現存している。古図はいずれも近世以降の写しであるため、その信憑性が問われていたが、近年では、その古図の記述通りに、大友氏の大名館跡や同氏菩提寺の萬寿寺《まんじゅじ》跡、さらにはキリスト教会の敷地の一部と思われる墓地、そして多数の町屋跡が発見され、その信憑性が確認された。古図によると、町は南北に四本、東西に五本通る大路《おおじ》と小路《こうじ》によって区画され、築地塀《ついじべい》と土塀で囲まれた二町四方の大友館を中核に、その周囲に御所小路《ごしょのこうじ》町・上市《かみいち》町・下市《しもいち》町・工座《たくみざ》町・ノコギリ町・小物座町・寺小路《てらのこうじ》町・稲荷町・唐人《とうじん》町等四五の町が展開している。

発掘調査の成果によると、府内の中心に位置する大友館跡からは、主殿の礎石跡と想定される根締石《ねじめいし》が等間隔で検出され、また、二町四方の敷地の南東部からは安山岩《あんざんがん》や凝灰岩《ぎょうかいがん》の巨石と玉砂利を配した池を有する庭園も発見された。この庭園は一六世紀中頃に造園されたと推測されるが、その一部には天正一四（一五八六）年の島津軍の侵攻時のものと思われる破壊の痕跡も残っている。大友館の推定敷地とその周辺からは、金箔土師器《はじき》皿や金製飾り金具等の金箔製品や、天目《てんもく》茶碗や茶臼等の茶の湯道具のほかに、ガラス製小皿・下駄・漆器・鉛玉（鉄砲弾）・華南三彩の水注・タイの鉄絵小壺等も出土している（玉永光洋・坂本嘉弘『シリーズ「遺跡を学ぶ」五六　大友宗麟の戦国都市・豊後府内』）。

一方、府内の町遺構を南北に縦断する大路からは、古図に描かれている木戸の柱穴が確認された。町屋の遺構からの出土遺物として注目されるのは、表裏にキリストと聖母子像をかたどったメダイや、ガラス製コンタ（ロザリオの珠）等のキリシタン遺物である。天文二〇（一五五一）年のフランシスコ・ザビエルの滞在と布教活動以降、イエズス会宣教師の重要活動拠点として機能した府内には、キリスト教会やコレジオ（神学教育機関）、西洋医療の病院等が開設された。教会の墓地からは、日本人キリシタンの埋葬人骨も確認されている。

**堺と府内の共時性**

府内からも多くの貿易陶磁が出土しているが、特に注目されるのは横小路町の遺構である。横小路は、大友館の北方を東西にのびる街路であり、調査では幅約一〇メートルの一六世紀の道路が検出された。その街路に面したある町屋では、直径一・五メートルの備前焼大甕《おおがめ》一〇個を地面に埋設していた甕倉が発見された（吉田寛「豊後府内における天正一四年〈一五八六〉一括資料について――中世大友府内町跡第三次調査SX二二〇の評価と検討」）。遺構は、天正一四（一五八六）年の島津軍の侵攻時に火災にあい、遺物を廃棄して埋めたものと考えられる。出土遺物としては中国の景徳鎮窯系と漳州窯系の青花が多くみられ、青磁・白磁・華南三彩《さんさい》・焼締陶器擂鉢《すりばち》も確認されている。特に、擂鉢は、流通商品ではなく、中国との貿易従事者か渡来中国人が日常生活用品として使用していたものと考えられる。また、舟徳《ふなどっ》利《くり》や白磁皿等の朝鮮王朝産陶磁も複数含まれていた。

特筆されるのは、堺でも見つかったタイの焼締陶器四耳壺とベトナムの焼締長胴瓶の出土で、特にタイの四耳壺はこの大甕埋設遺構から一一個体分が確認されており、瀬戸内海を挟んで向き合う畿内の堺と九州の府内の共時性を指摘できる。この他にも、日本国内では沖縄県首里《しゅり》城や福岡県博多遺跡群等の数点しか出土例をみないミャンマー産黒釉《こくゆう》陶器三《さん》耳壺《じこ》も確認されている。

**府内出土のミャンマー産黒釉陶器三耳壺**

横小路町の当該遺跡からは、国産の備前焼や信楽《しがらき》焼も出土しているが、全遺物中に占めるその割合は過半数に満たない。遺物の六割以上が貿易陶磁であったとの調査報告は、一六世紀後半期の九州の都市が有するコスモポリタン性を如実に物語っていよう。こうした遺物組成の特徴は、横小路町のこの遺構のみならず、大分川に隣接してベトナム産白磁印花文《いんかもん》碗などが出土した上市町等の複数の遺構にも共通して指摘されている。

## 平戸と東シナ海航路

肥前の平戸は、九州最西端の北松浦《きたまつうら》半島と向かい合う平戸島北部の都市である。東向きに開けた港の眼前は平戸瀬戸と呼称される海峡であり、豊後府内を瀬戸内海航路西端のコスモポリタン・シティーと呼ぶならば、平戸は、東シナ海航路に結節するコスモポリタン・シティーと考えることができる。瀬戸内海から関門《かんもん》海峡を越え、博多を経由して外洋に向かう船にとって、平戸やその北の的山大島《あづちおおしま》、西の五島列島は、国内での最終寄港地である。

八世紀から九世紀の古代、遣唐使船はしばしばこの平戸に寄港して風待ちした。また、一〇世紀から一四世紀に博多をめざして来航した唐や宋の商船も、平戸や五島列島に立ち寄ることが多かった。一五世紀の遣明船も、平戸や的山大島、五島列島から中国へと渡っている。

やがて東アジア海域に倭寇的勢力が暗躍した一六世紀半ばになると、平戸にも有力な中国人海商が来航した。嘉靖《かせい》期の倭寇の頭目王直《おうちょく》である。明の海禁政策を破って東シナ海域でいわゆる密貿易を手がけていた王直は、天文から弘治年間の九州を訪れ、豊後の大友氏や平戸の松浦《まつら》氏ら日本の戦国大名としばしば交渉したことは、第一章で述べた。天文《てんぶん》一一（一五四二）年に平戸を訪れた王直は、松浦氏の保護を受け、この地を本拠のひとつとした。

また、天文年間末期になると、ポルトガル船も平戸に来航することになる。平戸の発掘調査では、この時期のものと思われる中国産の青花や青磁・白磁が出土している。

その後の永禄《えいろく》七（一五六四）年、北松浦半島の佐々に近い半坂峠《はんざかとうげ》で、相神浦《あいこうのうら》松浦氏と平戸松浦氏による合戦が繰り広げられた。激しい攻防戦の結果、相神浦松浦氏を抑えた平戸松浦氏は、周辺の国人を傘下におさめて、平戸や小値賀《おぢか》、壱岐《いき》等の島嶼部に加え、九州本土の北松浦半島の大半を勢力下に組み込むことになった。

そうした松浦氏のもと、一七世紀の徳川政権期に入ると、慶長《けいちょう》一四（一六〇九）年にオランダ船が、同一八（一六一三）年にはイギリス船が相次いで平戸に来航し、江戸幕府の許可を得てそれぞれの商館が開設された。この両商館併設期の平戸のようすを描いた一六二一年の絵図が、オランダのハーグ国立公文書館に所蔵されており、平戸市史編さん委員会編『平戸市史 絵図編 絵図にみる平戸』に掲載されている。絵図では、鏡川《かがみがわ》と戸石川《といしがわ》が注ぐ平戸港の海岸に沿って家屋が並び、その中央部に平戸藩政庁、東北端にオランダ商館、南西部にイギリス商館が確認でき、海岸部には護岸石垣が描かれている。

発掘調査によると、オランダ商館跡の調査区から実際に護岸石垣が見つかっており、文献史料とのつき合わせから元和《げんな》二（一六一六）年のものと推測されている。また、この石垣の裏込めからは、景徳鎮窯系青花などの大量の中国産陶磁器が検出されており、何らかの理由で破損した流通商品を廃棄したものと考えられている（川口洋平『シリーズ「遺跡を学ぶ」三八　世界航路へ誘う港市　長崎・平戸』）。

貿易競争に敗れたイギリスはやがて元和九（一六二三）年に商館を閉鎖したが、一方のオランダは、寛永《かんえい》一四（一六三七）年およびその二年後に石造倉庫を建設して、商館機能を拡充させた。発掘では、この時期の建物の基礎も見つかっており、その倉庫の構造も明らかになりつつある。

## 肥前長崎

さて、肥前の長崎は、元来小さな村だったものを、戦国大名大村純忠《すみただ》によって元亀《げんき》二（一五七一）年に町建てが行われ、港が開かれたとされる。それ以前の状況は定かではないが、文禄期の豊後臼杵の唐人町に居住し、豊臣秀吉の京都方広寺《ほうこうじ》の大仏造立の際に漆喰《しっくい》塗りの技術職人として活動した中国人陳元明《ちんげんめい》の末裔に伝わる系図に、同氏の三代前の陳李長《ちんりちょう》が一族とともに中国江蘇《こうそ》省の揚州《ようしゅう》から船に乗り、永正《えいしょう》三（一五〇六）年に肥前の森崎《もりさき》、現在の長崎市江戸《えど》町《まち》に着岸して日本に定住したとの記録がある。肥前国内にしばらく逗留《とうりゅう》した陳李長一族は、やがてその五人の子どもの代に肥前・肥後・筑後《ちくご》・豊後に分住するようになり、そのうちの陳覚明《ちんかくめい》が永正一二（一五一五）年に豊後府内に移住して仏師として生業をた

長崎の森崎付近

て、以後、義明《ぎめい》から元明へと家業をつないだとされる（鹿毛敏夫『アジアン戦国大名大友氏の研究』）。大仏漆喰の技術奉公の恩賞として秀吉から褒美の朱印状を与えられている元明だが、中国を出帆したその祖先一族の肥前森崎での上陸の記事からは、一六世紀初頭段階の長崎における、ある程度の港湾機能の存在を想定することができるだろう。

大村氏によって一六世紀後半期に町建てされたのは、大村・平戸・島原・外浦《ほかうら》・分知《ぶんち》・横瀬浦《よこせうら》の六町である。場所は、現在の長崎市中心部の万才町《まんざいまち》一帯で、寛永年間の記録によると、ここには国内他所からの移住者や外国人、あるいはキリシタンが多く居住していた。先述の陳李長一族の上陸地森崎も、これらの町屋が建つ陸地が長崎港に突き出た岬の先端、旧長崎県庁付近である。

港湾都市長崎の発掘調査で注目できるのは、大村町の状況である。大村町跡からは、文献史料に記録される慶長六（一六〇一）年の火災の焼土層が検出され、その前後の時期の町の実態が明らかになった。遺構では、蔵と思われる礎石建物や、住居と思われる掘立柱《ほったてばしら》建物のほか、井戸・石組み排水溝・獣骨・陶磁器等が確認された。特に、獣骨では、刃物による切断痕が残されている牛骨が多く、居住西洋人による食用解体をうかがわせる。また、陶磁器では、中国産陶磁器の割合が九割を超えており、その状況は一七世紀前半まで続いている。

## 長崎奉行竹中重義とサントス事件

長崎で出土する陶磁器における東南アジア産陶磁器については、一六世紀段階ではほとんどみられないが、一七世紀初めに急増し、一七世紀半ばにはまた減少していく。豊後府内とは時期的な相違があるものの、タイの四耳壺やベトナムの焼締長胴壺の出土等の共通点が見られる。また、現在の長崎市役所付近にあった豊後町の調査では、寛文《かんぶん》三（一六六三）年に市街の大半を焼失した大火の状況も確認されており、地下室を設けていたと推測される遺構からは、焼土のほかに、大量の壺の破片が出土した。その産地は、地元の肥前のみならず、中国からベトナム・タイ・ミャンマーにかけて広がっており、これもまた、先述の豊後府内の横小路町と同様の組成を示している（川口洋平『シリーズ「遺跡を学ぶ」三八 世界航路へ誘う港市 長崎・平戸』）。

興味深いのは、寛永六（一六二九）年に江戸幕府長崎奉行に就任した竹中重義《たけなかしげよし》の事績である。元来、竹中氏は、豊臣家のち徳川家の家臣として活動し、重義の父竹中重利《しげとし》が、関ヶ原の戦い後の慶長六（一六〇一）年に、大友氏改易《かいえき》後の豊後府内に転封され、近世府内藩初代藩主となった。その跡を継いで元和元（一六一五）年に二代藩主となったのが、長男の重義である。その重義が江戸幕府の老中土井利勝《どいとしかつ》の推挙を得て長崎奉行の職にあったのは、寛永六～一〇（一六二九～三三）年の間だが、この在任期間中に重義が、東南アジアに二度にわたって朱印状不携行の密貿易船を派遣していたことを証することになったのが、寛永一一（一六三四）年のパウロ・ドス・サントス事件である。

パウロ・ドス・サントスは、生年・出身地が全く不明の日本人司祭だが、江戸幕府が宣教師・キリスト教徒を国外追放した慶長の禁教令により、慶長一九（一六一四）年にマカオに渡ったとされる。寛永一一（一六三四）年に長崎に入港したマカオの商船から、そのサントスが日本人に宛てた書状二通が見つかり、それを持参していたポルトガル人船員ルイス・ゴウヴェア・ボテーリョは収監のうえ処刑された。事件はこれにとどまらず、二通の書状には、長崎奉行在任中の竹中重義が、寛永七（一六三〇）年と翌年にマニラとシャムに向けて朱印状をもたない密貿易船を渡航させたこと、および、その密貿易船を使って、マカオのサントスが長崎の「ナカヤ又右衛門」にトンキン生糸と広東《カントン》の緞子《どんす》を売却していたことが記されていたのである（岡美穂子『商人と宣教師 南蛮貿易の世界』）。

このうち、マカオ船を通してトンキン（ベトナム）や広東からの物資を密輸入していた「ナカヤ又右衛門」については、日本人司祭サントスがマカオに追放される慶長一九（一六一四）年以前から、長崎で旧知の仲であったことが、別の史料から明らかである。一七世紀初頭の慶長・元和・寛永年間に、華南から東南アジア方面と結ぶ貿易活動を手がけていた長崎商人「ナカヤ又右衛門」の姿は、一六世紀末の天正・文禄年間に対明・カンボジア交易を手がけていたことを次の第五章で詳述する豊後豪商「仲屋」の、「寛永中に至っても、なお肥前長崎に至るの商船、交易の初め必ず通《つう》が遺秤《いしょう》を用ゆ」との記述に共通する。

一六世紀の大名大友氏と結託し、銀秤量の権益を獲得して富商化した豊後の「仲屋」が、「寛永中」の長崎貿易で「通が遺秤」（仲屋顕通《けんつう》の秤）を用いて取引を統括していたとの記述は一見奇異に思えるが、大友氏改易後の府内藩二代藩主となった竹中重義が同じ寛永年間に長崎奉行を務めた事実を勘案すると納得できるだろう。すなわち、一七世紀初頭長崎の朱印船貿易期に華南・東南アジアとの貿易を手がけた「ナカヤ又右衛門」は、一六世紀末の豊後府内を拠点に明・東南アジアとの南蛮貿易を手がけた豪商「仲屋」の系譜を引くもので、大友氏改易後の新たな統治者として府内に入った藩主竹中氏と結ぶことで、同氏が長崎奉行に抜擢された寛永六（一六二九）年以降に、竹中重義の肝いりで長崎（恐らく豊後町）に進出し、前代からの経験と人脈を通して、重義が策略するマニラ・シャムとの私貿易活動を支援したものと推測されるのである。

### コスモポリタンの活動

寛永一三（一六三六）年、長崎に雑居していたポルトガル人は、沖合に造成された出島《でじま》に収容された。ポルトガルはその後わずか三年で日本から撤退することになるが、ポルトガルに代わって出島に入居したのは、寛永一八（一六四一）年に平戸から商館を移転させたオランダである。近世出島のオランダ商館で行われた貿易では、年に五〜六艘が入港するオランダ船との間で、陶磁器や金・銀等を輸出し、生糸・砂糖・蘇木《そぼく》等を輸入した。商館跡の発掘調査では、近世後期段階の商館倉庫の礎石《そせき》や、出島周囲の護岸石垣が確認され、大量の肥前陶磁が出土した。また、オランダ人商館員の生活を示すガラス杯・ワインボトル・クレーパイプや、食生活を物語る牛骨等も確認されている。

中世前期からの港湾都市博多とは異なり、平戸や長崎では船着場としての石積み護岸が確認され、大型船が寄港する貿易港としてのインフラ整備が進んでいる（川口洋平「中・近世における貿易港の整備——博多・平戸・長崎の汀線と蔵」）。近年の考古学研究が明らかにする中・近世都市のさまざまな「唐人」遺物や「南蛮」遺物の存在は、文献史料と照らし合わせることでその由来や時代背景をより明らかにし、日本列島内部でのコスモポリタンの活動の姿を雄弁に語る物的証拠になりうるのである。

## 2 「唐人」と「キリシタン」

### 唐人町の形成

唐人町《とうじんまち》は、戦国時代から江戸時代初頭にかけて、主に西日本の各地に形成された在留中国人または朝鮮人の居住にちなむ町名である。その内実は、明末期における中国人の海外移住によるものと、文禄・慶長の役における被虜《ひりょ》朝鮮人の居住によるものに大別され、特に前者は日本における華僑《かきょう》社会形成の問題として、古くから注目されてきた。

実際にこうした唐人町が存在した場所としては、薩摩の坊津《ぼうのつ》・川内《せんだい》・市来《いちき》・阿久根、大隅の小根占《こねじめ》・串良《くしら》・国分《こくぶ》、日向《ひゅうが》の都城《みやこのじょう》・飫肥《おび》、肥前の口之津《くちのつ》・佐賀、肥後の伊倉《いくら》・熊本・人吉《ひとよし》、筑前《ちくぜん》の福岡、豊後の府内・臼杵《うすき》などがあげられ、それぞれの地域における町の形成過程や景観、居住者の存在形態などがこれまでに考察されてきている。

明代の中国から日本社会に渡来・定住した唐人たちは、はたして当該の日本社会のなかでどのように受け入れられ、いかなる社会的機能を担っていたのであろうか。また、彼らの渡来・定住という事態が、当該期の日本社会にどのような影響をおよぼしたのであろうか。

一六世紀後半から一七世紀初頭の東アジア・東南アジア海域における国境を越えた人の移動やそれに伴う技術・文化・情報の伝播《でんぱ》の様相はきわめて興味深い。一例として、一七世紀初頭に、日向飫肥《おび》藩の侍医として活動した徐之遴《じょしりん》の事績と系譜がある。徐之遴は、明末の万暦二七（一五九九）年に浙江《せっこう》省紹興府《しょうこうふ》上虞《じょうぐ》県で生まれ、二一歳の同四七（一六一九）年に北京への渡海の途中に海賊に捕らわれて日本に連行、鹿児島で医術を修めて、元和九（一六二三）年に飫肥藩主伊東祐慶《いとうすけのり》の侍医になったという（中島楽章「一六・一七世紀の東アジア海域と華人知識層の移動——南九州の明人医師をめぐって」）。一七世紀の幕藩体制下の事例ではあるが、唐人医師の系譜とその海外移住の問題を、東アジアの通交貿易システムのなかに位置づけて明証する興味深い事例と言える。

日宋貿易が行われた平安末期、九州の博多、津屋崎《つやざき》、唐津《からつ》などにはすでに、「唐房《とうぼう》」と呼ばれる唐人の滞在地が形成されていた。近世初頭、一六三〇年代までの日本社会では、国境は近代を経たわれわれが考えるほど越えにくい境界ではなかった。特に中国からは、貿易関係者のみでなくきわめて多様な技能者が渡来し、その技能で日本の領主層の需要や領内支配に貢献し、日本の生活文化の諸局面に大きな影響をおよぼした（荒野泰典「日本型華夷秩序の形成」）。その唐人の中に、リーダー的存在の個人あるいは一族がおり、彼らが在地領主と結びついて唐人が集団として特定地区に集住していく事例もあった。また、華僑の活動が顕著な時期の唐人町には、華人系唐人だけでなく「南蛮人」も混住していた。そうした点において、各地の唐人町は、コスモポリタン・シティーとしての性質を有しているのである。以下、そうした特質を有する唐人町について、その状況をいくつか見てみよう。

### 坊津

薩摩半島西南端の坊津（鹿児島県南さつま市）は、坊浦《ぼううら》、泊浦《とまりうら》、久志浦《くしうら》等の複数の港からなる港町である。一帯は、リアス式海岸の天然要港であり、坊浦入り口の網代《あじろ》浦にそびえ立つ双剣石《そうけんせき》の巨岩は、歌川広重《うたがわひろしげ》の画題となり、国指定名勝にもなっている。

坊地区には、旧海商の屋敷や古い石垣・石段・井戸などの景観が残る。なかでも、近衛屋敷跡は、文禄三（一五九四）年に坊津に配流となった公家近衛信輔《このえのぶすけ》の屋敷跡とされる。高台に残る一乗院《いちじょういん》跡は、島津氏からの崇敬を受けて一六世紀の薩摩国屈指の勢力を誇った真

現在の坊津

言宗寺院一乗院の遺跡で、同寺は明治期の廃仏毀釈《はいぶつきしゃく》によって廃寺となった。跡地には、切石を方形に組んだ四角墓と呼ばれる歴代上人墓や石造仁王像などが残り、発掘調査では明代の陶磁器が多数見つかっている。

一方、この坊津の南方、薩摩半島の南沖に浮かぶ硫黄島《いおうじま》は、第二章で述べたように、古代以来の硫黄鉱石の産地であった。硫黄島港の周辺からも、宋代・明代の中国産白磁・青磁が採集されており、周辺遺物の状況から、すでに一一世紀後半から一二世紀の硫黄島に中国陶磁がもたらされていたことが指摘される。また、一六世紀後半から一七世紀前期のベトナム産焼締陶器長胴瓶の破片も採取されている（橋口亘・若松

坊津・一乗院跡の歴代上人墓

重弘「鹿児島県三島村硫黄島採集の貿易陶磁」、同「鹿児島県三島村硫黄島採取のベトナム焼締陶器」）。文献史学においても、文明《ぶんめい》六（一四七四）年のものと推測される島津氏家臣平田《ひらた》・村田《むらた》両氏に宛てた幕府使僧の書状で、遣明船に積載する硫黄を「ほうの津」（坊津）に運び込んでおくよう指示した内容のものが存在しており（「島津家文書」）、硫黄島の硫黄が、中世の早い時期から、南九州の拠点港的地位にあった坊津へと運び込まれていたことがうかがえる。

この坊津における唐人町は、久志浦の南に隣接する博多浦にあったとされ、現地には唐人の墓とされる祠や石垣、石畳の道が残されている。隣接する江籠潭《えごんたん》と呼ばれる地は、潮の干満を利用した船の修理や造船を行う港で、ここには交易場があったとされる。江籠潭からは造船に従事した鍛冶職人が輩出され、奄美大島《あまみおおしま》など各港に進出した。また中国の航海神である媽祖《まそ》が、久志と秋目《あきめ》の間にそびえる今岳の今岳権現社《いまだけごんげんしゃ》に祀られており、唐人や琉球人の崇敬の対象となっていた（森勝彦『九州の港と唐人』）。唐人墓は、泊地区の山中にも亀甲墓《きっこうぼ》の形で確認できる。

現代においては陸の孤島のようなイメージの坊津だが、海運と海上交通が活発だった中世には南九州のハブ港として栄え、交易唐人らが住み着く港町だったのである。

## 山川

一方、同じ薩摩半島の南東端には、坊津と同様に栄えた港町として山川《やまがわ》（鹿児島県指宿市）がある。山川は、向かい合う大隅半島の根占《ねじめ》とともに、大きく湾入する錦江湾《きんこうわん》（鹿児島湾）の入り口に位置する重要な港であった。

すでに第三章において、ポルトガル商人の船が山川に入港した事実を記した永禄《えいろく》四（一五六二）年付インド副王ドン・フランシスコ・コウティーニョ宛て島津貴久書状写しを紹介した。また、スペイン国王使節のドン・フェルナンド・デ・アヤラとドン・アントニオが、元和九（一六二三）年に「山河」（山川）の港に上陸し、江戸幕府（将軍徳川家光《いえみつ》）との外交交渉への援助を薩摩藩老中に依頼した事実も第七章で詳述する。山川は、中国や琉球のみならず、ヨーロッパとの国際関係においても外交の最前線として機能する国際港だったと言える。

この山川で特筆されるのは、坊津の一乗院同様に明治期の廃仏毀釈で廃寺となった臨済宗寺院正龍寺《しょうりゅうじ》の存在である。六十数基の石造物が旧正龍寺跡墓石群として残されているが、そのうちの古いものとして、天文二一（一五五二）年の板碑《いたび》や永禄九（一五六六）年の舟型塔、永禄一〇（一五六七）年の宝珠付角柱石塔婆《ほうじゅつきかくちゅういしとうば》が見られ、往時の繁栄がうかがえる。中世から近世初頭の正龍寺僧は、山川で交わされる外交文書の起草に携わるとともに、その寺自体がいわゆる薩南学派《さつなんがくは》の学問寺のひとつとして機能した。

そもそも、薩南学派のもとを開いた桂庵玄樹《けいあんげんじゅ》は、大友氏下の豊後萬寿寺《まんじゅじ》や大内氏下の長門永福寺《えいふくじ》の住持を務めた後、応仁度の遣明船に著名な画家雪舟等楊《せっしゅうとうよう》らとともに乗り込んで応仁元（一四六七）年に明に渡り、蘇州などを七年間遊学して朱子学《しゅしがく》をきわめた。帰国後、薩摩の島津忠昌《ただまさ》や忠廉《ただかど》に招かれて朱子学を講じ、薩南学派の祖として名を成したのである。この正龍寺には、のちの江戸初期の儒学者藤原惺窩《せいか》も訪れ、桂庵玄樹らの学問の軌跡に学んだという。

唐人町はかつての正龍寺に隣接する地にあり、その辺りが中世から明治期にかけての港町山川の中心で、近世には琉球貿易や奄美諸島の砂糖交易に関連する蔵が建ち並んでいた。最も広い屋敷と蔵を経営した豪商が河野《こうの》家である。河野家は、近世薩摩藩による琉球貿易や奄美からの黒砂糖の買い上げの一端を担うことで、富を蓄積した。代々「覚兵衛《かくべえ》」を名乗った初代から七代までの歴代当主とその家族による、一八世紀から一九世紀半ばにかけての一二基の五輪塔が、河野覚兵衛家墓石群として残存している。

さらに、山川のコスモポリタン性は、現在も路地の各所に散在する石敢當《いしがんとう》が物語る。山川では、火山噴火で形成された特色ある黄橙色の山川石が、加工がしやすく、地元の墓石や石敢當の原料として使われた。丁字路や三叉路の突き当たりに置く魔よけの石碑や石標として、同様の石敢當文化を有する中国福建省南部や琉球と山川の習俗文化的つながりを証している。

### 伊倉

河野覚兵衛家墓石群

肥後国伊倉（熊本県玉名《たまな》市）においては、一七世紀初頭に活動した「唐人」の痕跡が、唐人墓という形で残存している。「肥後四位官郭公墓《しいかんかくこうぼ》」と呼ばれる唐人墓である。立碑形式の石製墓碑を墳丘の前にたてる中国華南地方の墓地様式に共通するこの墓の碑文は、中央に大きく「考濵沂《ひんき》郭公墓」、右側に「元和《げんな》 己未《つちのとひつじ》年仲秋吉旦」、左側に「海澄《かいちょう》県三都男国珍栄立」と刻まれている。近世初頭の朱印船貿易に携わった郭濵沂《かくひんき》の墓で、元和己未＝五（一六一九）年の仲秋（旧暦の八月）に、その子息の国珍《こくちん》と国栄《こくえい》が建立したものである。また、郭濵沂親子の出身は「海澄県」、現在の福建省漳州《しょうしゅう》に相当する。

伊倉とその周辺には、この他にも、謝振倉《しゃしんそう》と林均吾《りんきんご》の唐人墓も残っており、特に林均吾の方は、「元和七年」(一六二一年)の銘がある。伊倉には現在も「唐人町」の地名が残っており、また有明海《ありあけかい》に注ぐ川も「唐人川」と呼ばれている。流域の干拓が進む以前の中世から近世初頭には、唐人町は海に近く、河口の川岸を港とした水上交通が活発だったことが推測される。

伊倉の唐人墓(肥後四位官郭公墓)

### 日本社会に同化する唐人

坊津、山川、伊倉に見たように、中世から近世初頭の港町や都市は、地域社会における物流や交易の拠点であると同時に、「唐人」らが滞在または定住する国際交流の場としても機能していた。そこで注目したいのが、いわゆる外国人としての「唐人」たちが、はたして当該期の日本社会のなかでどのような扱いを受け、また、彼ら自身がいかなる意識をもって日本社会に対応しようとしたかである。

この問題を考えるうえで、注目したい帳簿史料がある。「天正十六年参宮帳」と名付けられる、一六世紀末期の豊後や肥後から伊勢神宮に参詣した人のリストを御師《おんし》が記録した、いわゆる参宮者名簿である。この興味深い参宮帳のうち、豊後の府内と臼杵に存在した二つの唐人町から伊勢参詣した人物の記録部分を抜粋してみよう。

天正十七年三月十三日
豊後符中（府中）衆六人　たう人まち（唐人町）
ゑんはい　同与三郎殿　けんさん　同新四郎殿
ゐなり町（稲荷）　石井新次郎殿
（中略）
天正十七卯月一日
豊後大分之郡符内（府内）　来迎寺宗純
とうちん町（唐人）
伯井善助殿
（中略）
天正十九年二月三日
豊後符中　いなりまちしゅ（稲荷町衆）六人

　　唐人まちしゆ《（町衆）》二人
　喜衛門殿　伝左衛門殿　吉衛門殿　新大郎殿　彦五郎殿　権左衛門殿
　又　唐人まちのしゆ《（町の衆）》　ふくまん　かけゆ殿
（中略）
天正十九年卯月七日
　豊後符中　桜町　同唐人町四人つれ
　月山　桜町吉田弥四郎殿　善周坊
　渡邊彦四郎殿
（中略）
天正十九年卯月十五日
　豊後臼杵　唐人町しゆ《（衆）》八人つれ
　　松井善右兵衛尉殿　左衛門二郎殿
　臼杵右京亮殿　御代官参り　御状参り候
　金大郎殿　甚左衛門殿　くそく《（具足）》屋善左衛門殿
　林唐山　同御とも《（供）》の人甚三郎殿
天正十九年卯月十六日

豊後臼杵　唐人町衆六人つれ
　二奇　善介殿　弥右衛門殿　同御女中
　平之内　助三郎殿　代官善吉殿

史料から、天正末年の府内および臼杵の唐人町に、「ゑんはい」「けんさん」「ふくまん」「月山」「林唐山」「二奇」等の中国人らしき多くの人物が居住していたことがわかるが、ここで注目したいのは、次の二点である。第一に、唐人町には、「けんさん」等の唐人に加えて、「与三郎」「伯井善助」「松井善右兵衛尉」「弥右衛門」等の日本人の混住が確認できること、そして第二に、唐人町の唐人たちが、同町や近隣の稲荷町や桜町の日本人町人と連れだって伊勢参詣していること、である。

中世の港町や都市のなかにおいて、渡来系住人を中心として形成されたのが唐人町だが、そこは、当該期の都市空間のなかで、異質な性格の町として隔離・孤立して存在していたのではないのである。唐人町というコミュニティーを形成しながらも、そこでは在来日本人と雑居し、さらに日本人たちが行うお蔭参り（お伊勢参り）等の信仰文化を自らに内在化させる行動をとった唐人たちの意識は、きわめて興味深い。

さらに、さきに紹介した肥後伊倉の唐人たちについても、特筆されるのは、日本社会に渡来・定住し、やがて没した際に葬られた墓碑に、「元和己未年仲秋吉旦」あるいは「元和七年」のように日本年号での銘文が彫られていることである。伊倉の唐人墓に限らず、これまでに日本で確認された一七世紀の唐人墓の大半に日本年号が使用されている（田中裕介「一七世紀の唐人墓――考古学的研究の現状と課題」）。中国様式の墓地を用いながら銘には日本年号を用いる、この唐人たちの行動様式からは、一六世紀から一七世紀初頭にかけてのコスモポリタン・シティーに住んだ国際人たちの思想も伝わってくる。彼らは、中国様式の墓地を営むことで自らの出自やルーツ・故郷との紐帯《ちゅうたい》を示しながらも、生前の実生活においては渡航先の在地で妻子等をもって日本人との血縁を深め、当該日本社会に同化していく意識を有していたと言える。

すなわち、一六～一七世紀の日本に渡来した中国人たちは、九州を中心とした西日本各地の所縁の地に居住し、唐人町というコミュニティーを形成しながらも、決して孤立・閉鎖的なマイノリティー集団に没することなく、在来日本人との血縁関係を深め、さらに近隣町人との交流も深めながら、当該期日本社会に順応・同化していくコスモポリタン性を有していたのである。

## キリシタン性の伝播

こうした、国際交易の場となった港町や都市の住人による、異文化や異宗教・異信仰の混合と受容・同化の様相は、「唐人」の範疇《はんちゅう》に限られたものではなく、同時期の日本で増加した「キリシタン」（キリスト教徒）の世界にも、ある程度共通する性質であった。

すでにプロローグにおいて、一六世紀のヨーロッパ史との関わりで最も多くの影響をおよぼした戦国大名が、「Coninck van BVNGO」（豊後王）＝大友義鎮《よししげ》（宗麟）であることを紹介した。イエズス会は、義鎮を日本における「最も優れた人物」と評し、「五、六ヵ国」を保有する実力あるこの「国王」の庇護のもと、日本での宣教を進めていこうと考えた。

実際、大友義鎮は、天文二二（一五五三）年にイエズス会に豊後府内の土地を与えて、教会堂や司祭館、墓地等を備えた教会「顕徳寺《けんとくじ》」の建立を認めた。また、弘治元（一五五五）年には、ルイス・デ・アルメイダによる育児院の開設、その翌年には病院の建設も許している。義鎮自身も天正六（一五七八）年に洗礼を受け、さらに同八（一五八〇）年にはコレジオも創設されて、九州の豊後が日本キリスト教界の一大宗教センターとして機能していくことになった。

すでに中世前期から「唐人」（中国）文化の影響を受け、やがて「南蛮」（東南アジア）文化も流入して、アジアに開けたコスモポリタン性を特徴として有していた「BVNGO」（豊後）に、新たな「キリシタン」文化が広まり根づいていく流れは、歴史的文脈から見てまったく不思議はないだろう。そして、その「キリシタン」の文化と信仰は、豊後国内外の人々にも広く影響していくことになる。

ここでは、大名大友義鎮が許容した領国豊後におけるキリシタン性（キリスト教徒・キリスト教文化としての性質）が、周辺の国々と人々にどう伝播していくことになったのかを、二人の人物に焦点をあてて具体的に見ていこう。

### 土佐一条氏

「BVNGO」（豊後）のキリシタン性の影響を受けた人物として、土佐《とさ》の一条兼定《いちじょうかねさだ》がいる。

そもそも、京都五摂家《ごせっけ》の一つの一条氏と四国との直接的関わりは、兼定のおよそ一〇〇年前の一条教房《のりふさ》に始まる。応永《おうえい》三〇（一四二三）年、一条兼良《かねよし》の長子として生まれた教房は、室町期の公卿《くぎょう》であり歌学・有職《ゆうそく》の学才で誉れ高い父の威光も受けて、左大臣そして長禄《ちょうろく》二（一四五八）年には関白までのぼりつめた。しかし、応仁の乱の勃発によって京都から奈良の大乗院に避難、応仁二（一四六八）年に下向してきた父兼良一族に奈良の宿所を譲って、みずからは全国に散在する一条家領のうちの土佐の幡多荘《はたのしょう》に下り、中村（高知県四万《しまん》十《と》市）に館を構えた。

文明《ぶんめい》一二（一四八〇）年に没した教房のあとを継いだのは、同九年に生まれたばかりの房《ふさ》家《いえ》であった。幼い時期の房家は家臣の内訌《ないこう》で不安定な生活をおくっていたが、明応《めいおう》三（一四九四）年に元服して家督を継ぎ、土佐一条氏の初代となった。房家の時期の一条氏は、公家出身でありながらも戦国期土佐国内の軍事騒動のなかで、領域支配者としての権力機構の確立に力を注いでいる。

土佐一条氏初代の房家のあとの一六世紀前半は、二代房冬《ふさふゆ》、三代房基《ふさもと》が家督を継いで周辺諸勢力との攻防を繰り広げた。そして、四代目として家督を相続したのが、兼定である。

## 一条兼定と長宗我部元親

一条兼定は、父房基、豊後の戦国大名大友義鑑《よしあき》の娘を母として、天文一二（一五四三）年に土佐国で生まれた。天文一八（一五四九）年、父房基の逝去によって幼くして家督を継ぎ、同二〇年に元服した。一六世紀の一条氏の土佐国外との外交政策では、九州豊後の大友氏との縁戚関係が重要視され、房基が大友義鑑の娘をめとったのみならず、その子の兼定も大友義鎮の娘を迎えた。さらに、天文年間からの大友義鑑・義鎮二代の西伊予侵攻政策に積極的に呼応し伊予《いよ》国宇和郡《うわぐん》への支配を広げている。

しかしながら、本国の土佐では長宗我部元親《もとちか》が勢力を拡大してきたことにより、圧迫された兼定の領地は、土佐国西部の幡多・高岡の二郡に押し込められてしまう。その後、長宗我部氏勢力の圧力に窮した兼定は、天正元（一五七三）年、五代目としての家督を子の内《ただ》政《まさ》に譲って自らは出家し、内政もやがて長宗我部元親の軍門にくだる。そして、天正二（一五七四）年、隠居の身の兼定は、土佐を追われて、九州豊後の大友氏のもとに身を寄せることになった。しばらくは元親の後見を受けていた内政も、やがて長宗我部氏家臣の謀叛にくみして追放され、土佐一条家は五代で滅亡するに至った。

## 兼定の受洗と隠棲

土佐中村を追われた兼定が、鎌倉時代以来の豊後の名門守護家であり、天正年間前半には北部九州一帯に勢力を拡大していた大友氏を頼ったのは、大友家が自らの母と妻の出身家であることも考え合わせれば当然のことであろう。そして、そのことが、その後の兼定の人生を大きく左右することになる。

兼定が身を寄せた一五七〇年代の豊後は、当時の日本においてトップクラスといえるキリスト教文化が花開いた時期であった。豊後の大名大友義鎮が宣教師フランシスコ・ザビエルを府内（大分市）に受け入れたのは、天文二〇（一五五一）年のことだが、それ以降、府内のキリスト教界は、長崎のそれに二〇年ほど先だってその基礎を築いていった。また、同じ豊後の臼杵にも、天正一〇（一五八二）年に二棟の建物からなるノビシアド（修練院）が完成して、院長ペドロ・ラモンのもと十数名の修練者への教育が行われていた。すなわち、天文末年から弘治・永禄・元亀そして天正年間（一五五〇年代から八〇年代）までの豊後は、日本のキリスト教界の根拠地として繁栄していたのであり、義鎮の保護を受けて天正年間初頭の豊後に滞在した兼定が、そうしたキリスト教の文化と思想を目の当たりにして、その影響を受けたことは間違いないであろう。兼定は、イエズス会日本布教長カブラルに接して教化を受け、ジョアン・バウチスタの手で受洗、ドン・パウロの霊名を授かった。天正三（一五七五）年、三三歳のことである。

受洗の年、大友義鎮の援助を受けた兼定は、土佐の旧領を回復すべく軍船を調えて豊予《ほうよ》海峡《かいきょう》を渡り、伊予国西岸の法華津《ほけつ》（愛媛県宇和島市《うわじま》）に上陸する。南伊予の諸勢力の支援を受けた兼定は国境を越えて土佐へと進軍し、四万十川を挟んだ東西両軍の攻防、渡川《わたりがわ》の合戦が始まった。この戦いに敗れた兼定は伊予に逃れ、宇和島沖の戸島《とじま》に隠棲した。その後、静かな孤島での兼定は、信仰の生活を送ったようである。

特に、天正九（一五八一）年、イエズス会の東インド巡察師アレッサンドロ・ヴァリニャーノが、京都で織田信長の歓待を受けたのちに豊後へと移動する途中に戸島近隣を通過した。この時、兼定は数名の家臣を連れ立って、小船に乗って面会に来た。兼定は、自らがキリシタンの人々とともに生活できず、かつ、居住する戸島の人々をキリシタンに改宗させる力もないことを嘆き、ヴァリニャーノから慰めを受けたという。

天正一三（一五八五）年、兼定は熱病のために戸島で没した。四三歳であった。戸島の龍《りゅう》集寺《しゅうじ》にあるその墓は、小さな宝篋印塔《ほうきょういんとう》の形式で、現在はその一部が欠けている。戒名は「天真院殿自得宗性家門大居士」。墓石を守る廟《びょう》は、生前にキリシタン葬を望みながら果たせなかった兼定のために、昭和四八（一九七三）年に建立されたもので、ステンドグラス風の窓が印象深い。

## 毛利秀包と久留米

キリシタン性の受容者の二人目は、毛利秀包《ひでかね》である。

毛利秀包は、永禄一〇（一五六七）年に安芸《あき》国高田郡吉田《よしだ》（広島県安芸高田市）で毛利元就の九男として生まれた。元亀二（一五七一）年に五歳で備後《びんご》の大田英綱《おおたひでつな》の跡を継いで大田元綱《もとつな》を名乗り、天正七（一五七九）年には兄の小早川隆景《こばやかわたかかげ》の養子となって小早川元総《もとふさ》、のち元包《もとかね》を名乗った。

天正一〇（一五八二）年、毛利氏は備中高松《びっちゅうたかまつ》城を拠点に豊臣秀吉と戦ったが、本能寺《ほんのうじ》の変《へん》を契機として和議が成立し、元包は人質として大坂の秀吉のもとに送られた。天正一二（一五八四）年には、元包は小牧《こまき》・長久手《ながくて》の戦いに豊臣家臣として出陣し、秀吉から一字を贈られて秀包と改めた。

翌天正一三(一五八五)年、人質の身から解放されて帰国した秀包は、小早川隆景とともに秀吉の四国出兵に従軍し、金子元春《かねこもとはる》が拠点とする伊予の金子城(愛媛県新居浜《にいはま》市)を攻略した戦功により、伊予国宇和郡三万五〇〇〇石を賜《たまわ》り、大津城(愛媛県大洲《おおず》市)に入った。

そして天正一四(一五八六)年、秀吉の九州出兵軍として出陣した隆景は、その戦功によって、筑前《ちくぜん》一国と筑後《ちくご》・肥前《ひぜん》の各二郡をあてがわれた。隆景とともに従軍した秀包にも、筑後の三郡があてがわれ、翌天正一五(一五八七)年七月、秀包は久留米《くるめ》(福岡県久留米市)に入った。

## 「引地の君」マセンシア

二一歳の年齢で久留米に入城した秀包は、その年に豊後の大友義鎮の七女である桂姫《かつらひめ》を妻として迎え入れた。「引地《ひきじ》の君《きみ》」と呼ばれたこの妻は、元来、大友氏から豊臣氏への人質として毛利家に預けられていたという。引地の入嫁は、永禄年間の激しい武力衝突の経緯を有する大友・毛利両家の融和を期したものと考えられよう。

秀包が久留米に入った時期には、すでに大友義鎮は没していたが、キリスト教文化開花の中心地豊後の出身である引地は、熱心なキリスト教信者であった。元亀元(一五七〇)年に生まれた引地は、豊後を訪れていたイエズス会東インド巡察師アレッサンドロ・ヴァリニャーノの影響や、乳母カタリナの信仰援助を受けて、一六歳の天正一三（一五八五）年に入信した。洗礼名はマセンシア。毛利秀包に嫁いだのは、その二年後のことである。

マセンシアの信仰の篤さについては、その後もいくつかのエピソードをもって語られている（結城了悟『キリシタンになった大名』）。天正一六（一五八八）年には久留米城にスペイン人宣教師のペドロ・ラモンを招いて告解した。慶長五（一六〇〇）年、関ヶ原の戦いが始まると、マセンシアと子どもらは、敵方の黒田孝高《よしたか》や鍋島直茂《なべしまなおしげ》らの軍勢に攻め込まれ、戦後は黒田家の人質となった。また、夫秀包の没後には、毛利家の当主輝元《てるもと》から棄教を強く求められたが、従うことはなかったという。逆に、宣教師の来訪を容認するよう輝元に進言したとされ、輝元はマセンシアの信仰を黙認するしかなかったらしい。マセンシアは慶安《けいあん》元（一六四八）年に七九歳で没した。墓は、毛利家の保護を受けた神上寺《じんじょうじ》（山口県下関市豊田町）にある。

一方、秀包がキリスト教に入信した経緯とその時期については定かではないが、前述のような妻引地（マセンシア）の篤い信仰心に強い影響を受けたであろうことは間違いない。秀包の洗礼名はシマオ、そして、秀包・引地夫妻の嫡男として家督を継いだ毛利元鎮《もとしげ》はフランシスコである。

## ペドロ・ラモンとルイス・フロイス

久留米城主毛利秀包・引地夫妻の保護のもと、久留米とその周辺地域でのキリスト教布教が進められた。天正一六（一五八八）年、秀包は、宣教師ペドロ・ラモンを城に歓待してキリスト教の教理を学び、数日で三六人の家臣が受洗している。

ただし、その布教活動は、必ずしも順調なものとは言えなかった。天正一五（一五八七）年六月に発令された豊臣秀吉のバテレン追放令は不徹底なものであったが、隣国豊後では大友義鎮の跡を継いだ義統《よしむね》（コンスタンチノ）が棄教し、二年後の同一七（一五八九）年には三〇〇人のキリシタンが豊後から筑後に逃れた。また、筑前を領有していた秀包の兄・小早川隆景も、秀吉への配慮のためにキリスト教を冷遇していた。かつて日本におけるキリスト教布教の根拠地として繁栄した豊後や筑前では、一五八〇年代後半以降、その勢いが急速に衰えかけていたのである。

九州隣国におけるこうした状況に鑑《かんが》みて、筑後久留米における毛利秀包のキリスト教政策は、細心の注意を払いながら進めなければならなかった。天正一六（一五八八）年に久留米城に招かれた宣教師ペドロ・ラモンは、医師に変装して久留米を訪れたと言われるが、これは、小早川隆景の目を意識したものと考えられる。

そして天正一七（一五八九）年、久留米にポルトガル出身のイエズス会宣教師ルイス・フロイスが来訪した。秀包・引地夫妻の嫡男毛利元鎮の洗礼のためである。六月の日曜日の午後、久留米城に集められた家臣の前で元鎮は受洗した。その洗礼名フランシスコは、母方の祖父大友義鎮（ドン・フランシスコ）にあやかったものである。

フロイスの久留米滞在は数日に過ぎなかったが、この間に、秀包らの勧めでキリスト教の教えを学んでいた二四人の家臣たちも洗礼を受けた。またこの時、遠方からも家族連れのキリシタンがフロイスのもとを訪れて告解を遂げたという。フロイスは、秀包の保護のもとで短期間ながら宣教活動を進め、帰路では矢部川《やべがわ》が有明海にそそぐ最下流の河港瀬高《せたか》（福岡県みやま市）まで護送を受けている。

天正一八（一五九〇）年、八年前に日本を出発した天正遣欧使節（伊東マンショ・千々石《ちぢわ》ミゲル・中浦《なかうら》ジュリアン・原《はら》マルチノ）の帰国に伴って、アレッサンドロ・ヴァリニャーノが再来日した。この年の六月、引地の乳母カタリナは、ヴァリニャーノへの面会のために長崎に向かっている。ヴァリニャーノはその後、秀吉に謁見するために京都の聚楽第《じゅらくだい》を訪ねるが、秀包と引地は、その上京道中に久留米来訪を懇願したという。

## 久留米キリスト教界の盛衰

文禄元（一五九二）年に秀吉の命で朝鮮出兵が始まると、秀包は毛利本家の輝元らとともに二度にわたって出陣した。文禄年間の久留米周辺のキリシタンは約三〇〇〇人と記録され、京都や堺出身のキリシタンが日曜日に信者を集めて教理を説いていたという。

慶長三（一五九八）年八月、秀吉の死により朝鮮出兵は終了となり、日本から出陣中の諸大名とともに秀包も撤兵・帰国した。秀包が久留米城に戻ったこの数年間が、久留米におけるキリスト教の最盛期となる。同年、豊後から訪れたイルマン（修道士）のもとで、約三〇〇人が洗礼を受け、引地もそれを援助した。また、秀包の勧めで四人の重臣も入信したという。翌慶長四（一五九九）年にも、一人のパードレ（司祭）が久留米を訪れ、引地とカタリナの世話のもと、数日で一七〇人の信者を得た。この中には、武士や大寺院の僧侶も含まれていた。

慶長五（一六〇〇）年になると、それまで主だった施設がなかった久留米に、待望のレジデンシアが開設された。施設には、パードレとイルマンが常駐し、秀包は城の近くに彼らのための教会堂と住院を建設した。この年、新たに一九〇〇人が集団受洗している。

秀包が建設した久留米城に近い教会堂とは別に、城下町にはキリシタンたちによっても一宇《いちう》の教会堂が建てられた。久留米のキリスト教界は、こうしてパードレ一人とイルマン二人が駐在し、七〇〇〇人の信者をかかえる最盛期を迎えることになったのである。

しかしながら、毛利秀包のもとでの久留米キリスト教界の繁栄は長くは続かなかった。その原因は、慶長五（一六〇〇）年九月に勃発した関ヶ原の戦いである。秀包は、石田三成《いしだみつなり》側の盟主として兵をあげた毛利輝元とともに西軍として出陣して、大坂城の玉造口《たまつくりぐち》を守備し、東軍方の京極高次《きょうごくたかつぐ》の籠《こも》る大津城《おおつじょう》（滋賀県大津市）を攻めて陥落させた。しかし、関ヶ原の一戦で西軍が敗れたため、大津城を撤退して大坂へと戻った。

西軍の敗北が確定した一〇月、秀包が留守中の筑後久留米城は、黒田孝高や鍋島直茂ら三万を超える兵からの攻撃を受けて孤立した。城内には、秀包の妻引地と嫡男元鎮、重臣の桂広繁《かつらひろしげ》らと五〇〇余りの兵しか残っていなかったが、数日間の籠城の後、開城勧告に応じて城を明け渡した。この時に開城を勧めたのが、黒田孝高の異母弟でキリシタンであった黒田直之《なおゆき》（ミゲル）である。秀包自身は改易《かいえき》され、京都の大徳寺《だいとくじ》で剃髪して入道名を道叱《どうしつ》と名乗った。その後、体調を崩した秀包は、長門の赤間関《あかまがせき》（山口県下関市）で療養したが、翌慶長六（一六〇一）年三月に病状が悪化して逝去《せいきょ》した。三五歳であった。

関ヶ原の合戦の敗北を機に毛利秀包・引地夫妻が退いた久留米のキリスト教界は、かつてのような隆盛はなくなった。秀包が建設した久留米城近くの教会堂は破壊を受け、パードレやイルマンたちも久留米を離れた。キリシタンとなっていた家臣たちも、主家没落にともない、周辺大名の下へと離散していった。

## メダイが語る都市の開放性

イエズス会が日本布教の拠点とした「BVNGO」（豊後）におけるキリシタン性の特質は、長崎に先だつ日本最初期のキリシタン文化として、同時代人の縁戚関係や次世代人に連なる地縁的結合を媒介として、一六世紀後半から一七世紀初頭を生きた西日本の人々に広く伝播していった。無論、その受容のあり方は一律ではなく、一条兼定のようにキリスト教に受洗して敬虔なキリシタンとしての生涯を歩んだ人物がいる一方で、強いキリシタン文化の影響を受けつつも、徳川政権の禁教政策のもとで棄教した人物もいる。

このような、主に西国社会で多様な形で人々に受容されたキリシタン性の特質は、ヨーロッパからの異宗教の流入としてそれ自体を独自に分析するのではなく、中世のより早い時期から「唐人」（中国）や「南蛮」（東南アジア）等の異文化を受け入れてきた日本社会のアジアに開けたコスモポリタン性に包括される事象として総合的に考察することで、その深層への理解が深まるものと考えられる。

そうした観点に着目すると、近年の発掘調査の進展によって明らかとなった、都市におけるキリスト教メダイの出土状況の特徴がみえてくる。

メダイとは、キリスト教徒がロザリオの先につけたり、チェーンや紐《ひも》に通して首から下

府内御内町出土のメダイ。聖母子像（右）と「ヴェロニカの聖顔布」（左）

げて使用したりした金属製の円盤状製品（メダル）で、その表面にはキリストやマリアの像等がよく描かれている。豊後府内の御内《みうち》町から出土した直径二センチメートルのメダイも、片面に幼いキリストを抱くマリアの像（聖母子像）が、もう一方の面にはヴェールに写ったキリストの顔が描かれたもの（ヴェロニカの聖顔布）で、鉛と錫《すず》によるピューター製品である。この他にも、府内ではこれまでに三〇点近くのメダイが確認されており、その出土地は名《みょう》ヶ《が》小路《こうじ》町・御内町・魚《うお》ノ店《たな》・柳町等に広く点在している。府内のキリスト教会「ケントク寺」（顕徳寺）やコレジオは、都市西部の上《かみ》町・中町・下《しも》町の町筋に開設されていたことがすでに明らかになっており、イエズス会豊後教界の信仰中枢機構も府内西端部に存在していた。メダイの出土地が、教会やコレジオの立地する西部に集中することなく、都市のなかに幅広く分布している事実は、そのまま、府内の都市空間におけるキリスト教徒の点在を物語るものと言えよう。近世の禁教政策が敷かれる以前の都市・町におけるキリスト教徒や教会は、必ずしも孤立・閉鎖した存在ではなく、むしろ都市の開放的性質によって、その異信仰性が包容されていたのである。

## キリシタンと非キリシタンの混在

さらに、一六世紀後半に建てられたキリスト教会跡地の考古学的調査で見つかった付属墓地の発掘状況も、交易都市のコスモポリタン性の一端を表している。豊後府内のキリスト教会付属墓地で見つかった一基の墓では、長方形の木棺に、頭を北に向けて仰臥伸展葬《ぎょうがしんてんそう》したかたちの人骨が確認された。その後の継続的調査によると、検出された一七基の墓群は、一五六〇年代頃のものと一五七〇〜八〇年代のものに大きく時期区分される。そのうち、一五六〇年代の墓は八基で、いずれも七〜八歳以下の幼児を葬っており、それらは、弘治元(一五五五)年に設立された育児院で死亡した子どもたちと考えることができる。

一方、一五七〇〜八〇年代のものは、規則的に配列された五基の成人墓と、その周囲に追葬された四基の幼児墓である。一六世紀末から一七世紀初頭にかけてのキリシタン墓地としては、大阪府の高槻《たかつき》城や東京都の八重洲《やえす》北口遺跡などがこれまでに確認されているが、それらの遺構と府内の墓地は、複数の墓を方向をそろえて等間隔に配列している点、長方形木棺に伸展葬している点、そして、墓域を溝や柵列によって外界と区画している点、の三点に共通性がみられる。

高槻城の墓地はキリシタン大名高山右近らが活動した一五七〇年から一五八七年の時期のもの、一方、八重洲北口遺跡は一五九〇年から一六〇五年の時期のものと推測されている。府内で検出された一五七〇〜八〇年代の墓群は、時期的には、府内コレジオ設立期に対応するものと考えられ、長方形木棺に伸展で埋葬されたキリシタンと、方形木棺に横臥《おうが》屈葬《くっそう》という日本の伝統的埋葬様式で葬られた非キリシタンが、混在しているものと考察されている（田中裕介「イエズス会豊後府内教会と付属墓地」）。これは、病院や教会施設で死を迎えた人々を、キリシタンか否かを区別することなく埋葬したものと考えられるだろう。

キリスト教会の墓地に、キリスト教徒でない人物も葬られていたとする考古学の所見は、まさに、天文二二（一五五三）年から三十数年間にわたって府内に存在したイエズス会豊後教界宣教師たちの思想を表している。いわゆる「鎖国」以前の日本のコスモポリタン・シティーにおける信仰の開放性と寛容性は、受け入れ側の日本社会のみの特徴なのではなく、都市を訪れた異教徒の心性にもつながる性質なのである。

渡来「唐人」の伊勢参詣や日本人との雑居・通婚に見られた日本社会への同化意識と、「キリシタン」の都市における広域的散在居住と教会墓地の開放・寛容的性質は、異文化接触の典型的な場である港町や都市のコスモポリタン性の特質を雄弁に物語るものとして、人間の他者受容や文化的多元性の観点からも論じていく必要があるだろう。

# 第五章　東南アジア貿易豪商の誕生

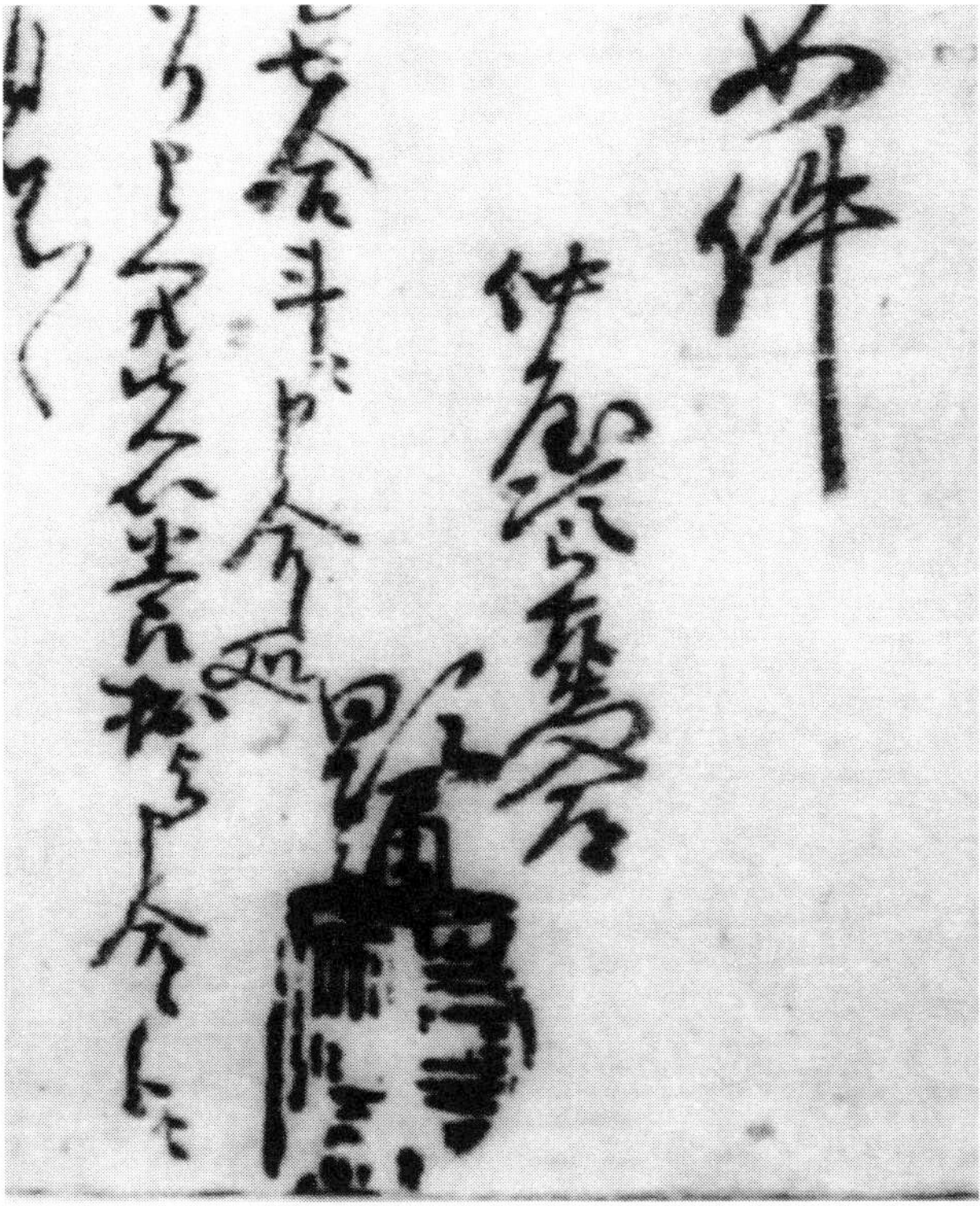

弘治２年２月付「肥後国下豊田年貢算用状」（大徳寺黄梅院文書）。右から２〜３行目に「仲屋次郎左衛門入道／顕通」とある

# 1　豪商と戦国大名・豊臣政権

## 豪商成長の軌跡

　これまで見てきたように、一六世紀後半の松浦鎮信《まつらしげのぶ》、島津義久《よしひさ》、大友義鎮《よししげ》、および加藤清正《きよまさ》ら九州の戦国大名たちの意識とその政策は、東南アジア諸国へと向いていた。のみならず、彼らの積極外交政策は、一七世紀初頭に江戸幕府を創設した徳川家康の外交姿勢にも強く影響をおよぼしていた。それでは、実際に大名の対外交易の実務をになっていたのはどのような人々だったのだろうか。本章では、一六世紀後半の九州地方のある商人に焦点を当てながら述べていこう。

　中世後期の流通経済のなかで財力を蓄えた商人が、海外貿易を手がけて豪商化していく姿は、京都の角倉了以《すみのくらりょうい》や茶屋四郎次郎《ちゃやしろうじろう》、大坂の末吉孫左衛門《すえよしまござえもん》、長崎の末次平蔵《すえつぐへいぞう》など、日本各地の都市や町においてよく見られる。しかし、彼らがどのような経緯を経て富商化し、海外取引を主導する貿易商人に成長しえたのかという問題については、史料的制約もあって、これまであまり明らかにされていない。ここでは九州の豊後を本拠として活動した豪商を例に、近年新たに確認された文献史料や考古史料も活用しながら、二代およそ四

○～五○年間におよぶ成長の軌跡を見ていこう。

### 近世編纂物のなかの中世九州の豪商像

一六世紀の九州の豊後府内《ぶんごふない》に「中《(仲)》屋宗悦《そうえつ》」という豪商がいたことが、近世の編纂物『大《おお》友興廃記《ともこうはいき》』に記されている。

豊後国府内の町人、中《(仲)》屋宗悦と云ふ大福人あり。府内の居住を仕《つかまつり》ながら、大坂、堺、京何《いずれ》の地にても、富貴繁華の所には一家ずゝ持ち、下代《げだい》を遣《つかわ》し、あるいは一門の末をも遣し置けり。唐船来朝の時は、まず船の口の開初《ひらきはじめ》、京堺を分限《ぶげん》の者寄り合い買うに、それも一人して過半買い取り売る程の大福人なり。

「中《(仲)》屋宗悦」は、豊後府内に居住しながら、大坂・堺・京都にも商業活動の拠点を持ち、下代や一門を派遣して店舗を営んでいる。中国船が来航した際の貿易取引においては、一人で過半の荷物を買い取って転売するほどの財力をもっている、という内容である。同史料には、この他に、「宗悦」には父「玄通《げんつう》」がいて、「貧賤身に苦し」いながらも「酒をうけ幷《ならびに》浦邊へ通ひ商売」し、やがて「九州第一の徳人」となった逸話が紹介されている。

その父「玄通」については、『雉城雑誌《ちじょうざっし》』という別の編纂物のなかで「仲屋乾通《けんつう》」として次の記録がある。

そもそも、華夷《かい》の商船当府へ入津せし事、大友家の武威のみにあらず。仲屋乾通と云《い》える富商の故にも因《よ》るべし。その事は聞書《ききがき》に載りて、華人と通商せし事を思うべし。聞書にいわく、天文年中、当府に仲屋乾通なる者あり。幼にして、家貧し。性廉にして、富を山王大権現に祈る。常に酒を近邑《きんゆう》に売る、(中略)晩年、通が富栄関西その右に出るものなし。蛮夷の商船、わが邦を着岸するもの、通が手附《てつけ》至らざれば価を定めず。その後、寛永中に至っても、なお肥前長崎に至るの商船、交易の初め必ず通が遺《い》秤《しょう》を用ゆと云えり。その子宗悦相い継ぐ所、天正の兵乱後、家宝共に呡《ほろ》ぶ。その余《よ》胤《いん》、当府および臼杵、鶴崎等になお存在す。

『雉城雑誌』の記録では、中国やポルトガルからの船の豊後府内への入港は、大名の大友氏の力のみならず、「仲屋乾通」の経済力によるものでもあったとして、以下に「豊府聞書」という史料の記述を引用している。当初貧しい酒売り商人だった「乾通」が、やがて富を蓄積していき、晩年には西国一の富商となった。特に、外国船が来航した際の取引では、「乾通」が手付けをするまで商品の値が決まらなかった。その後、寛永《かんえい》年間の長崎貿易でも交易の初めに必ず「乾通」の遺秤を使用した。「乾通」の家業は子の「宗悦」が継いだが、天正年間の兵乱(豊薩合戦)で家宝ともに亡び、その後は子孫が府内・臼杵・鶴崎に居住している、という内容である。記述から、父「乾通」は天文《てんぶん》期(一六世紀半ば)、子「宗悦」は天正《てんしょう》期(一六世紀後半)の人物であったことが判明するが、さらに注目したいのは、着岸した外国船との商取引では、「乾通」が所有する秤《はかり》での計量で商品の値が初めて決まるとの記述である。この秤で計量されたのは、秤量《しょうりょう》貨幣の銀であろう。

『雉城雑誌』には、この他にも、豊後府内の中心に営まれていた大友館の南西に位置する上町《かみ》の祐向寺《ゆうこうじ》の近辺に、「仲屋乾通の建てる処」とされる「乾通寺」がかつて存在していたことや、「圓通《えんつう》の額は、旧府の豪商、仲屋乾通、唐山渡海す、舵板《かじいた》をもって製する」と、同じく豊後府内の北方海岸部に伽藍を有していた圓通山善巧寺《ぜんぎょうじ》の扁額は、「乾通」が遣明船の舵板から製作したものであるとする、興味深い記述も並んでいる。

## 政商「宗悦」

この近世編纂物に語られる一六世紀九州の豪商仲屋氏については、これまでその存在を裏づける当該期史料がなく、その実在を疑問視する見解もあった。ところが、近年の研究調査によって、仲屋氏親子の活動を証するいくつかの一次史料の存在を確認することができた。まずは、「宗悦」の活動実態を再現してみよう。

仲屋氏は戦国大名大友氏が本拠を置く豊後府内の商人であることから、大名権力膝下《しっか》の豪商として、その権力機構に経済的側面からの貢献をしていたことが予想される。次の史料からは、天正年間の「宗悦」が大友氏と畿内政権との間において政商的な活動を行っていた実態が判明する（「大友松野文書《おおともまつのもんじょ》」）。

去る四日の書状同十八に到来、披見を加え候、その表の様体《ようだい》御心元なく思《おぼ》し召され候の処《ところ》、敵城四ヶ所乗っ取る由、具《つぶさ》に聞こし召され候、度々《たびたび》仰せ聞かされ候ごとく、三月朔日に出馬候、今少しの間に候の条、聊《いささ》かも卒爾《そつじ》の動きなく、その城堅固に申し付けらるべき事、専一に候、彼の逆徒等即時に首を刎《は》ねらるべく候、廿日・卅日の間に本意を達すべき事、案の内に思し召し候、委細の段宗悦に直に仰せ聞かされ候、将《はた》又平釜《またひらがま》これを送られ候、留め置くべく候といえども、其方数年持ちなれ秘蔵の由に候の間、返し遣わし候、志の程悦《よろこ》び入り候なり、

秀吉　御印判」

（附箋）「豊後侍従《じじゅう》殿

［現代語訳］

去る四日の書状が十八日に到来し、披見した。そちら方面の情勢について心配に思っていたところ、敵城四つを落城させたとの報告を受けた。たびたび伝えている通り、三月一日に出馬する予定である。それまで少しの間、軽率な動きをせず、城の守備に専念せよ。かの逆徒どもは即時に首をはねてやろう。二十日・三十日の間に本意を達するので、安心せよ。詳細は宗悦に直接申し聞かせた。はたまた、平釜を贈ってこられ、こちらで所蔵しようかと考えたが、そなたが数年所持する秘蔵品とのことなので返品しよう。志は喜んで受け取っておこう。

秀吉　御印判

豊後侍従大友義統《よしむね》殿

史料は、豊臣秀吉が大友義統に宛てた朱印状案で、「三月朔日に出馬」の文言から、秀吉が対島津戦に向けて大坂を出馬した天正一五（一五八七）年三月一日の前月のものとわかる。島津軍の豊後侵入に窮した大友義統は当時、豊前宇佐郡に退いており、秀吉に再度援軍を催促した。秀吉は、自らの出馬は三月一日であること、出馬すれば二〇〜三〇日で島津軍を降伏させるつもりであること、義統の書状とともに献上された茶道具「平釜」は大友家代々の家宝であるらしいので返品することを義統に伝えている。そして注目できるのが、これらの詳細は「宗悦」に直接申し伝えたという一文である。

この朱印状案にみえる「宗悦」は、島津軍の豊後侵入で窮地に立った大友氏の援軍催促の二月四日付書状と献上品「平釜」を携えて豊後から大坂に上り、同月一八日に秀吉に直接面会してそれらを手渡すとともに、秀吉からの返書朱印状と返還された「平釜」をもって豊後に戻る、という行動をとっている。「平釜」は、永禄五（一五六二）年に義統の父大友義鎮から足利義輝に届けられ拝謁を受けたことのある大友家代々の家宝茶道具であり、秀吉への献上は軍事的窮地に立った大友家の命運を賭けて贈られたものである。こうしたことから、天正末期の「宗悦」は、単なる富商としての域を超え、大友政権の政治的一翼を担う政商的地位を確立していたと推測できる。

## 大名の同伴者

こうした政商「宗悦」の姿は、天正末年の大友政権下で随所に見られる。例えば、天正一四（一五八六）年四月、大友義鎮は秀吉との会見のため上坂する。その会見の二日前の四月三日、堺の天王寺屋《てんのうじや》で宗及《そうぎゅう》から茶湯《ちゃのゆ》接待を受けているが、その場に「中や宗悦」が随行している（『天王寺屋会記』「宗及茶湯日記 自会記」）。

同四月三日朝会

豊後大友入道休庵（義鎮）　浦上道察（道冊）　中や宗悦　後に道叱《どうしつ》

一、床《とこ》　船子《せんす》絵、かけて、

同　文琳《ぶんりん》、方盆、袋かけて、

一、小板、フトン、引出、茶湯なり、

一、籠棚に桶・合子《ごうす》、二ツ置き、手水《ちょうず》の間にシヤウシ（障子）のけ候、

一、ハイ（灰）カツキ天目《てんもく》・志野《しの》茶碗、二ツ重ねて茶立て候、

一、手水の間に絵を巻き、茶入をは落して、

一、休庵迄へ天目、残りの衆には茶碗

四月三日の朝、天王寺屋での茶会に出向いたのは、大友義鎮、浦上道冊《うらかみどうさつ》、「中や宗悦」の客人三名と、宗及の叔父で大友氏と深い関わりを有していた天王寺屋道叱《どうしつ》であった。ちなみに、浦上宗鉄《そうてつ》（入道名が道冊）は、永禄《えいろく》末年から天正年間にかけての活動が散見できる大友氏の家臣で、特に天正末年には義鎮や義統の側近に取り立てられ、この後、天正一六（一五八八）年には義統に随伴して再度上坂し、秀吉に謁見している。一方、天王寺屋道叱も、永禄から天正年間に堺と豊後の間を頻繁に往来して大友氏との経済的関係を強め、やがて天

正末年には茶会という媒体を通して義鎮・義統と緊密な人間関係を醸成していく人物である。

「宗及茶湯日記 自会記」のこの記録からは、四月三日朝の茶会のようすが手に取るようにわかる。狭い茶室に義鎮以下の五名が座り、床《とこ》には、『山上宗二記《やまのうえそうじき》』で「一、牧渓《(谿)》筆船子ノ絵　讃虚堂《きどう》　堺天王寺屋宗及ニ在リ」とも称される南宋の画僧牧谿法常《もっけいほうじょう》が描いた船子和《せんすお》尚《しょう》（唐代の徳誠禅師《とくじょうぜんじ》）の絵が掛けられ、同じく「一、文林《(琳)》　堺宗及　昔珠光《じゅこう》所持也、カントウノ帒《(袋)》ニ入、ロホソキト云也、薬ヨシ、四方盆ニ居ル」と称された村田珠光伝来の文琳《ぶんりん》の茶入が縞織物《しまおりもの》の袋をかけて四方盆《よほうぼん》に置かれていた。

南宋末から元初に活躍した禅僧画家牧谿の絵は、室町幕府の名品目録『御物御画目録《ごもつおんえもくろく》』に一〇〇点以上が記載されるほど、日本の中世から近世にかけての絵画史のなかで最も珍重された（五島美術館編『牧谿――憧憬の水墨画』）。宗及はそこに二種類の碗を持ち出して、義鎮には天目茶碗、随行の道冊と「宗悦」には志野茶碗で茶を点《た》て振る舞ったのである。

このように、天正末年の政治・軍事的窮地に立った大友氏の名代または同伴者として九州――畿内間での活動を見せる「宗悦」は、流通経済の担い手としての一豪商の姿から、戦国大名の権力機構内部で多大な信頼を得た政治的豪商に大きく成長していたことがわかるだろう。

## 豊臣政権下の「宗悦」

この豊後の豪商「宗悦」は、その後、豊臣政権のもとで活動することになる。

態《わざ》と申し遣わし候、よってしっくい（漆喰）ぬり（塗）候者、唐人・日本仁（人）共、当国にこれ在るの由に候間、早々に申し付け、差し上ぼらるべく候、由（油）断有るべからず候、宗越《そうえつ》幸い上京候の間留め置かるべく候、なお昨夢斎・増田□衛門尉（長盛）申すべく候なり、

［現代語訳］

ことさらに申し伝えておこう。漆喰《しっくい》塗り技術をもった唐人・日本人がそちらの国に多くいるとの話なので、早々に申し付けて上京させよ。油断あってはならない。宗越が幸いに上京中のため留め置いた。なお昨夢斎《さくむさい》・増田長盛《ましたながもり》が申し伝える。

天正一六（一五八八）年に豊臣秀吉は、京都方広寺《ほうこうじ》大仏殿建立のため、全国各地から漆喰塗りの中国人と日本人の職人を召集した。史料は「大友家文書録《おおともけもんじょろく》」中の断簡だが、注目されるのは、大仏漆喰塗り職人の召集に際して「宗越幸い上京候の間留め置かるべく候」（「宗

越」が幸いに上京中であるので都に留め置く）という秀吉の文言である。この大友氏宛ての断簡は日付を欠いているが、「島津家文書」中の島津義久に宛てた同内容の朱印状では「六月十六日」の日付が確認できることから、大友氏宛ても同月と考えて間違いないであろう。

秀吉が「宗越」に期待した機能については、平戸在住の古道《こどう》という唐人大工の召集に際して松浦氏に送った次の朱印状で明らかになる（「松浦文書」）。

急度《きっと》仰せ遣わされ候、唐人大工古道その津にこれ有るの由、聞こし召され候、今度《このたび》大仏作事に付いて、御用仰せ付けらるべくの条、軽船に乗り、早々差し上《のぼ》るべく候、由（油）断なく申し付くべく候、なお豊後宗越申すべく候なり、

八月十五日　（朱印）（豊臣秀吉）

松浦肥前守どのへ

［現代語訳］

厳しく仰せ遣わされた。唐人大工の古道がそちらの港にいるとのことを、聞こし召された。今回の大仏作事に際して、御用を仰せ付けるので、軽船に乗って、早々に上京させよ。油断あってはならない。なお豊後の宗越が申し伝える。

八月十五日　　豊臣秀吉（朱印）
松浦肥前守殿へ

方広寺の大仏造立《ぞうりゅう》に際し、平戸在住の中国人棟梁《とうりょう》古道に御用を申し付けるので早々に上京させよ、という内容であるが、この古道の動員に際し「豊後宗越」が秀吉の使節として平戸松浦氏のもとに下っているのである。

各大名に向けての職人動員命令が出された天正一六（一五八八）年六月に、豊後の豪商「宗越」は秀吉のもとにしばらく留められ職人動員の便宜を図るよう求められた。その便宜とは、秀吉の同年八月一五日付朱印状を携えて平戸に渡り、松浦氏の添え状を受け、古道のような渡来系技術職人に直接面会して上京馳走《ちそう》を促すことであった。

近世の編纂物に描かれていたような唐船との大口の貿易取引を一手に担う「宗悦」が、古道のような唐人大工と面識をもち、彼らの日本国内での技術・経済活動を統括する人的ネットワークを有していたことは想像に難《かた》くない。また、古道は天正六（一五七八）年に大友義鎮から「其方《そなた》の事、連々毎事馳走により、分国中津々浦々諸関通道諸公事《くじ》免許せしめ畢《おわんぬ》」との大友領国内での公事免除特権を得ている（『御判物《ごはんもつ》御書《ごしょ》拝領《はいりょう》之《の》者書出《ものかきだし》』『平戸松浦家資料』）ことから、天正初年における大友氏傘下での経済活動を通して「宗越」と結ばれた可能性も推測できよう。

平戸の古道同様、秀吉の方広寺大仏造立の漆喰塗り職人として活動した唐人としては、豊後の臼杵の陳元明《ちんげんめい》・徳鳳《とくほう》・平湖《へいこ》、薩摩島津氏のもとの陳哥《ちんか》・茜六《せんろく》も確認できる（鹿毛敏夫『アジアン戦国大名大友氏の研究』）。豊臣政権としては、こうした渡来系技術職人を効率よく動員するために、以前からの経済活動を通して彼らにつながる人的ネットワークを有する九州の豪商「豊後宗越」を使者に選び派遣したのである。そこからは、地域大名大友氏を基軸とするルート上で本来活動していた九州の豪商が、秀吉を基点とするルート上で活動する、いわば豊臣政権下の豪商に成長していく姿を読み取ることができる。

## 2　仲屋顕通の経済活動

### 「仲屋顕通」の年貢算用状

ところで、これまで後世の編纂物でのみ語られていた仲屋氏初代「けんつう」の正式名とその商業活動の実態を示す一次史料が、肥後《ひご》国豊田荘《とよだのしょう》との関連で見つかった（「大徳寺黄梅院文書《だいとくじおうばいいんもんじょ》」）。史料は、弘治《こうじ》二（一五五六）年二月付の肥後国下豊田年貢算用状である。

まず注目すべきは、京都の大徳寺瑞峯院《ずいほういん》の納所《なっしょ》に宛てたこの算用状の差出人の署名「仲屋次郎左衛門入道顕通《じろうざえもんにゅうどうけんつう》」（本章扉参照）である。これまで、後世の編纂物で「乾通」や「玄通」と記されてきた「けんつう」であるが、実は本人は「仲屋次郎左衛門入道顕通」と自署していた。豊後府内の豪商仲屋家の初代の名称は、「仲屋顕通」の表記が正しいことになる。

肥後国豊田荘は、現在の熊本市南区城南町南部から宇城市豊野町《うきしとよのまち》にかけて広がった荘園で、古くは安元《あんげん》二（一一七六）年の八条院《はちじょういん》領目録に掲載されている。中世後期の天文《てんぶん》・弘治《こうじ》年間の実態は必ずしも明らかでないが、下豊田に関しては大徳寺瑞峯院領となっていたものと思われる。熊本平野南部に形成されたこの豊田荘の中央部では、九州山地に源流をもつ緑川《みどりかわ》が西流しており、その下流域の下豊田で御船川《みふねがわ》や加勢川《かせがわ》と合流して有明海に注ぐ。その下流域から有明海の河口に位置する河港河尻《かわじり》（川尻）の間では、川の流路を利用した河川流通が中世から近世にかけて盛んであった。川岸の船着場跡には、川船からの荷物の積みおろしを行うための石段が百数十メートルにわたって現存する。

豊後の豪商仲屋顕通は、隣国肥後に進出してこの緑川の流通路を掌握し、下豊田からの輸送を請け負った瑞峯院の年貢に対し、「川荷駄賃《かわにだちん》」の利益を得ていた。注目すべきはその駄賃率で、天文二二（一五五三）年から三年間請け負った瑞峯院の年貢米四五石の運送に際して二二石五斗、つまり輸送物資の五〇パーセントもの物流収益を毎年獲得していたのである。

**年貢米の運用投資**

仲屋顕通と瑞峯院との関わりは、単なる年貢米の輸送のみではなかった。算用状から判明するその収益システムは、次の通りである。

第一に、顕通は、「肥後斗《ひごます》」で計量された二二石五斗の年貢米を「豊後斗《ぶんごます》」で計量し直している（表7）。現地で使用される「肥後斗」と顕通の「豊後斗」とでは容積の規格が大きく異なっており、実際、「肥後斗」の一升は「豊後斗七合まわしに算用」となり、二二石五斗の「肥後斗」米は、「豊後斗」では七掛けの一五石七斗五升として計算されている。つまり、顕通は、中世社会の地域によって異なる升《ます》の規格に着目して、その容積比の計算値と実際値のずれから差益収入を得ていたのである。

第二に、顕通は、「豊後斗」で計量した年貢米を、今度は銭《ぜに》に換算する。算用状には「和《わ》市《し》ニ算用」との文言があり、顕通が、その年の相場値で年貢米を銭に換算して銭納《せんのう》高を算出していたことがわかる（表8）。これも、交換レートの計算値と相場値のずれを利用して収益をあげる手法であり、そのタイミングを見計らっての駆け引きは、さながら現代におけるＦＸ・外国為替取引を想起させる。

| 「肥後斗」の石高 → | 換算 | → 「豊後斗」の石高 |
|---|---|---|
| 22石5斗 → | [「豊後斗七合まわしに算用」(22.5 × 0.7)] | → 15石7斗5升 |

**表7　地域升の容積比による換算**

| 年 | 納めるべき石高 → | [「和市」ニ算用] | → 納めるべき銭高 |
|---|---|---|---|
| 天文22（1553）年 | 15石7斗5升 → | [米6斗　=銭1貫] | → 26貫250文 |
| 天文23（1554）年 | 15石7斗5升 → | [米6斗5升=銭1貫] | → 24貫226文 |
| 天文24（1555）年 | 15石7斗5升 → | [米8斗　=銭1貫] | → 19貫684文 |

**表8　「和市」（相場値）による米から銭への換算**

| 年 | 納めるべき銭高 → | 実際の進納高 |
|---|---|---|
| 天文22（1553）年 | 26貫250文 → | 50貫を9月に進納 |
| 天文23（1554）年 | 24貫226文 → | 5貫900文を12月に進納 |
| 天文24（1555）年 | 19貫684文 → | 14貫260文を翌弘治2年2月に進納（皆済） |
| 計 | 70貫160文 → | 70貫160文 |

**表9　3ヵ年間の年貢高と実際の進納高**

そして第三に、瑞峯院に銭を納めるのだが、顕通が各年に瑞峯院に進納した年貢高は、「豊後斗七合まわしに算用」と「和市ニ算用」の二段階で計算して出した銭高とは全く一致しない（表9）。特に、天文二二（一五五三）年は実際の銭納額が請負額の二倍近くに達しており、加算進納の二四貫余りは顕通がよそから流用して納めた銭に他ならない。一方、天文二三（一五五四）年と翌年は逆に銭納額が請負額を下回っており、その差額分はよそへの投資につぎ込まれたのだろう。

すなわち、瑞峯院への年貢納入を請け負った仲屋顕通は、年貢米の運用投資を行っていたのである。顕通は、肥後国下豊田からの三ヵ年にわたる年貢請け負いの契約を瑞峯院納所と結び、三年トータルとして七〇貫一六〇文の年貢銭納を確実に履行する代わりに、自己の裁量による自由な年貢米の商業投資的運用の権利を獲得した。しかも、この契約は、瑞峯院納所にとっても不利益なものではなかった。瑞峯院側には契約の初年度の段階で算用額の二倍近くの年貢が実際に進納されており、瑞峯院のほうでも加算進納分を運用に回すチャンスが生まれたのである。

顕通が契約初年に実収を上回る年貢を瑞峯院側に納めながらこの複数年請負を履行できた背景には、元手となる資本の蓄積があったはずである。元来、豊後府内の貧しい酒売り商人であった顕通が、いつごろから財力を蓄えて富商化していったかは定かではないが、請負年貢の算用手続きは、中世の物流に携わる商人が生み出した衡量制《こうりょうせい》と「和市」の算用を利用する見事なまでの利益生産システムと言えるだろう。

このように、中世後期の物流に携わった有力商人は、「川荷駄賃」のような単純な物資の運送収入に加えて、①年貢納入の複数年請負契約による米の投資的運用に伴う収益、②地域升の規格差を利用した換算差益、③米と銭の「和市」相場の変動を利用した交換差益、という複数の利益生産機会をシステムとして掌握して、利潤を再生産することに成功していたのである。

そうした複数の利益生産システムのなかでも、特に中世の九州地域特有の事象として注目されるのが、②の衡量制問題に関わる部分である。

**秤の規格基準**

前掲の年貢算用状からは、地域升の容積比の換算過程での収益獲得を指摘したが、実はそれに加えて、顕通が升や秤などの計量器具そのものに何らかの権益を有していたことも推測される。すなわち、さきにあげた『雉城雑誌』や『豊府紀聞《ほうふきぶん》』のなかの、顕通の秤が天文から近世初頭にかけて行われた外国船との交易の際の銀計量の基準秤となっていたとの記述は、顕通が衡量制の基本器具である秤の規格基準に関する権益を有していたとする推測にきわめて示唆的である。

外国船との交易が盛んに行われた九州では、特に一六世紀半ば以降の銀取引の増加に伴って、交易の際に代銀を秤で計量する「計屋《はかりや》」商人が各地に出現する。これまで、肥前の藤津《ふじつ》、肥後の高瀬・八代《やつしろ》、豊後の府内・臼杵・佐賀関《さがのせき》・甲斐田《かいだ》等、交易拠点の都市や町に、計屋の存在が確認されている（鈴木敦子「肥前国内における銀の『貨幣化』」、鹿毛敏夫『戦国大名の外交と都市・流通――豊後大友氏と東アジア世界』）。ただし、容積を量る升の規格同様、重量を計測する秤も各地域によって規格が異なっていた。そこで、大友氏の本拠地豊後の場合は、主要な交易地である府内・臼杵・佐賀関の三都市において、計屋が使用する天秤《てんびん》と分銅《ふんどう》の規格を同一とする条々掟書《おきてがき》を天正一六（一五八八）年に発布している（「若林文書」）。豪商仲屋氏が、大友氏の本拠豊後を拠点として大名権力に密着した政商として活動していた事実を踏まえると、この天秤と分銅の規格基準が、『雉城雑誌』や『豊府紀聞』に登場する「通が遺秤」「乾通の遺秤」に相当すると考えることは、あながち早計とは言えないであろう。

## 公定分銅の製作

考古学の発掘成果によると、近年めざましく調査が進む豊後府内の一六世紀の各遺構からは、多量の分銅や天秤皿の遺物が検出されている。なかでも注目されるのは、表面に三《みつ》木《き》の紋様を刻んだ分銅の出土で、大友家の三木定紋《みつきじょうもん》との関わりから、これが大名大友氏が規格公定した分銅であると同時に、その大友氏から規格基準に関わる権限を付与された仲屋顕通の秤＝「乾通の遺秤」そのものであると推測される。

その推測を裏づける興味深い発掘調査結果が、府内の中心に位置する大友氏の館の門前「桜町」から報告されている。都市の一等地というその立地状況から考えても、この場所に大友氏当主とのつながりの深い有力人物が居住していたことが推測されるが、さらにこの調査区からは太鼓形および八角形の分銅一六点が出土し、しかもそのうちの一四点には三木紋が刻まれ、また、L字礎石建物のそばからは分銅等を製作するための青銅製品鋳造炉跡も検出された。隣接地からは、製作途中のものと思われるバリのついた八角形分銅が三

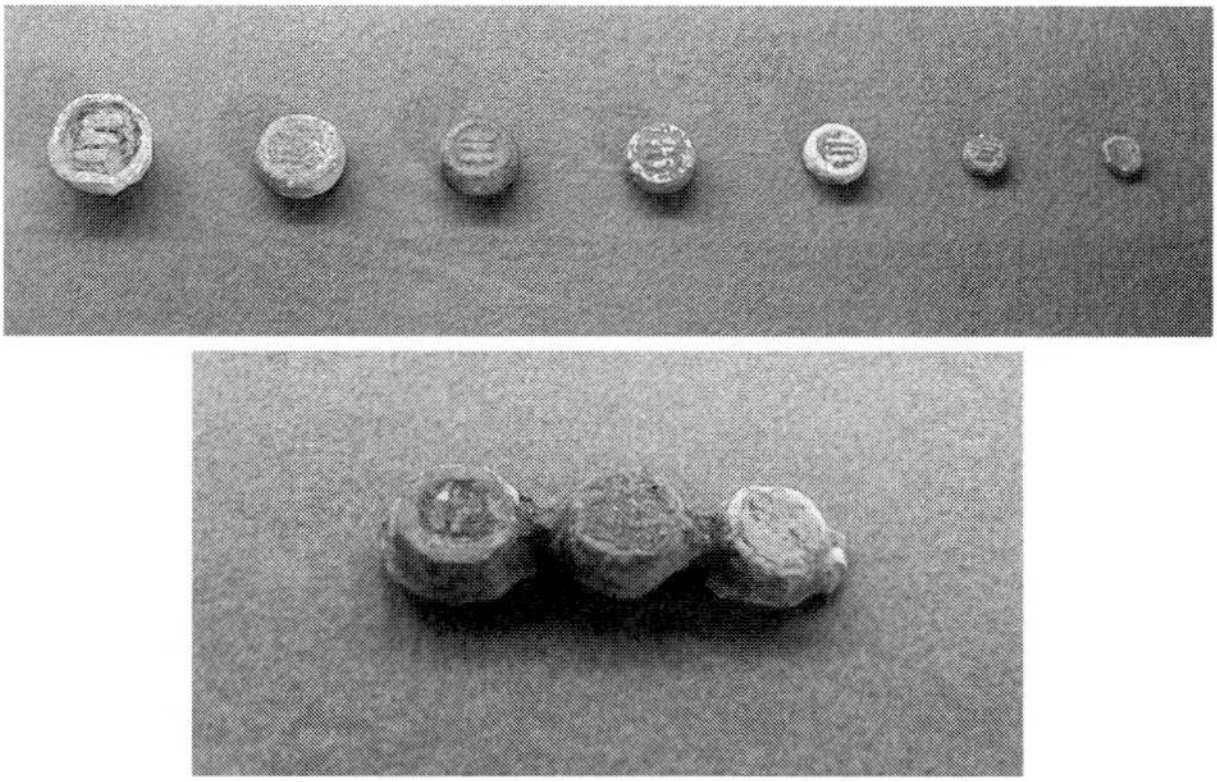

**三木の紋様のある分銅（上）と製作途中の八角形分銅（下）**

個連なった状態で出土している。これらのことから、この豊後府内の一等地である「桜町」の北端角地の居住者は、大友氏の有力家臣のような武士ではなく、三木紋の大名公定分銅の製作を担った有力商人であったことが想定される。

## 茶道具の蒐集

その人物像に符合するのは、大名大友氏の傘下《さんか》で、米や銀の計量に使う升や秤の規格とその使用に関する権益を有していたと推測される豪商仲屋氏である。村田珠光以来の名物茶道具の伝来を列挙してまとめた『松屋名物集《まつやめいぶつしゅう》』には、大友氏とその有力家臣臼杵氏が所有する名物茶壺や唐絵《からえ》と並んで、「顕通同、中屋宗悦、馿蹄《ろてい》二ノ内、市玉礀《ぎょくかん》、鳩徽宗《きそう》皇帝、」の記述がある。名物の馿蹄茶入や南宋の玉《ぎょく》澗《かん》の唐絵「山市晴嵐図《さんしせいらんず》」等を所持していたと記される顕通と「宗悦」の姿は、茶道具を蒐集する富裕者という面でも、「桜町」礎石建物の居住者像に一致する。

複数の文献史料の記述と考古遺物の符合を総合して考察すると、豊後府内の中心地「桜町」の角地に礎石建物を建て、大友氏から認められた秤の規格に関する権益をもとに敷地内で大名公定の分銅を製作・発行し、また商業活動で得た利益で名物茶道具を蒐集していたのは、豊後の豪商仲屋氏の初代顕通と二代目「宗悦」であると判断できるのである。

## 富商化の契機と過程

一六世紀半ば、天文年間の九州で第一と称された豪商仲屋顕通の富は、物資の輸送から得た高率の物流収益に加えて、寺社等への年貢米の複数年請負契約に伴う米の運用投資益や、地域升の換算差や米・銭の交換相場の変動を利用したレート操作益によって重層的に蓄積されていったものであった。かくして富商化した顕通は、その本拠の大名大友氏との結びつきを一段と強めて政商化し、大名館の正門前に屋敷地を獲得して礎石を有する屋敷を建設した。計量基準の不均質な中世社会において、地域社会の一円的支配を志向する大名権力にとっても、その不均質性を横断して広域的な経済活動を営む有力商人は、領域内における計量の標準化という点で魅力的な存在であった。

特に、石見銀《いわみぎん》等の国内銀山の開発成功に伴う一六世紀半ば以降の銀流通の拡大と、その秤量《しょうりょう》を担う「計屋」商人の乱立に対処するため、大名大友氏は豊後府内その他の主要都市において使用する秤と分銅の規格権益を顕通に与え、その特権を認められた顕通は、府内「桜町」に営む屋敷の一角で、大名権力公定を明示する三木紋刻印の分銅を製作・発行した。やがて、大友氏の勢力が北部九州に拡大した一六世紀後半、その本拠の豊後で創出された豪商による衡量制基準は、顕通亡き後の天正年間には二代目「宗悦」に引き継がれた。「宗悦」は、大友氏のみでなく豊臣氏とも結びついて商圏のさらなる拡大に成功し、九州各地での貿易取引に「乾通の遺秤」を持ち込んで使用することで、北部九州の貿易都市でも衡量権益を獲得しようと企図したのである。

## 3　仲屋宗越の商圏拡大と貿易商人化

### 「宗越」の為替状

さて、一六世紀九州の豪商仲屋氏の初代「けんつう」の入道名が「乾通」ではなく「顕通」と確定できたのと同様、二代目「そうえつ」についても、実は本人は「宗悦」とは署名していなかったことを示す史料が存在する（「三聖寺文書《さんしょうじもんじょ》」）。

（端裏ウハ書）（異筆）
「天正元癸酉《みずのとり》分請料　御屋形御書
同甲戌《きのえいぬ》九月廿一日到来
としみつ（利光）ひこ三郎方への宗越より替え状あんもん（案文）」

替《か》え状の事

一、銀子《ぎんす》合わせて五貫八百目定、爰元《ここもと》請け取りたて候、堺津に於いて右の前五貫八百目の分、三聖寺へ慥《たしか》に御渡しあるべく候、ただし此《この》状、三聖寺ならで、よ（余）の人所持候て永々用いざる者なり、殊に天秤の儀は願超《がんちょう》所持のたるべく候、よって件《くだん》のごとし、

天正弐年戌《いぬ》　七月十一日　　仲屋

宗越　判

利光《としみつ》彦三郎殿　参

［現代語訳］

（端裏ウハ書）（異筆）
「天正元年分の請料　御屋形御書
同二年九月二十一日に到来

「利光彦三郎方へ渡した宗越からの為替状の案文」

為替《かわせ》状の事

一、銀子合わせて五貫八百匁《もんめ》を、こちらで請け負って取り立てた。堺でその五貫八百匁を、三聖寺に確かにお渡しください。ただしこの為替状は、三聖寺以外の人物が持参しても無効です。ことに天秤については、願超が所持するものに限定する。以上、右の通り。

天正二年戌の七月十一日

仲屋

宗越　判

利光彦三郎殿

右の史料は、天正二（一五七四）年七月一一日付で大友氏の家臣利光彦三郎宛てに発給された「替え状」（為替状）案文《あんもん》（下書きおよび控え）である。その差出人は「仲屋宗越」。『天王寺屋会記』や『大友興廃記』等の近世の編纂物、後述する文禄《ぶんろく》年間の検地帳等、他者が書き記した史料のなかで「宗悦」と表記されることの多かった「そうえつ」であるが、本人は「宗越」と自署していた。

京都の東福寺塔頭《とうふくじたっちゅう》の三聖寺は、鎌倉期の創建とされ、東福寺所蔵の「三聖寺古図」には

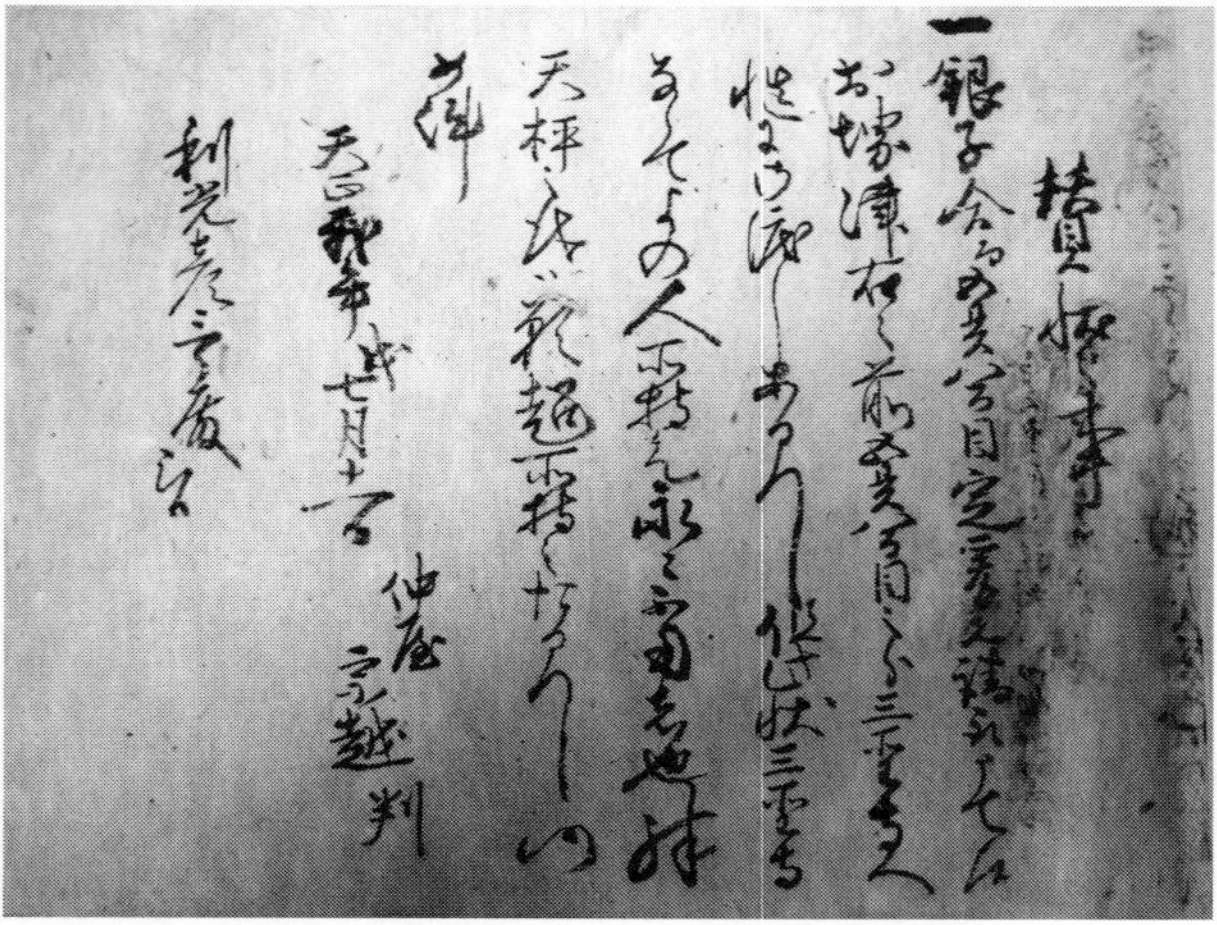

「宗越」の自署（後から２行目下）のある「替え状」案文

明徳《めいとく》年間以前に大伽藍を有する寺勢が描かれている（阪口貢「三聖寺伽藍について」）。鎌倉期から豊後国大野荘《おおののしょう》内に所領を有する同寺に対し、戦国期の大友氏は年貢請負を契約し、首藤《しゅとう》、毛利、利光等の家臣を通じて「請料」を進納している。

史料では、天正元（一五七三）年分の年貢銀子五貫八〇〇匁の納入を請け負った利光彦三郎が、銀子をそのまま京都に運ぶのではなく、豊後でこの「替え状」に交換して三聖寺に届けたのである。その本文では、宗越が銀子を豊後で受け取ってこの為替状を発行したこと、および、五貫八〇〇匁の現銀化は堺で行うことを約定している。そして、後半の但し書き部分では、堺での現銀受取人を三聖寺に限定する約款一と、現銀化の際に計量に使う天秤を願超が所持するものに特定する約款二を付け加えているが、この為替状本文と約款は戦国期日本の経済水準を示すきわめて貴重な内容である。

## 現代為替の原型と衡量権益担保

まず、為替の効力を三聖寺以外では無効とする約款一は、この「替え状」の盗難や紛失に備えた条文である。『大友興廃記』によると、大友義鎮は、豊後から京都三聖寺までの年貢を家臣に海上輸送させていたことが記されているが、実際にある年の「船奉行」に任じられた佐藤八郎兵衛が「十六端《(反)》の船」に年貢米を載せて豊後府内を出航したところ、「讃岐《さぬき》国《のくに》汐分《(塩飽)》七浦《ななうら》の海賊ども起《たち》て、この舟を奪い取らんと思い船数を催し集め、矢比《やごろ》に推し寄せ、散々に射掛け」られたという。天正初年の仲屋宗越は、こうした不測の事態を想定して、現銀受取人を限定する「替え状」を発行していたわけで、そのシステムは現代の郵便為替の原型とも言えよう。

そして、さらに注目したいのは、為替現銀化の計量手段を特定した約款二である。利光彦三郎からこの「替え状」を受け取った三聖寺は、堺で銀子を受け取らねばならなかったが、その際の銀の計量秤は「願超」なる人物の天秤に限定されている。この願超の詳細は明らかでないが、天正年間の商圏を拡大した豪商仲屋家一門による商業活動とネットワークにあって、そのうちの堺の店舗を任された一門もしくは下代と推測される。

冒頭で紹介した『大友興廃記』の記述によれば、豊後豪商仲屋宗越の営業形態とそのネットワークは、「府内の居住を仕《つかまつり》ながら、大坂、堺、京何《いずれ》の地にても、富貴繁華の所には一家ずゝ持ち、下代を遣し、あるいは一門の末をも遣し置けり」との状況であった。このことから、宗越発行「替え状」を携えた三聖寺に銀子を支払う場所とは、豪商仲屋家が堺で営業する支店舗であると推測できる。そして、その堺支店で銀の計量に使用する願超所持の天秤とは、仲屋家の初代顕通から規格を引き継いだ「乾通の遺秤」に他ならないだろう。天正年間に西日本の幅広い範囲に店舗網を拡大した豊後豪商仲屋宗越は、豊後に近い北部九州の営業拠点のみならず、畿内の堺においても初代顕通所縁の計量器「乾通の遺秤」を持ち込み、自らが発行した為替の現銀化の際には、たとえそこが畿内であっても、本拠である豊後規格の天秤で銀を計量していたのである。それは、日本の中核である畿内商圏における有力地方豪商の衡量権益担保の事例と言えるだろう。

## 臼杵への進出

さて、天正期以降の仲屋宗越の経済活動の足跡は、豊後府内と堺を結ぶ九州―畿内間にとどまらず、西日本のより広範囲な地域で確認することができる。豪商仲屋宗越は、大友氏の伝統的な本拠都市の豊後府内に加えて、大友義鎮が一六世紀半ばに新たな本拠として開発した臼杵にも広大な屋敷を有していた。

文禄二（一五九三）年の「豊後国《ぶんごのくに》海辺郡《あまべぐん》臼杵庄《うすきのしょう》御検地帳《ごけんちちょう》」によると、唐人町、畳屋町、唐人町懸《かけ》ノ町、海添中《かいぞえなか》町、横浜町、吉水小路片《よしみずこうじかた》町、浜町、菊屋町、横町、そして祇園洲《ぎおんのす》の一〇町からなる都市臼杵の田畠屋敷総数は四〇四筆である。そのうちの九三パーセントにあたる三七五筆が屋敷で占められており、「宗悦」と記された仲屋宗越名義の屋敷が存在する唐人町懸ノ町も五八筆すべてが屋敷地である。

唐人町懸ノ町のなかでの仲屋宗越の屋敷は六筆に分かれて、その面積と石高は、合計一町一反六畝《せ》二六歩《ぶ》、一八石六斗九升八合となっており、町全体の五五パーセント、つまり、町の過半を宗越の屋敷が占めていた（臼杵一〇町全体のなかでも一四パーセントを占める）。また、臼杵荘全体の三〇〇人を超える名請人《なうけにん》の一人当たりの平均屋敷面積は一畝強であり、宗越の持高はその一〇〇倍規模に相当する。文禄年間の臼杵における宗越の相対的位置をまとめれば、彼は臼杵一〇町のうちの唐人町懸ノ町に広大な屋敷群を所持し、一つの町の過半を占有するほどの財力を保有して他の町人を圧倒する大豪商であったことが数値の上で明らかである。

そもそも、宗越が独占的に屋敷を保有する「唐人町懸ノ町」という町名自体が興味深い。北東へと流れる臼杵川が豊後水道に注ぐ河口の沖積《ちゅうせき》平野東岸に形成された中世末期の都市臼杵は、本来的に海と川に面している。一〇町のうち、臼杵湾に突き出た祇園洲の砂州と舟入を挟んで向き合うのが唐人町で、この町には漆喰塗りの技術に秀でた「木像仕立功者の仏師」陳元明《ちんげんめい》をはじめとした多くの渡来明人が居住して生産活動を営んでいた（鹿毛敏夫『アジアン戦国大名大友氏の研究』）。その唐人町と隣接して、やはり臼杵湾に面するのが唐人町懸ノ町である。町名のみでなく、実際の立地環境からも、渡来明人との関わりのなかで自らの生産活動を営む人々の町であることが推測されよう。

## 肥後・日向・大隅へ

さらに、宗越の活動は、九州の広範囲において確認される。「西寒田神社文書《ささむたじんじゃもんじょ》」によると、天正一三（一五八五）年閏《うるう》八月一三日、大友義鎮は筑後に出陣中の義統に九州各地の政情を記した書状を送っているが、そのなかで、肥後の阿蘇《あそ》・三船《みふね》・隈庄《くまのしょう》方面での島津方の動きは「宗越一通」（宗越からの諜報）が情報源となっている。天文年間に肥後国豊田荘の河川流通を掌握していた先代顕通と同様に、宗越も頻繁に肥後国内を往来していたものと思われる。

また、宗越の活動範囲は、九州を南下して日向《ひゅうが》・大隅《おおすみ》へも広がっている。天正一三（一五八五）年、京都の猿楽師《さるがくし》渋谷《しぶや》常庵《じょうあん》一行が九州を訪れる。この猿楽師渋谷一座が島津氏領内に滞在した際に、島津氏宿老の伊集院《いじゅういん》忠棟《ただむね》がその饗応について日向国目井《めい》（日南市南郷町）の竹下宗怡《たけしたそうい》（頼堅《よりかた》）に宛てた書状写が現存する（「竹下家系図所収文書」）。それによると、忠棟は、宗怡の「廻船中」を動員して一座を目井南方の港町「外ノ浦《とのうら》へ遊山」させるよう指示している。そして、尚々書《なおなおがき》で、常庵を「能々《よくよく》なくさ□《(ミ)》然《しか》るべく候」と記し、その後に「将《はた》又《また》豊後宗悦自□然るべく候」と添えているのである。

史料の肝心な部分が摩滅しているために、宗越の動きを明証することはできないが、書状の文脈から推測すれば、日向国南部の港町目井に滞在した渋谷一座を船に乗せ外之浦へ遊興させて慰労する竹下宗怡の饗応に、仲屋宗越が何らかの形で関わっていると言えるだろう。

### 竹下宗怡

竹下宗怡は、目井を中心に日向南部の南郷地域の廻船組織を掌握する頭目であるとともに、自らは京都と日向・大隅の間を往来して島津氏向けの物資を海上輸送調達している（米澤英昭「竹下家系図所収文書の紹介」）。さらに、宗怡の名前は、前章で述べたように、慶長元（一五九六）年に藤原惺窩《せいか》が記した「南航日記残簡」のなかで、大隅国内之浦（鹿児島県肝付町）の「役人宗意《（怡）》竹下氏」として登場する。すなわち、七月一三日、内之浦に滞在中の惺窩が宗怡から「葡萄勝酒」のもてなしを受けて歓談した内容は、「琉球の風土を談ず。けだし宗意《（怡）》琉球に寓して妻子有り。故に熟識す」というものであった。内之浦役人の宗怡は、琉球にも住居を有して妻子をもっているため、その風土に詳しいというのである。また、惺窩は内之浦で、「ルスン琉球路程記録之冊」や「蛮人の記す所」の「世界図」を一覧するとともに、入港中の唐船を見学して、その中国泉州出身の船主「呉我洲」と筆談し、彼の子が「呂宗商賈の巨魁」（フィリピンのルソン商人の頭目）であり、この唐船でこれからルソンへ向かうことを聞き出している。

中世社会の境界人（マージナル・マン）の実態については、村井章介『中世倭人伝』に詳しいが、竹下宗怡が活動する内之浦や外之浦は、九州最南端に近いその地理的環境から、入港する唐船を通じて中国や琉球、そしてルソン等の東南アジア方面からの文化や情報を直接入手することのできる港町だったのであり、また、宗怡自身も南九州と琉球を股にかけて活動するまさに境界人であった。外国船との取引を志向する豊後豪商仲屋宗越が、そうした特質を有する南九州の港町に出入りするとともに、竹下宗怡とも関係を有していたと考えることに、何の疑問もないだろう。また、猿楽師渋谷一座は、天文年間以降に複数回にわたって豊後巡行を行っており、宗越と面識があったことも想定できるだろう。琉球や東南アジアとつながった南九州の境界人と京都の芸能者の間に登場する宗越からは、畿内以西の西日本と環東シナ海域の枠を超えて、南西諸島の琉球からさらに南下した東南アジア諸地域に一層の商業活路を見出そうとする貿易商人の姿を想起することができるのである。

### 明の貿易商人林存選

宗越が東南アジアに向けた視線については、次の『豊府紀聞』に掲載される明の林存選《りんぞんせん》からの書簡に垣間見ることができる。

中屋宗悦富盛の時、大明国侍教主林存選宗悦に送る書簡に曰《い》わく、

侍教主林存選頓首拝

大国望宗越老先生大人愛下

久しく

尊顔に別れ走り侍《さぶら》う由なし、僕幸いに机会《きかい》を獲て、柬埔寨《カンボジア》に抵し、喜ばしくも忝《かたじけな》く　上恩に沐《もく》すことを得る、僕舩を掌《つかさど》りて日本国に到ることを許され意に収入を欲し□望み、教えに侍わんことを得んと高庶《こいねが》うも、左

右いかん天風順せず、姑《しばら》く呵(阿)久根に収在す、本《もと》に門に登りて候謁《こうえつ》せんと欲するも、ともに船を碍《がい》し、事匆冗《そうじょう》にして果たせず、罪甚々々、今人に因《よ》って使して花幔《かまん》壱件を敬奉し、もって問を表しこれを安めん、敬不宣、

存選主再拝

かくの如き存選書簡、宗悦子孫にこれ有り、

［現代語訳］

中屋宗越が富盛の時に、大明国の侍教主林存選が宗越に送った書簡に曰わく、

侍教主林存選頓首拝

大国望宗越老先生大人愛下

久しく

ご無沙汰しております。私は幸いにも機会を得てカンボジアに向かい、喜ばしくありがたいことに、上恩に恵まれた。私は船に乗って日本国に向かうことを許され、そこで商売利益を得ようと……。宗越様にお会いして教えを乞おうと願っていたところ、いかんせん天候と風が不順のため、しばらくのところ阿久根に留まっています。そちらに向かって面会したいと思うものの、船を破損し

たためそれも果たせず、申し訳ありません。今回は、使いを遣わして花幔一枚をお届けし、この手紙でのご挨拶といたします。敬不宣。

存選主再拝

右のような存選の書簡が、宗越の子孫に伝わっている。

明の貿易商人と思われる林存選なる人物が、「宗越老先生大人」に宛てた書簡の写しだが、こうした書簡が取り交わされているということ自体、宗越と林存選がそれ以前の商業活動を通じて旧知の仲であることを物語っているだろう。

虫食いか破れで判読不能な部分もあってやや難解だが、林存選は、これ以前に柬埔寨（カンボジア）に渡って商取引を行い、その後、東南アジアでの買付品を携えて九州豊後の宗越のもとに赴こうとしたことがわかる。しかしながら、「天風」不順のため、彼が乗った船は目的地の九州東岸ではなく、西岸の薩摩の阿久根（鹿児島県阿久根市）に入港した。何とか豊後の宗越のもとへ向かい拝謁したいと思うものの、「船を碍し」（船を損傷し）たために果たせず、やむを得ず使者を立てて、この書簡と「花幔」（カンボジアでピダンやサンポットと呼ばれる花紋様の染織）一枚を宗越に届けたのである。

カンボジアは、インドシナ半島のなかでも優れた染織文化を有する国である。特に、非常に繊細な絹の絣《かすり》は、その色の美しさや括《くく》り技術の精密さでアジアの絣のなかでも群を抜いており、複数色の糸を括り分けて仕上げた絣は、寺院や式典の装飾幔幕《まんまく》であるピダンや、女性の巻きスカートであるサンポット、撚《よ》った部分を脚の間にくぐらせた袴の形のチョン・クバン等の用途で使用された（福岡市美術館編『カンボジアの染織』）。林存選が「宗越」に贈った「花幔」は、寺院本堂の内陣を囲んだり、天蓋《てんがい》として吊るしたりする幔幕（ピダン）の生地で、花紋様が織り込まれていたものだろう。

明の貿易商人林存選によって東南アジアのカンボジアの物資が九州にもたらされた事態は、前述「南航日記残簡」で内之浦に入港した唐船の船主呉我洲がこの先ルソンへ向かい、また彼の息子自体がルソン商人の頭目である事態に対応して興味深い。

**「南蛮に至り差し渡され候船」**

ここで問題としたいのは、船である。

呉我洲については「唐船々主」と記されていることから、内之浦に来航してこれからルソンに向かおうとするその船は、中国ジャンクと考えて間違いないと思われるが、一方で、林存選がカンボジアから九州に向かう際に乗った船については「唐船」との記述がない。「花幔」等のカンボジアの物資を携えた彼は、いったいどのような船に乗って阿久根に到達したのだろうか。

林存選の書簡写しを詳細に読むと、カンボジアで商取引を行った存選は、その後、「喜ばしくも忝《かたじけな》く上恩に沐《もく》すことを得る、僕船を掌《つかさど》りて日本国に到ることを許され」と、ある人物からの「上恩」を得て、船に乗って日本に行き商売をすることを許されている。また、その船は、「天風順せず」豊後ではなく島津氏領内の阿久根に着船し、その港で船を損傷して操船できなくなっている。

実は、林存選が乗ったこの船の状況に一致する東南アジア帰りの船が、東京大学史料編纂所蔵「島津家文書」のなかにある。

今度《このたび》、南蛮に至り差し渡され候船、帰朝せしめ、御領中に於いて繋ぎ置き候のところ、去る大風の砌《みぎり》、少過の子細これ有るの由、到来により、貴殿に至り使節をもって申され候のところ、いまだ御返事なく候の事、御心許《こころもと》なく候、御存知の如く、貴家・当方御代々御意を得られ候のところ、聊《いささ》かの儀をもって御隔心《かくしん》に及ばるべき事、他邦の嘲《あざわら》い、自他然《しか》るべからざるの条、速やかに御分別成らるべき事、尤《もっと》も目出べく候、しからば彼の船、南蛮国に於いても、この節の如く少難の儀これ有ると雖《いえど》も、宗麟より差し渡さる船の段、存知有り、彼の国守《こくしゅ》、相談をもって廉直《れんちょく》の扱い、剰《あまつさ》え使節をもって申し越され候のところ、万一御得心相滞《とくしんあいとどこお》るに於いては、大国迄の覚、如何〱の条、御遠慮をもって示し預かり候わば、祝着《しゅうちゃく》申さるべく候、なお来喜《らいき》を期し候、恐々謹言、

八月廿五日

（田原）親賢（花押）
（臼杵）鑑速（花押）
（志賀）親度（花押）
（佐伯）惟教（花押）

河上（忠克）々野入道殿
嶋津（季久）摂津守殿
村田（経定）越前守殿
伊集院（久信）源介殿
平田（昌宗）美濃守殿
伊集院（忠棟）右衛門大夫殿 御宿所

追って、伊集院右衛門尉殿に至り、（臼杵）鑑速先書を用い候と雖も、御返事遅滞の条、衆中申し談じ、重畳連署《ちょうじょうれんしょ》を用い候、御心得を為し候、

（包紙ウハ書）「佐伯紀伊介

志賀安房守
臼杵越中守
田原近江守
親賢

伊集院右衛門大夫殿
河上々野入道殿 御宿所」

［現代語訳］

このたび南蛮に派遣した船が日本に帰朝し、そちらの領内に繫留していたところ、去る大風の際に少々破損してしまったとの一報が入り、貴殿に使者を遣わしてその安否を尋ねたところ、いまだにお返事がなく心配しております。ご存知のように、貴島津家と当大友家は代々意思を通じ合ってきた間柄であり、いささかのことで心が隔たってしまうのは、他国から見ての嘲笑の的で好ましくないため、速やかに分別いただきたい。実のところ、かの船は、渡航先の南蛮国でも、今回同様の海難事故を起こしたが、宗麟からの派遣船と知ったその国の王が、相談のうえ修復・帰国に向けて廉直な処置をしてくれた。さらにその国からの使者も遣わされているため、もし今回の件を心得ていただけない場合は、大国までの覚えとしていかがなことであろうか。ご深慮のうえ対応いただくよう、お願いいたします。お返事をお待ちします。恐々謹言。

八月二十五日

田原《たわら》親賢《ちかかた》（花押）
臼杵鑑速《あきすみ》（花押）
志賀親度《ちかのり》（花押）
佐伯惟教《これのり》（花押）

河上上野《こうずけ》入道忠克殿
嶋津摂津守《せっつのかみ》季久殿
村田越前守《えちぜんのかみ》経定殿
伊集院源介久信殿
平田美濃守《みののかみ》昌宗殿
伊集院右衛門大夫忠棟殿　御宿所

追伸、伊集院右衛門尉忠棟殿に臼杵鑑速より先書を送りましたが、お返事が届きませんので、こちらの奉行衆で相談のうえ、再度、連署書状をお送りします。お心得ください。

（包紙ウハ書）「
佐伯紀伊介《きいのすけ》
志賀安房守《あわのかみ》

臼杵越中守《えっちゅうのかみ》
田原近江守《おうみのかみ》
親賢

伊集院右衛門大夫殿
河上上野入道殿 御宿所」

天正元（一五七三）年に大友宗麟（義鎮）が南蛮国に派遣した船が、帰国途中に島津氏領内の港に係留していたところ、「大風」で「少過」（船を破損）したことがわかる。大友氏側は伊集院忠棟のもとへ使節を派遣して船の安否を尋ねたものの返事がなかったため、再び奉行人連署のこの書状を発給して、船と積み荷の返還を求めたのである。「南蛮に至り差し渡され候船」および「宗麟より差し渡さる船」の文言から、この船は大友氏が東南アジアに派遣したものとわかる。

さらに、島津氏側に残るこの文書への返書案文（『鹿児島県史料』旧記雑録後編《きゅうきざつろく》一）には、抑留した積み荷として「銀子・鹿皮、南蛮国進物種々」が記されており、船には東南アジアの銀と鹿皮や、交易相手国からの贈答品が積まれていたことも明らかである。

特に、銀流通については、これまで石見銀山を中心とした日本銀の輸出ばかりに目がいきがちであったが、「島津家文書」の大友船の場合は明らかに東南アジアから銀を輸入している。「銀の世紀」とも呼ばれる一六世紀後半東アジアの経済システムを論じる場合には、銀の双方向流通という視点も考慮すべきであることを示す貴重な史料である（鹿毛敏夫編『硫黄と銀の室町・戦国』）。

## 二つの船の一致

大友氏が天正元（一五七三）年に「南蛮国」に派遣した船は、取引を終えて帰朝途中の島津氏領内の港で「大風」により「少過」し抑留された。一方、カンボジアでの取引を終えた林存選が乗船した船も、同じ天正年間に九州で富強を誇る豪商仲屋宗越のいる豊後をめざしたものの、「天風順せず」薩摩の阿久根に入港して「船を碍し」ている。二つの船は、年代は天正元年と天正前後で一致し、出港地と目的地も、それぞれ「南蛮国」と「柬埔寨」、大友氏と仲屋氏のいる豊後で一致する。さらに、遭難の経緯についても、「大風」のために島津氏領内の港に寄港して「繋ぎ置き候のところ」を「少過」した大友船と、「天風順せず」に阿久根に寄港した後に「船を碍し」た林存選の船は、港への係留の後という船の損傷のタイミングまでもが一致している。このことから、この二つの船は同一と考えるのが妥当だろう。

第二章で紹介した京都建仁寺の外交僧雪岑津興《せっしんしんこう》が著した『頌詩《じゅし》』のなかには、「甘埔寨《カンボジア》浮喇哈力汪加《プリヤリエチエアンチャ》」（カンボジア国王サター一世）が、「日本九州大邦主源義鎮長兄殿下」（日本九州の大邦主大友義鎮殿下）と呼びかけて送った国書写が掲載されており、天正七（一五七九）年と思われる年に、船主「握郎烏丕沙哥」・遣使「浮喇理璉沙哥」・副使「党膠習版三牌」の三名の使節が、「草舟に乗駕」してカンボジアから豊後に向かったことがわかる。天正初年の大友氏とカンボジア国王の間に、相互に書簡と贈答品を贈り合う善隣外交関係が確立していたことは間違いない（鹿毛敏夫『大友義鎮』）。

『豊府紀聞』と「島津家文書」の二つの史料を総合すると、次のようになる。天正元（一五七三）年、大友義鎮は「南蛮」のカンボジアへ貿易船を派遣した。ちょうどその時、商取引でカンボジアに逗留していた林存選が大友船の使節と出会い、船がこれから日本の豊後に戻ることを聞いた。以前の取引で豊後の豪商仲屋宗越と旧知の仲であった林存選は、大友船への客商としての乗船を願ったところ、大友氏側の「上恩」により「日本国に到ることを許され」た。

林存選を乗せてカンボジアを出発した大友船は、南シナ海から東シナ海を北上して九州の南方海域まで戻ってきたが、「天風」不順のため九州東岸ルートに入ることができず、薩摩西岸の阿久根に避難入港した。「大風」は港内でも吹き荒れ、係留中の大友船はついに「少過」し操船不能となった。阿久根に上陸した林存選は、やむを得ずカンボジアから携えてきた「花幔」と書簡を使者に託して宗越に送った。船と積み荷の安否を憂慮した大友氏側は、伊集院忠棟のもとに使節を送ったが「御返事遅滞」のため、再度、島津氏奉行人六名に宛てた連署書状を作成して、船と積み荷の早期返還を求めたのである。

### 宗越のカンボジア交易

二つの史料からは、天正年間の仲屋宗越が、カンボジア交易を手がける明の貿易商人と取引関係を結んで、東南アジア方面の物資を入手していた実態が浮かび上がってくるが、実は、豪商仲屋氏は、外国商人がもたらす荷物を受動的に買い取るのみでなく、自身も九州―カンボジア間を往復したこの大友船の商人頭《しょうにんがしら》的存在として交易物資を統括する立場にあったようである。

阿久根の港で破損した大友船の返還をめぐっては、先述のように、天正元(一五七三)年九月に島津氏奉行人が大友氏に宛てた返書案文と追而書《おってがき》が残されている。「破艘の儀につき」で始まるその返書で島津氏側は、「領津に於いて不慮の破損」をしたカンボジア帰りの大友船の「銀子・鹿皮」以下の積み荷を目録を添えて返還することを約し、その文末を「余は仲掃部助《かもんのすけ》殿演説有るべく候、恐々」と締めくくっている。積み荷の返還交渉の使節として、「仲掃部助」なる人物が、大友氏奉行人連署書状を携え豊後から薩摩に渡って現地交渉し、翌月に島津氏側からの返書を受け取って豊後に戻ったことがわかる。

この「仲掃部助」は「仲」屋号の掃部助、すなわち豪商仲屋家の人物と推定される。臼杵の大橋寺《だいきょうじ》所蔵の『宝岸寺霊簿《ほうがんじれいぼ》』は、永禄から寛文年間にかけて没した同寺檀家の過去帳だが、その千数百名の没者名のなかに、天正一五（一五八七）年七月二〇日に没した「仲掃部助」の名前がある。カンボジア交易船の積み荷返還交渉で活動した「仲掃部助」が、広大な宗越屋敷が存在した大友義鎮の城下町臼杵の居住者であったことを物語っている。天正年間に大名大友氏との結び付きを強めて政商化した宗越は、豊後府内のみでなく、臼杵、堺等に店舗網を拡大し、遠方には先述した「願超」のような一門もしくは下代を派遣し運営していた。政商仲屋氏は、主家大友氏から官途《かんと》を受けていたようで、文禄の朝鮮出兵の際の「豊後侍着到覚」（「稙田家文書《わさだけもんじょ》」）には、臼杵唐人町の「陳与三」と並んで「中屋石見入道」の名前もある。「掃部助」は、臼杵の唐人町懸ノ町の宗越屋敷に居住する仲屋家一門で、宗越が投資した大友氏のカンボジア交易船の積み荷を確保・回収する適任者として、大友氏奉行人発給の連署書状を携えて薩摩に派遣されたものと推測される。天正一五（一五八七）年没という年齢から判断するに、戦没や病没でないとするならば年代的に宗越の一世代上に相当し、あるいは父顕通の晩年の官途であるかもしれない。

## 貧商から南蛮貿易大豪商へ

本章で明らかにしてきたことを簡潔にまとめよう。

一六世紀半ば天文年間の九州豊後の商人仲屋顕通は、物資の輸送から得た高率の物流収益を基盤としながら、寺社領年貢の複数年請負契約に伴う米の運用投資益や、地域升の換算差や米・銭の交換相場の変動を利用したレート操作益等、重層的な収益システムによって富を蓄えていた。富商化した顕通は、本拠の大名大友氏との結合を一段と強めて政商化し、大名館門前に屋敷地を獲得して礎石建て屋敷を建設した。一六世紀半ば以降の銀流通の増大期になると、大友氏は豊後府内、臼杵等の主要都市の秤と分銅の規格権益を顕通に与えて衡量制の基準を創出した。権益を認められた顕通は、豊後府内「桜町」の屋敷で大名権力公定分銅を製作・発行し、以後、海外貿易を含めた銀取引を統括する立場に成長していった。

一方、一六世紀後半の天正年間に顕通の跡を継いだ仲屋宗越は、大友氏に加え豊臣氏とも結びついて商圏のさらなる拡大に成功し、堺や長崎等の西日本に広がった拠点都市の諸店舗で「乾通の遺秤」を使用することで、遠隔地商圏における自らの衡量権益を担保した。また、顕通の貿易取引相手が主に唐船と明人であったと予想されるのに対して、宗越の取引はさらに南方の東南アジアまでを視野に入れたものへと拡大した。宗越は、九州南部の日向・大隅へも商業活動を展開して、南方貿易への活路を模索し、カンボジア交易を手がける明の貿易商人と結んで東南アジアの物資を入手するとともに、大名大友氏がカンボジアに派遣した交易船では、積み荷商品の統括者として同貿易に関与していたと推測される。

九州豊後の豪商仲屋氏は、天文から天正・文禄までの四〇～五〇年間二代におよぶこうした経済活動を通して、貧商から南蛮貿易（東南アジア貿易）を手がける大豪商へと成長していったのである。

# 第六章　日本と世界をつないだ国際人たち

「鹿児島に到着したアンジロウ（右）とザビエル」（アンドレ・レイノーゾ画）

## 1　日本とアジアをつなぐ

### 遣明使節笑雲瑞訢

本章では、一五世紀から一七世紀前半までの、いわゆる中世後期から近世初頭の日本と世界を行き来した具体的な国際人を取りあげ、海を越えて雄飛した彼らの世界的活動の実態を紹介しよう。

まずは、一五世紀の日中間を往来した遣明使節笑雲瑞訢《しょううんずいきん》である。

笑雲は、室町時代の臨済宗五山派の僧だが、生没年や生誕地は不詳である。しかしながら、足利義政《あしかがよしまさ》の代の宝徳度《ほうとくど》遣明船の一号船に従僧として乗り組んで京都―北京間を往復し、その際の見聞を日記として詳細に記録した。この旅日記によって、一五世紀の遣明使節の活動実態が明らかになる（村井章介・須田牧子編『笑雲入明記』）。

宝徳度遣明船は、将軍足利義政の代始めに送られたもので、使節団は宝徳三（一四五一）年一〇月に京都を出発し、翌宝徳四（一四五二）年正月に九州の博多に至り、八月に博多を出帆したが順風を得ず平戸で越年し、実際に放洋したのは享徳《きょうとく》二（一四五三）年三月になっている。明の寧波《ニンポー》に到着したのは翌四月である。この回の遣明船は九艘からなる大船団で、笑雲が乗った一号船は天龍寺が経営するものだった。その正使の東洋允澎《とうよういんぽう》をトップに、副使・従僧・通事・客商・水夫《かこ》らが乗り込んだ。一艘におよそ一五〇～二〇〇人が乗船した使節団のなかで、従僧の笑雲の役割は、明側の応対者と交流し、旅の様子を記録することであったようだ。

景泰《けいたい》四（一四五三）年四月二〇日、一号船は寧波に到達した。笑雲の日記では、この日から明年号「景泰」を用いている。帰途で日本年号「享徳」を用いたのは長門の赤間関《あかまがせき》到着時で、このそれぞれが入国・帰国の日と意識されていたことがわかる。一号船の使節一行は、接待所の嘉賓館《かひんかん》に入ったが、九艘で計一二〇〇名にのぼる使節団全員は収容しきれず、近隣の寺院にも分宿となった。五月二八日から六月四日まで、各船の進貢物を計数し、いったん東庫に納めている。その後、硫黄や蘇木、銅などの点検をして、七月二一日に北京へ運ぶ進貢物の箱詰めが行われた。一行は寧波に約三ヵ月半滞在し、八月六日にようやく北京への途に就いた。

### 一五世紀中国での異文化接触

一行は景泰四（一四五三）年九月末に北京に至り、一〇月二日には日本からの貢馬も到着し、五日の朝参で景泰帝《けいたいてい》がこれを謁見している。また、同二八日には、日本からの進貢物の荷物箱が七五両の車に積まれて北京の会同館《かいどうかん》に到着し、一一月八日の朝参の際、紫禁城《しきんじょう》の奉天門《ほうてんもん》で献上の儀式が行われた。日本進貢使の朝参は、九月から翌年二月の間に計二六回におよんでいるが、そのうち帝《みかど》が出御《しゅつぎょ》したのは九回と記録されている。なかでも一一月一日の頒暦《はんれき》、同一四日の冬至《とうじ》、正月一日の歳旦《さいたん》では、紫禁城の中心建物である奉天殿《ほうてんでん》（現太和殿《たいわでん》）に至って皇帝に拝礼している。元日朝賀の儀式では、帝が奉天殿に出御すると、万歳三呼が地をゆるがしたという。また、正月一一日と翌日に行われた帝の天壇行幸《てんだんぎょうこう》では、奏楽者数千人、宝玉を背負う象《ぞう》三頭、六龍車二台、帝を護衛する武官数万人、馬に乗った甲冑《かっちゅう》兵士三六万人の大行列を見物している。

笑雲らは、明国内に滞在中に、第三国からの使節とも触れあった。紫禁城内には、日本の他に、ラマ（チベット）・回々《かいかい》（ウイグル）・韃旦《だったん》（モンゴル）・女真《じょしん》・四川《しせん》・琉球・安南《あんなん》（ベトナム）・爪哇《ジャワ》（インドネシア）からの進貢使節がいた。北京の会同館では、爪哇使節と交流し、また、回々使節の宿舎を訪ねて回々文字（ウイグル文字）を見た。韃旦人たちはラクダ二〇頭を従えていたという。

笑雲たち一行は、北京に五ヵ月滞在したほか、寧波に往路三ヵ月半と復路で半月、杭州に往路七日と復路一一日、南京に三週間あまり滞在している。その間、寧波の天寧寺《てんねいじ》・阿育王山《あいくおうざん》・天童山《てんどうさん》、杭州では霊隠寺《れいいんじ》・保叔塔《ほしゅくとう》・銭塘江《せんとうこう》・西湖《せいこ》など、いわゆる観光スポットをくまなく見物している。北京の智化寺《ちかじ》では、大海和尚と「仏法の大意」につき禅問答し、点茶にあずかった。杭州―北京間の往復時にも、蘇州や太湖《たいこ》をはじめ、著名な山海や楼閣を訪ねた。徐州《じょしゅう》では、項羽《こうう》が都を置いて馬の訓練を見た戯馬台《ぎばだい》を訪れ、ついで城外にある漢の高祖廟《こうそびょう》で高祖らの遺像を見て、その牌《はい》を写し取った。

さらに、笑雲は科挙《かきょ》の受験者三〇〇〇人が受験した国子監《こくしかん》を見に行き、その合格発表のようすから、合格者の家に高門を建てる状況までを観察している。一一月一日の頒暦では、紫禁城奉天殿での帝の出御が終わると百官・諸人が次年の暦を群がって奪いあうようすや、除夜の日に紫禁城前の長安街《ちょうあんがい》に炬火《きょか》が灯されて昼のように明るくなる景色、大運河を行く船上で帝から賜わった黄封酒《こうほうしゅ》を開けて水夫らが酔歌する姿なども記録している。

遣明使節の中国国内の移動は、そのほとんどが運河や河川・湖沼を船で進むものだった。笑雲の旅日記には、馬船・快船・站船《たんせん》・紅船・運船・黄船など、運河を行き交う船の情報も多い。馬船は馬が載せられる大型貨客船、快船は快速船、站船は役所公用船、紅船は囚人を載せる船、運船は食糧運搬船、黄船は皇帝の御用船のことである。山東の済寧州《さいねいしゅう》の手前では、南京から胡椒《こしょう》を載せて北上する進貢船千余艘とすれ違い、また運搬船万余艘が水路を塞いで動けないこともあったという。中国経済が大運河による内陸水運システムによって支えられていた実態が明らかとなる。

## 日本―インド間を二往復した「植田玄佐」

一五世紀の中国を見た笑雲瑞訢に続いて、一六世紀に日本―インド間を二往復した戦国大名の使者を紹介しよう。

一五五一年一一月一五日、フランシスコ・ザビエルを乗せたポルトガル船が豊後を出航した。二年三ヵ月にわたる日本国内でのキリスト教布教活動を精力的に進めたザビエルは、アジア宣教活動の本拠地であるインドのゴアにいったん戻り、布教態勢の立て直しを図ろうとした。

この時、豊後からインドに向けて出発したポルトガル船に、大友義鎮《よししげ》が仕立てた使者が乗り込んだ。義鎮がインド総督アフォンソ・デ・ノローニャに宛てた親書と贈答品の武具を携えたその使者は、翌一五五二年二月にザビエルとともにゴアに到着している。

ゴアは、ポルトガルによるインド植民地支配の政治的中心地で、一五一〇年にこの地を奪取して以来、ポルトガルは総督を派遣してアジア植民地を統括させていた。ゴアで最初に布教を始めたフランシスコ会は、現地人のカトリック伝道者を養成するため、一五四一年に聖パウロ学院を創設した。学院はやがて、ザビエルらに委譲されてイエズス会の運営となり、八八人の教授と三〇〇〇人の学生を有するアジア最大規模のコレジオ（神学教育機関）に発展した。

義鎮が派遣した使者も、この学院で学び、キリスト教の洗礼を受けて、ロウレンソ・ペレイラの洗礼名を名乗った。ペレイラが洗礼を受けた時、聖パウロ学院ではルイス・フロイスも修学中で、洗礼式に参列したと思われる。ペレイラの洗礼前の名前は不明だが、江戸時代の学者新井白石《あらいはくせき》は、その使者の名を「稙田玄佐《わさだ》」と推定している。稙田姓は、豊後府内の南方、稙田荘に本貫を有する武家である。「稙田家文書」には一六世紀の大友氏歴代当主の感状《かんじょう》や安堵状《あんどじょう》が伝わっており、中世後期には大友家の家臣だったことは間違いない。

ゴアの聖パウロ学院遺構

ゴアで布教態勢を整えたザビエルは、今度は中国での宣教をめざして一五五二年四月一七日に出発した。この時、ザビエルには五人の日本人が随行しており、その中にもちろんペレイラもいた。ペレイラはマラッカまでザビエルに同行し、六月六日に別れ、鹿児島を経由して九月七日に豊後府内に戻っている。
そして翌年になると、ペレイラは再度、義鎮からインド渡航を命じられる。一五五三年、インド総督宛ての親書を携えたペレイラは、平戸を経由して、翌年三月一六日に再びゴアの地に足を踏み入れた。

日本とインドの間を大友義鎮の使者として二度にわたって往復したロウレンソ・ペレイラは、二度目の大役を果たして一五五六年に豊後に戻った。その後の消息については、一五八六年ごろまで豊後に存命していたことが面識のあるフロイスによって記されているものの、それ以上の詳細はわからない。

## マラッカにいたアンジロウ

戦国時代の日本から海を渡って諸外国の地に滞在や定住をした日本人は、笑雲瑞訢やロウレンソ・ペレイラ（植田玄佐）のような公的色彩を帯びた外交使節だけではなかった。例えば、ペレイラをインドへと導いたフランシスコ・ザビエルが、そもそも日本に来航してキリスト教を伝えることになった背景には、実は、当時東南アジアに滞在していた一人の日本人浪人がいた。

一五四七年一二月、ザビエルはマラッカの教会で、アンジロウ（アンジロー、漢字名は不明）という人物に出会い、東アジアにある日本という国の存在を認知することとなる。そのいきさつについて、ザビエルは、ローマのイエズス会員に宛てた書簡で次のように記している（河野純徳訳『聖フランシスコ・ザビエル全書簡』）。

マラッカの町にいた時、私がたいへん信頼しているポルトガル商人たちが、重大な情報をもたらしました。それは、つい最近発見された日本と呼ぶたいへん大きな島についてのことです。彼らの考えでは、その島で私たちの信仰を広めれば、日本人はインドの異教徒には見られないほど旺盛な知識欲があるので、インドのどの地域よりも、ずっとよい成果が挙がるだろうとのことです。

このポルトガル商人たちとともに、アンジロウと呼ぶ一人の日本人が来ました。彼はマラッカから日本へ行ったポルトガル商人（ジョルジェ・アルヴァレス）が私のことを話したのを聞いて、私を探してここまで来たのです。このアンジロウは、青年時代に犯した罪についてポルトガル人に話し、こんな大きな罪を主なる神に許してもらうための方法を求め、私に告解したいと思って［マラッカへ］来たのでした。

（中略）彼は私に会ってたいへん喜びました。彼は私たちの教理を知りたいと熱望して、私に会いに来たのです。彼はかなりポルトガル語を話すことができますので、私が言ったことを理解しましたし、私もまた彼の話が分かりました。

もしも日本人すべてがアンジロウのように知識欲が旺盛であるなら、新しく発見さ

れた諸地域のなかで、日本人はもっとも知識欲の旺盛な民族であると思います。（中略）

私の友人で日本でアンジロウの郷里に長らく滞在したポルトガル商人（ジョルジェ・アルヴァレス）に、日本の土地柄や人びとについて、自分で見たことや、真実を話すと思われる人たちから聞いたことを報告書に書いてくれるように頼みました。彼はその報告書をたいへん詳しく書いてくれましたので、それをこの手紙に同封して送ります。日本から帰って来たポルトガル商人のすべてが、もしも私が日本へ行けば、日本人は理性豊かだから、インドの異教徒〔の改宗のために働く〕よりも、主なる神にもっと大きな奉仕となるであろうと言います。私は心のうちに私自身か、あるいはイエズス会の誰かが、二年以内に日本へ行くようになるだろうと思います。その渡航はたいへん危険で、大暴風雨に遭いますし、海上には積み荷を盗ろうと往来する中国の海賊船がいますし、〔航行の途中で〕たくさんの船が難破していますけれど、それでも私たちは行きます。

告解を熱望してザビエルのもとを訪れたアンジロウという日本人に対して、ザビエルはその豊かな語学力と旺盛な知識欲を認め、また、すでに日本を訪れたことのあるポルトガル商人から聞いた日本人の民族性に関する情報から、インド以上の改宗成果が挙がるであろうとの確信をもつようになった。こうしてザビエルは、一度インドのゴアに戻ってアジア宣教態勢を立て直して日本渡航の準備を進め、一五四九年四月にゴアを出帆し、コーチン、マラッカを経て、同年八月一五日（天文一八年七月二二日）、日本の鹿児島に上陸したのである。

## リスボンにあるアンジロウ騎馬画像

このように、ザビエルが数あるアジアの国のなかで日本での宣教活動を決意したのは、日本上陸の一年半前に、マラッカでアンジロウという日本人と出会ったことがきっかけだった。このアンジロウについてザビエルは、「Cangoxima」（鹿児島）がその郷里と記している。その語学力と旺盛な知識欲をザビエルから認められたアンジロウは、マラッカでの出会いののち、ザビエルに随伴してインドのゴアに渡り、前述のロウレンソ・ペレイラ（植田玄佐）と同様に聖パウロ学院で学んだ。当時の聖パウロ学院長ランチロットは、アンジロウについて「非常に才知ある聡明な者」と評価している。実際にアンジロウを教育したのは、のちにザビエルの退去後に日本布教長となったコスメ・デ・トルレスであった（岸野久『ザビエルの同伴者アンジロー——戦国時代の国際人』）。

聖パウロ学院でのアンジロウは、まずはポルトガル語の学習を猛烈に進めたようで、ルイス・フロイスによれば、「六ヵ月間、（ポルトガル語の）読み書きを学習することに専念し、その点で学院中、彼に勝る者はほとんどいないほどまで、著しく上達し」たとある。次に、キリスト教の教理に関しても、アンジロウはトルレスの指導のもと真摯《しんし》な態度で学び、「マタイによる福音書」の最終章までを二度の講義で暗記したという。こうした信者となるための教理教育等を受け、一五四八年五月二〇日、アンジロウはゴアの大聖堂にて洗礼を受けた。その洗礼名は、パウロ・デ・サンタ・フェであった。

ゴアのイエズス会にとっての貴重な人材に成長したアンジロウに、次に求められたのは、キリスト教教理書の翻訳であった。教理の翻訳には、神学的意味の把握と適切な用語の選択が必要だが、この点に関しては、さすがのアンジロウにも荷が重すぎたようである。当初、彼は、デウス（神）を「大日」、聖母マリアを「観音」、パライソを「極楽」などと訳したようで、そのことが、ザビエルの日本布教活動初期における日本人の教理誤解に結びついたのである。

そうした問題があったにせよ、アンジロウが取り組んだ教理書の翻訳と、彼がランチロットやザビエルらに提供した日本についての諸情報は、ゴアで活動するイエズス会員が東アジアでの宣教方針を見定め、現地で布教活動を推進するにあたって、大きな役割を果たした。鹿児島に上陸したザビエルは、一五四九年一一月五日にゴアのイエズス会員に宛てた手紙に、「こうして神は私たちがあこがれていたこの地にお導きくださり、一五四九年八月、聖母の祝日（十五日）に到着したのです。日本の他の港に寄ることができず、聖信のパウロ（アンジロウ）の郷里である鹿児島（Cangoxima）にやって来ました。ここで私たちは彼の親戚や親戚でない人たちすべてより、心からの歓迎を受けました」（河野純徳訳『聖フランシスコ・ザビエル全書簡』）と綴っている。

そして、このアンジロウとザビエルが鹿児島に到着した当時のようすを描いた絵画が本章扉図版である。この絵画は、ポルトガルの画家アンドレ・レイノーゾのグループが描いた二〇点の連作油彩画の一つであり、原本はリスボンのサン・ロケ教会の聖具室に展示されている。

馬にまたがって鹿児島の地を先導するアンジロウがザビエルを気にかけて振り向いたのに対して、素足のザビエルが「MAIS MAIS」（さらにさらに）と声をかけて先へ進もうとしている構図である。待望の日本の地へ足を踏み入れて、これから布教活動に邁進しようとするザビエルの気迫が伝わってくる光景であると同時に、イエズス会の日本布教活動が、一六世紀半ばの時期にマラッカやゴアという東南アジアからインドにかけての地域で国際的に活動する日本人によって支えられたものであった事実を物語る歴史史料と言える。

## 2　日本とヨーロッパをつなぐ

### ルソンに渡った日本人

さて、日本とアジアをつないだ国際人たちの諸々の活動は、やがてさらに遠隔かつ広域な日本とヨーロッパをつなぐ世界的規模の活動へと展開していく。

一五二一年にマゼラン艦隊がビサヤ諸島（フィリピン）に到達して以降、スペインは繰り返し遠征隊を現地に派遣した。一五七一年にルソン島のマニラを征服してからは、現地総督府から大量の報告書が作成されるようになるが、その大部分は現在もセビリアのインディアス古文書館に保管されている。ここでは、的場節子氏の研究（『ジパングと日本――日欧の遭遇』）に基づき、一六世紀後半のルソンに渡った日本人の状況を確認しておこう。

まず、一五六五年の報告書には、ミンダナオ島やルソン島での金の採掘情報とともに日本人の現地進出が記されている。ミンダナオ島の北端に位置するブトゥアンやスリガオなどの河川で大量の金が採れ、特にルソン島には琉球人や日本人を交易相手とするムスリムが居住していたという。

日本人渡来の記述は一五六七年や七二年の報告書にもあり、ルソン島とその南に隣接するミンドロ島に毎年渡来する日本船には日本銀が積まれており、金一：銀二・五の比率で交換した。特に、ルソン島中部パンガシナン地方の港アゴー（アグー）への日本人来航が多く、一七世紀半ばには日本人金掘師二名が働いていた記録もある。

一五六〇年頃には日本人を含む倭寇集団がルソンの村を襲撃し、一五七〇年にはマニラに二〇名ほどの日本人が居住していた。そして、一五八五年以降には、日本人渡航者のマニラ総督府との接触を契機として、ルソン渡航日本人の姓名、出身、渡航状況などが具体的に記録されるようになる。

一五八五年、ルソン島北部のカガヤン地方に日本人一一名が乗った船が漂着し、マニラまで回航した。渡航集団の代表は、豊後出身で平戸の松浦鎮信《しげのぶ》に仕える「吉近はるたさ（バルタサル）」という名のキリスト教徒で、日本イエズス会のガスパル・コエリョの書簡を携えていた。彼らは、八ヵ月ほどマニラに滞在してイエズス会修道院などで説教を受け、マカオ経由で日本へ帰った。さらに、「吉近はるたさ」らは帰国後、松浦氏にルソン渡航を報告したうえで、一五八七年、マニラ総督宛て松浦鎮信書簡を携えて再び四〇名の集団でマニラに渡航したという。

## 田中勝介のメキシコ渡海

さらに、慶長一四（一六〇九）年九月、フィリピンの元総督ドン・ロドリゴ・デ・ビベロ・イ・アベルサが乗船したガレオン船が、メキシコに戻る途中の太平洋で座礁し、上総《かずさ》国岩和田村《いわわだむら》（千葉県御宿町《おんじゅくまち》）に漂着した。地元民に救助されたロドリゴ一行は、領主本多忠朝《ほんだただとも》の歓待を受け、駿府城《すんぷじょう》で徳川家康とも会見した。家康は、家臣のイギリス人三浦按針《みうらあんじん》（ウィリアム・アダムズ）に船を建造させ、ロドリゴ一行は翌慶長《けいちょう》一五（一六一〇）年に日本を出発し、アカプルコに帰還した。ロドリゴの帰還船は、メキシコとの交易を目指す家康の意図で造られたものだが、この船で同じくメキシコに渡ったのが、京都の貿易商人田中勝介《たなかしょうすけ》ら二十数名の日本人であった。

その後、田中勝介ら一七名の日本人は、スペイン国王フェリペ三世が仕立てた返礼使セバスティアン・ビスカイノらとともにアカプルコを発ち、慶長一六（一六一一）年に相模国《さがみのくに》浦賀《うらが》（神奈川県横須賀市《よこすかし》）に到着した。また、三名の日本人は、メキシコに残ったという。

同年、フェリペ三世の親書を携えたビスカイノは、江戸城で徳川秀忠《ひでただ》、駿府城で家康に謁見した。その目的は、ロドリゴが家康から借りた四〇〇〇ペソを返済し、スペインと日本の親善を深めることであったが、この名目の他に、金銀鉱物資源が豊かな島とされる日本の地図を作成し、また日本近海での金銀島を探検・発見する使命を帯びていた。

駿府での家康の動静を記録した『駿府記《すんぷき》』には、この時の田中勝介の動きについて次のように記録している。

慶長十六辛亥《かのとい》年、東海の中に濃毘須般国《ノビスパン》あり、古《いにしえ》よりいまだ通ぜず。去年、京都の町人田中勝助（介）、後藤庄三郎に就いて渡海を望み、今夏帰朝、数色の羅紗《らしゃ》ならびに葡萄《ぶどう》酒《しゅ》を持ち来たる、

現在のアカプルコ

慶長一五（一六一〇）年、田中勝介は、京都の金工《きんこう》後藤庄《ごとうしょう》三郎《ざぶろう》光次《みつつぐ》の口利きで家康の許可を得て「濃毘須般国」（メキシコ）に渡った。当時、「東海」（太平洋）の彼方にある「ノビスパン」＝「ヌエバ・エスパーニャ」（スペイン語で「新しいスペイン」の意）は、日本にとっていまだ通交のない国であり、そうした意味で、田中勝介は、太平洋を横断した最初の日本人とされる。勝介は、翌慶長一六（一六一一）年夏にビスカイノらを伴って帰国し、家康にメキシコから持ち帰った羅紗（毛織物）と葡萄酒を献上したのである。

返礼使ビスカイノは、江戸幕府との外交交渉を行ったが、通商を第一とする家康と、キリスト教布教を前提条件とするビスカイノとの間で、合意を得ることはかなわなかった。

## 伊達政宗とスペイン国王使ビスカイノ

通商面での具体的合意は得られなかったものの、その後ビスカイノは、およそ二年間を日本で過ごし、家康から日本沿岸の測量についての許可も得ることができた。そして、慶長一六（一六一一）年一〇月、測量で訪れた仙台《せんだい》で東北の大名伊達政宗《だてまさむね》に謁見することになる。

日本沿岸の測量を終えたビスカイノは、江戸幕府からの返書を受け取り、メキシコへの帰途につくが、暴風雨で船が大破して浦賀に戻った。船再建への援助を幕府に申し出るものの、ちょうどこの時期からキリスト教やスペイン・ポルトガルへの拒否意識を鮮明にしだした幕府に冷遇されてしまう。この窮状のなかビスカイノと結びついたのが、伊達政宗だった。

すでに慶長一五（一六一〇）年以前の段階で、政宗は、領内にドミニコ会宣教師を招いて教会領地を提供し、また、太平洋の彼方メキシコとの外交交易関係を開く構想を抱いていた（平川新『戦国日本と大航海時代――秀吉・家康・政宗の外交戦略』）。九州をはじめとする西日本の大名がすでに一六世紀後半から活発に展開する対明・朝鮮・琉球・南蛮（東南アジア）・西欧（ポルトガル・スペイン）交易を目の当たりにしながら、地政学的に不利な環境にある東北地方の大名として、何とか独自の外交交易チャンネルを確立したいと考えていた政宗にとって、この時のビスカイノの存在は、千載一遇のチャンスだったと言えよう。

幕府への援助要請を拒絶されたスペイン国王返礼使ビスカイノに対し、政宗は使者を遣わし、すでに造船のための木材を準備していることを伝えた。そして、幕府の船大工と、ビスカイノ配下のスペイン人船大工の加勢を受けて渡航船「サン・ファン・バウティスタ号」を竣工した政宗は、慶長一八（一六一三）年九月、アカプルコに向けて船を出航させた。慶長遣欧使節の日本出発である。

## 慶長遣欧使節とメキシコ・スペイン

サン・ファン・バウティスタ号には、伊達政宗の家臣支倉常長《はせくらつねなが》とフランシスコ会宣教師ルイス・ソテロ、送還されるビスカイノら、総勢一八〇名が乗り込んだ。常長は、政宗がスペイン国王とローマ教皇に宛てた親書を携えていた。

日本を出ておよそ三ヵ月後の一六一四年一月、船は無事にアカプルコに到着した。一行の本隊は、すぐにメキシコシティへと出発し、およそ八〇名の日本人がアカプルコに居残った。

常長をはじめとした使節団は、同年三月にメキシコシティでスペイン副王らに謁見した。常長とソテロ、日本人随行員二〇～三〇名はさらに、スペイン本国を目指して大西洋岸に移動し、メキシコ湾岸の港町ベラクルスでスペイン艦隊のサン・ホセ号に乗船、キューバを経由して、一一月にスペインに到達した。

ヨーロッパでの使節団は、同年一二月にマドリードに入り、翌一六一五年一月にスペイン国王フェリペ三世に謁見した。常長は、マドリードの王立修道院の教会で洗礼を受けたとされる。その後一〇月にはローマに到着し、一一月に教皇パウロ五世に謁見した。一六一六年一月にローマを出発してスペインのセビリアに戻り、翌一六一七年に大西洋を横断してメキシコに帰着した。さらに、一六一八年四月、サン・フアン・バウティスタ号でアカプルコを出発して、同年八月にフィリピンのマニラまで帰還した。

このマニラで、日本での禁教政策の詳細を入手した一行は、しばらくの滞留を余儀なくされたが、常長は、元和《げんな》六（一六二〇）年八月に日本に帰国した。一方、使節団で常長と行動をともにしていたフランシスコ会宣教師ルイス・ソテロも、マニラから長崎へ入ったが、密入国として捕らえられ、寛永《かんえい》元（一六二四）年七月、大村で他の宣教師らとともに殉教している。

### ガスパール・フェルナンデス

さて、一六世紀から一七世紀初頭の世界史の動向と関わりのある日本人としては、慶長遣欧使節のような公的使節の動向に加えて、近年、ポルトガル人とともにマニラに渡り、その後メキシコに移動した日本人奴隷（年季奉公人）ガスパール・フェルナンデスの存在も明らかにされている（ルシオ・デ・ソウザ、岡美穂子『大航海時代の日本人奴隷』）。

日本名不詳のガスパール・フェルナンデスは、一五七七年に豊後で生まれ、八歳か一〇歳の頃に長崎でユダヤ教徒のポルトガル商人ルイ・ペレスに、年季契約の奉公人として買われた。その後、ペレスは異端審問の迫害から逃れるため、一五九二年にガスパールらを伴ってマニラに渡る。しかしながら、五年後の一五九七年に異端審問所の官吏に捕まり全財産を没収、ペレスとガスパールらはガレオン船に乗せられてメキシコのアカプルコに送られた。ペレスの死後、ガスパールはメキシコシティで別の商人トマス・デル・リオに二年間仕え、その後、奴隷解放訴訟の審議を経て自由民の地位を回復したという。

この事例は、ユダヤ教徒のポルトガル人に対する異端審問記録を分析することで解明された日本人の海外での活動であり、日本の古文書史料や通常のイエズス会史料等からは描き出すことのできない歴史の実態であろう。加えて興味深いのは、長崎からマニラ、メキシコへと世界を移動したガスパール・フェルナンデスが、一六世紀後半の豊後生まれという事実である。

## 「BVNGO」生まれの歴史性

プロローグで述べたように、同時期の豊後は、日本列島内の全国六十数ヵ国分の一の「豊後」としてとらえるより、ヨーロッパのキリスト教世界から日本最有力と見なされた「Coninck van BVNGO」＝大友義鎮《よししげ》が治める「BVNGO」として、世界史的な異文化認識のメカニズムのなかでとらえるほうが、より豊かな歴史認識にたどり着く。

一五七七年豊後生まれのガスパールが長崎に連れ去られてポルトガル商人に売られた八歳か一〇歳の頃とは、一五八四年か八六年に相当する。それは、元亀《げんき》から天正《てんしょう》初年（一五七〇年代はじめ）にかけての九州で政権全盛期を迎え、中国明朝やカンボジア国王、さらにヨーロッパのポルトガル国王やイエズス会からも日本を代表する外交交渉相手として高く評価されてきた大友義鎮が、やがて斜陽期を迎え、まさに天正一四（一五八六）年末、敵対する島津軍の「BVNGO」への軍事侵攻を防げず、その本拠の府内（大分市）を占領された時期に一致する。

ガスパールは、この島津軍の豊後府内占領時の「人狩り」に遭遇したのかもしれない。

豊後生まれの日本人少年の誘拐と長崎への連行、ポルトガル商人への年季奉公売却、その後のマニラ、メキシコへの渡航という事態は、戦国時代の日本に接近したポルトガル人による日本人を対象とした人身売買の一事例として単純にとらえるより、一六世紀後半の世界史の文脈のなかで、豊かなコスモポリタン性の醸成期からその衰退までを経験した「BVNGO」の歴史性の問題として考察することが大切であろう。

## キリスト教宣教師

もともとユーラシア大陸西部のローカル宗教に過ぎなかったキリスト教が、二一世紀には二〇億人以上の信徒を擁する大宗教に成長を遂げるのに、いわゆる宣教師が果たした役割が大きいことは言うまでもない。スペインとポルトガルが海外進出に乗り出した一五世紀後半からの時期に、キリスト教の世界宣教を牽引したのはカトリック教会である。宗教改革以降のプロテスタンティズムに対抗すべく世界宣教事業を担ったのは、イエズス会をはじめとする各会派であった。

キリスト教を世界各地に伝えた宣教師の出自はさまざまだが、多くは叙階された神父など、ヨーロッパ世界のエリート知識人層である。目的地に到達した彼らが宣教活動を行うには、まず、現地社会の実情を知り、その政治的実権の保持者を見極める必要があった。

例えば、天文一八（一五四九）年に政治権力分散期の日本を訪れたフランシスコ・ザビエルの場合、島津貴久《たかひさ》、大内義隆《よしたか》、大友義鎮（宗麟）ら地域の政治実力者（戦国大名）と面会・交渉して布教の許可を得る行動に出るが、その際に対価として贈られたのが、西欧や南蛮（中国南部〜東南アジア）の物品や技術であった。一六世紀後半から一七世紀初頭の間、イエズス会士たちは日本とマカオの間を頻繁に行き来するようになり、中国の生糸や絹織物に加えて、東南アジアやヨーロッパからの硝石、鉛、鉄砲、大砲などの軍需物資を、主に西日本社会に直接もたらした。

宣教師が訪れた現地社会に軍需物資をもたらすあり方は、時代や空間を超えて共通する。一九世紀の西アフリカで布教したイングランド国教会の宣教師は、現地アフリカ人が火薬や銃の供給を期待していると述べている（Peel, J.D.Y., *Religious Encounter and the Making of the Yoruba*）。宣教師のなかには、銃や火薬、弾薬の取引に直接・間接的に関与する者も少なくなく、宣教拠点がそれら物資の交易拠点となっていた（Storey, W.K., *Guns, Race, and Power in Colonial South Africa*）。

一方、宣教師はまた、西欧社会で育まれた技術や知識の伝達者としての役割も担った。一六世紀末の明朝中国を訪れたイエズス会士のマテオ・リッチは、現地適応主義に基づいた中国式の生活をしながら布教活動を推進した。中国名を「利瑪竇《りまとう》」と名乗り、デウスをキリスト教を中国文化に適応させる工夫を凝らすと同時に、キリスト教の教理を中国語で著した問答書『天主実義《てんしゅじつぎ》』や、ヨーロッパの地理用語や地名を漢訳した世界地図『坤輿万国全図《こんよばんこくぜんず》』、ギリシア数学者ユークリッドの幾何学書を徐光啓《じょこうけい》の筆録で漢訳した『幾何原本《きかげんぽん》』などを刊行した。現地順応主義によったリッチの活動は、特に中国知識人層に受け入れられ、多くのキリスト教徒を生むことにつながった。

# 第七章　戦国大名の「世界」と徳川政権の「世界」

豊臣秀吉が進出を目論んだ寧波（中国浙江省）の河港

# 1　「天下統一」に矛盾するアジアン大名の存在

## 「地域国家」に優越する「天下」

本書最後の章として、これまで述べてきた戦国大名の世界規模の活動と「天下統一」の関係について論じていこう。

一五世紀から一六世紀にかけて醸成された戦国大名の個別的「地域国家」意識を統《す》べる概念として一六世紀後半期に使われた文言に、「天下《てんか》」がある。例えば、天正《てんしょう》九（一五八一）年三月に該当する次の史料（「島津家文書」）における、戦国大名「国家」と「天下」の関係を分析してみよう。

好便《こうびん》の条啓《けい》せしめ候、よって去年豊薩両国和睦の事、御朱印をもって申し下さるるの上は、たとえ御存分候と雖《いえど》も、意趣を差し置かれ、無事の段然《しか》るべく候、その故《ゆえ》は、芸州(毛利輝元)に至り図らず行《てだて》に及ばるべきの由《よし》に候の間、相滞るに於いては、併《あわ》せて天下に対され支《つか》えたるべく候の条、御分別専一に候、委曲は伊勢因幡守(貞知)に申し含め候いキ、猶《なお》(天王寺屋)道叱申すべく候、恐々謹言、

三月二日　　（近衛前久）（花押）

修理大夫殿（島津義久）

［現代語訳］

良い機会なので一筆啓上します。去年、豊後と薩摩の両国和睦について、織田政権の朱印状で命令が下ったうえは、たとえ思うところがあろうともその意をおさえて、両国無事であるべきである。その理由は、毛利輝元《もうりてるもと》に対して攻撃するに際し、九州の政治的安定が滞ることは、天下の支障になるからであり、分別されること専一である。詳細は、伊勢貞知《いせさだとも》に申し伝えた。なお、天王寺屋道叱《てんのうじやどうしつ》が申すであろう。恐々謹言。

三月二日　　近衛前久《このえさきひさ》（花押）

島津修理大夫義久《しゅりのだいぶよしひさ》殿

織田信長と親交の深い公卿《くぎょう》の近衛前久が薩摩《さつま》国の戦国大名島津義久《よしひさ》に宛てた、天正九（一五八一）年三月二日付の書状である。九州において数年来の対立を続ける島津義久と大友義鎮《よししげ》に対し、織田信長は「去年」（天正八〈一五八〇〉年）の八月に、「豊薩両国和睦」を勧告した。「たとえ御存分候と雖も、意趣を差し置かれ、無事の段然るべく候」との文言からは、これ以上軍事行動を拡大するべきではないとする、島津義久に対する近衛前久の強いメッセージが伝わってくる。

島津氏と大友氏は、鎌倉期以来、九州における二大守護家として相互盟約関係を保っていたが、一六世紀後半の特に天正初年以降になるとその関係は悪化し、天正六（一五七八）年にはついに、その緩衝地の日向国《ひゅうが》（宮崎県）において高城・耳川合戦と称する大規模な軍事衝突に陥っていた。この書状を島津義久に伝達する使者として、室町幕府奉公衆《ほうこうしゅう》の伊勢貞知と、大友義鎮と親交の深い堺豪商天王寺屋道叱《どうしつ》が薩摩に下っていることから、この和睦斡旋《あっせん》が、織田信長を抱き込んだ大友義鎮の意図に沿って進められたことがわかるが、注目されるのは、この「豊薩両国和睦」を仲介しようとする近衛前久の論理である。

前久は、「芸州(毛利輝元)に至り図らず行《てだて》に及ばるべきの由に候の間、相滞るに於いては、併せて天下に対され支《つか》えたるべく候の条、御分別専一に候」と述べている。天正九（一五八一）年段階の織田政権は、畿内をほぼおさえて、中国地方の毛利輝元との抗争を繰り広げた時期に相当する。「芸州」（毛利）攻略が継続しているこの時期に、その背後の九州において大友・島津の和睦交渉が停滞することは「天下」にとっての支障になるので、勧告に従って和睦せよと綴《つづ》った、前久の意識が興味深い。すなわち、近衛前久書状における「天下」の文言は、九州地方を二分して対立する大友氏の「国家」と島津氏の「国家」の軍事力行使権を停止させ、二つの「地域国家」の主権主張に優越する概念として使われているのである。

## 「天下」を援用する「国家」

この、地域国家を超越する「天下」の概念は、一般的に、列島各地の諸大名権力の国家主権を停止・侵害する面のみが強調されがちである。しかしながら、実は、地域国家を担う戦国大名側においても、自らの領国支配を深化させる論理的根拠として「天下」の概念を能動的に利用している点が見逃せない。

例えば、天正一八(一五九〇)年に大友義統《よしむね》の奉行人《ぶぎょうにん》が発給した、次の佐賀郷《さがのごう》道作奉行任《にん》符《ぷ》がそれである(「平林文書」)。

佐賀郷道作奉行
詫广(磨)別当　斎藤弾正忠
平林兵部丞
天下御下知《げち》につき、稠《きび》しく仰《おお》せ下され了《おわんぬ》、
右、よこ六尺、間弐間《にけん》、郷役同給主と申し談じ、来たる廿八より馳走有るべき者也、

天正十八年九月廿一日

（以下紙背）

「

（花押）
（志賀道輝）（花押）
（斎藤道瓅）（花押）
（花押）」

［現代語訳］

佐賀郷の道作奉行

詫磨《たくま》別当《べっとう》　斎藤《さいとう》弾正忠《だんじょうのじょう》

平林《ひらばやし》兵部丞《ひょうぶのじょう》

天下の御下知《げち》につき、厳しく仰せ下された。

右の道は、横幅は六尺、間は二間である。郷の役人・給人と相談のうえ、来たる二八日より馳走奉公するべし。

天正十八年九月二十一日

豊後国佐賀郷での道作奉行として詫磨・斎藤・平林の三家臣を任じ、横幅六尺（約一・八メートル）の道を二間（約三・六メートル）単位で郷ごとの夫役《ぶやく》（労働課税）として賦課することを命じた大友氏奉行人連署の任符（任命書）である。「よこ六尺」という具体的な道幅と、その土木工事への夫役が領国内の郷ごとを単位とする「郷役《ごうやく》」という基準で動員されたことを示す興味深い史料であるが、さらに注目されるのは、その郷役負担の命令が、領国内家臣団に対して「天下御下知《げち》につき、稠《きび》しく仰《おお》せ下され了《おわんぬ》」との文言で伝達されていることである。

九州の戦国大名大友氏が全国統一を推進する豊臣政権の傘下に組み込まれたのは、対立する島津氏の侵攻に窮《きゅう》した大友義鎮が豊臣秀吉を頼って上坂した天正一四（一五八六）年四月であり、これ以前と以後では、地域国家主権としての領国統治の性質は著しく異なることは当然予想される。

領国為政者としての戦国大名が、地域公権力として「道作」のような社会基盤整備のための夫役を一円的に徴集するには、家臣のめいめいが過去の中世的な主従関係で既得する天役《てんやく》（点役）免許特権を打ち消す論理が必要であった。この免許特権は、奉公した家臣への見返りとして、かつて自らあるいはその先代が大名家当主として施した封建的御恩の一つであり、その効力を解くには、同じ主従制支配機構に位置する当主からの新たな意志伝達が必要である。しかも、その免許特権の担保と解除は、言上してくる免許衆のおのおのに対して個別対応する必要のある煩雑な手続きである（鹿毛敏夫「戦国大名のインフラ整備事業と夫役動員論理」）。

そうした中世的主従制下での不均質な役の徴収実態を打開し、為政者として領国の均質的支配の実現のために大友義統が採った徴税論理が、「天下御下知」の援用であった。すなわち、従来の地域国家主権である自らの、さらに上位に頂く豊臣政権の政治的意向を「天下」と位置づけて、その「御下知」を論理的根拠とする夫役動員命令を発することで、従前の中世的免許特権を無効力化し、統一政権下の新たな近世大名として領国の一円的支配を目指そうとしたのである。

大友義統奉行人が天正一八（一五九〇）年に発給したこの佐賀郷道作奉行任符からは、その領国支配において中世的諸要素を内包・温存する戦国大名が、全国統一政権下の近世大名へと性質変化する様相が導き出せるとともに、戦国大名による地域国家主権の主張が上位権力によって停止・侵害される側面のみでなく、地域大名自らが「天下」の論理を利用して、自らの「国家」支配の深化を図ろうとした実態が明らかになる。

そして、実はここに、一六世紀の西国諸大名があれほどまでに活発に中国・朝鮮・琉球・東南アジア諸国および西欧諸国に向けて行使していた「地域国家」としての外交活動が、一七世紀において急速にしぼんでいく構造的要因があった。

## 戦国大名の世界ステージへの登場

そもそも、中世日本外交の性質転換を主体的に担った西国諸大名の政策は、日本史で「守護大名」や「戦国大名」と呼称する日本国内の一地域公権力の政権定義の枠組みをはるかに超え、大陸に近いという地の利と水運の利を活かして、アジア史の史的展開のなかに自らの領国制のアイデンティティを追求しようとする国際的地域政権の営みと言える。そのアジア的志向性は、当該政権の政治・外交・経済・文化のあらゆる面で通底する本質を有していることから、特に一四世紀から一六世紀にかけてのそうした大名は、アジア的守護・戦国大名＝「アジアン大名」と呼称するにふさわしい（鹿毛敏夫『アジアン戦国大名大友氏の研究』、同『アジアのなかの戦国大名――西国の群雄と経営戦略』）。

そして、一六世紀後半、中国を中心とした外交・交易秩序が形成されていた東シナ海に、西洋史上のいわゆる「大航海時代」を迎えたポルトガル・スペイン勢力が参入してくる。そもそも東南アジア諸国を本来的に意味する「南蛮」の一員として迎えられた彼らは、この海域においては、いわゆる新規参入者であり、フランシスコ・ザビエルをはじめイエズス会その他の宣教師たちは、布教活動を推進するための情報収集に奔走する。その過程で彼らは、やがて、この海域で活発な外交・経済・文化的活動を行っていた大内・大友・大村氏などの西日本の戦国諸大名と結びつき、そのうちの良き理解者数名の授洗に成功し、大村純忠《すみただ》や有馬晴信《はるのぶ》、高山右近《うこん》らのいわゆる「キリシタン大名」を誕生させた。彼らはやがて、国家戦略としてのアジア進出を目論《もくろ》むポルトガルやスペインの国王とも結びついて、地球的規模での思惑が錯綜する世界史のステージに対して、影響を受け、また影響を与える存在として成長していくことになったのである。

## 「天下統一」の阻害となった「地域国家」外交権

一五世紀後半から一六世紀の日本社会のなかで、多方面かつ広域にそのベクトルを伸張させてきた戦国大名による「地域国家」外交であったが、一六世紀の末期に、その国際的活動の伸張にストップをかける国内的大事態が登場した。それが、豊臣秀吉による「天下統一」とその後の豊臣・徳川両統一政権の誕生である。

周知のように、一六世紀末の豊臣秀吉は、強大な軍事力と朝廷権威を利用して、天正一八(一五九〇)年までに日本列島各地の諸大名を降伏させ、陸上の「領土」としての全国統一を成し遂げた。しかしながら、列島各地の現実を見た時、秀吉にとって、それは統一政権の完成とは言いがたいものであった。なぜならば、統一政権下に組み込んだはずの諸大名が、個別に国外勢力と結んで外交や交易を行う体制が、いわゆる日本列島の陸域で成し遂げた「天下統一」以降も温存されたままだったからである。

天正一五（一五八七）年、九州出兵の際に秀吉は、大村純忠が長崎の領地をイエズス会に寄進していることを知って、同地を直轄領に編入するとともに、博多でバテレン（宣教師）追放令を出した。秀吉によるこの政策は、まさに諸大名が国外勢力と結ぶ個別外交を遮断することが目的だったと考えれば納得がいこう。すなわち、日本国土を政治的に統一支配する中央政権「国家」として、主として西日本の戦国大名が個々に保持する「地域国家」としての外交権を剥奪しそれを自らが一元的に集約するまでは、真の意味での全国統一とは言えなかったのである。

## 秀吉の世界ビジョン

日本列島の陸域を圧倒的な軍事力をもってほぼ統一的に支配した豊臣政権であったが、海外の主権国家と結びつく「外交」的世界の一元掌握は、たやすいものではなかった。思慮の結果、秀吉は、西国大名が個別に外交関係を構築していた琉球国やインド・ゴアのポルトガル政庁、マニラのスペイン政庁、および高山国（台湾）、朝鮮、明などに対して、自らへの朝貢を求め、それを拒絶されると武力侵攻に出る、強硬外交政策を実行していった。国内統一で利用した武威・武力の論理を、そのまま外交の世界でも流用したのである。文禄《ぶんろく》元(一五九二)年に戦端が開かれた朝鮮出兵という対外戦争は、日本列島陸域の統一支配という目的を成功に導いた、他を圧倒する軍事力への強烈な自負をその原動力として、明朝＝中華を中心とする世界秩序をひっくり返し自らが外交秩序の中心に座ろうとする秀吉の世界ビジョンに基づいて遂行されたものであった(村井章介『シリーズ日本中世史 四 分裂から天下統一へ』)。

結果的に、秀吉のこの外交政策は失敗に終わり、世界秩序の転換どころか、豊臣政権自体の没落を早めた。

大陸出兵を目論んだ秀吉は、対馬の宗《そう》氏に朝鮮との交渉を命じた。しかしながら、対馬は、地理的かつ歴史的に朝鮮との密接な相互関係によって日常の生活や経済が成り立っていた地域である。朝鮮国王に対して日本の内裏《だいり》に出仕して服属を誓えとの秀吉の要求を、そのまま朝鮮側に伝えることなど到底できない宗義智《そうよしとし》は、その対応に窮した挙げ句、秀吉の日本統一を祝賀する使節の派遣を求める要求にすり替えて朝鮮側に伝えた。日本列島の諸大名のなかで、朝鮮半島に最も近いという地の利を活かして室町期の対朝鮮外交と貿易を主体的に展開してきたアジアン大名のひとり宗氏は、以後、武威・武力を背景とした豊臣政権の「天下統一」論理と、対馬が古代以来演じてきた東アジア世界のなかでの立ち位置を尊重しようとする地政学的国際秩序の狭間で、大きく揺れ動くことになった。

　実は、宗氏のこの苦悩は、その後の徳川政権下での日朝国交回復交渉でも続いている。江戸初期に来日した三回の朝鮮使節（回答兼刷還使《かいとうけんさっかんし》）は、朝鮮との交易を望む宗氏が、日本（徳川将軍）を低位とする偽の国書を朝鮮に送り朝鮮側の回答を得るという、「偽書」によって実現したものだった。のちの寛永一二（一六三五）年に国書の偽造・改竄《かいざん》が発覚（柳川一件）して以降、江戸幕府は対馬に京都五山の禅僧を輪番で滞在させ、外交文書を直接に管理させて対朝鮮外交権の実質掌握を図っている。

　日朝間の板挟みとなった宗氏の困惑と苦悩をよそに、豊臣政権による大陸侵略の準備は大規模に進んでいった。天正一九（一五九一）年、秀吉は、壱岐《いき》島を目前に見る肥前《ひぜん》の名護屋《なごや》（佐賀県唐津市）に前線基地として築城を開始した。大坂城に匹敵するほどの巨大な名護屋城の周りには、全国の諸大名を集めて陣屋を構えさせた。この巨大軍事拠点には、徳川家康をはじめとする豊臣政権首脳の大大名から、蝦夷《えぞち》地の大名蠣崎《かきざき》氏までがそろって参陣させられた。そして翌文禄元（一五九二）年、約一六万の大軍が対馬海峡を渡って釜山《プサン》に上陸した。文禄《ぶんろく》の役《えき》（壬辰倭乱《じんしんわらん》）の開始である。

　漢城（現・ソウル）を占領した小西行長《こにしゆきなが》や加藤清正らによる捷報《しょうほう》に接した秀吉は、関白の豊臣秀次《ひでつぐ》に宛てて朱印状を送り、明朝征服の戦後プランを明らかにしている。そこには、日本の後陽成天皇《ごようぜいてんのう》を「中華」の都北京に移し、朝鮮には秀次の弟秀勝《ひでかつ》か宇喜多秀家《うきたひでいえ》を置いて統括させるなど、東アジア世界を見据えた壮大な国割り構想が垣間見える。

いずれも実現性に乏しく思われる世界構想のなかにあって、唯一、アジアの現実的世界秩序に学んだ将来プランと評せるのは、秀吉自らが北京ではなく、寧波《ニンポー》（本章扉参照）に居所を置き、その先の東南アジアから「天竺《てんじく》」（インド）に家臣を遣わそうとする構想である。本書でも述べてきたように、寧波は中国に向かう日本人が必ず通過する港町であり、アジア各国からの船が出入りする交易の拠点であった。かつて、足利将軍や大内氏、細川氏、大友氏などが行ったように、秀吉は、東アジア海上交通の要である寧波に進出し、さらに、そこから南方へと伸びる海の道をおさえて、東南アジアからインド方面へと触手を伸ばそうと目論んでいたのである。

## 「天下統一」政権の国際的孤立

しかしながら、緒戦の快進撃もつかのま、戦況は講和交渉と再戦（慶長《けいちょう》の役、丁酉再乱《ていゆうさいらん》）を挟んで泥沼化・残虐化した。そして、慶長三（一五九八）年八月、足かけ七年におよんだ豊臣政権の対外戦争は、秀吉の病死（享年六二）を機に突然終結を迎えた。

この対外戦争は、戦場となった朝鮮のみでなく、東アジアとそこにつながる世界の動向に対しても、大きな影響をおよぼした。朝鮮においては、人的・物的・経済的損失をおよぼしただけでなく、その凄惨な戦いは、その後も日本への憎悪の念として永く記憶に刻まれることになった。

一方の日本においても、国内における「天下統一」とは異なり、首謀した豊臣氏や加担した諸大名にも何ら成果もなく終結したこの戦争の結果として、以後、豊臣政権自体が急激に弱体化の道を歩むこととなった。

だがその事態は、日本列島における「天下統一」をわずか数年前に成し遂げた統一政権への影響のみに終わるものではなかった。直接的に交戦した朝鮮や明のみならず、秀吉による武力威嚇を伴う朝貢要求を受けたそれ以外の国々とも、日本は国交断絶という国際的孤立状態に陥ってしまった。それは、奇しくも一五七〇年代の戦国諸大名が周辺諸国と個別に結んでいた善隣外交関係を、秀吉が望んだように遮断する結果となったのである。

## 2　徳川政権の世界戦略

### 国際社会における家康の課題

秀吉の死後、豊臣政権で実権を拡大していったのは、五大老筆頭の徳川家康である。慶長五（一六〇〇）年の関ヶ原の戦いで石田三成《みつなり》ら西軍を破り、同八（一六〇三）年に征夷大将《せいいたいしょう》軍《ぐん》の座に就いて、新たな統一政権としての江戸幕府を開設した。さらに、家康とその後継として慶長一〇（一六〇五）年に将軍となった秀忠は、大坂城の豊臣秀頼《ひでより》を追い詰めて、同一九（一六一四）年から翌年にかけての大坂冬の陣・夏の陣で、豊臣家を滅亡へ追い込んだ。

順調に国内政治課題を解決したかに見える初期の徳川政権だが、その一方で、対外的には大きな課題が残っていた。前政権が引き起こした対外戦争による諸外国との戦闘状態ないしは国交断絶状態から脱却し、新たな外交関係を再構築するという課題である。

早くも慶長五（一六〇〇）年、家康は薩摩の島津氏と琉球の尚《しょう》氏を介して、明との国交回復交渉を開始している。さらに、慶長一四（一六〇九）年には、島津氏による琉球への軍事行動を許可し、その征服後も琉球王国の存続を認めているが、これも明と琉球の間での冊封関係を介して日明国交回復の糸口を探るためであったと考えられる。結果的に、対明関係においては、民間レベルの貿易関係は修復されたものの、正式な国交が復活することはなかった。

## 家康による国家外交権一元化の実現

しかしながら、初期徳川政権の外交姿勢は、前政権のものとは明らかに異なるものであった。家康は、秀吉の強硬外交政策をあらためて、明や朝鮮などとの国交回復交渉を開始したのみならず、一六世紀後半の戦国大名たちが個別に外交関係を締結していたカンボジア、安南（ベトナム）、シャム（タイ）およびルソン（スペイン領フィリピン）などの東南アジア諸国にも親書を送り、外交・貿易関係の復活に成功した。家康は各国に送った親書で、日本国内の戦乱が終結したことを告げ、朱印を捺《お》した日本船が各国に到着した際には受け入れ、それ以外の船には通商を認めないよう求めている。また、相手国から日本への渡航を望む人間への往来許可も依頼している。

さらに、家康は、一七世紀に来航したスペイン・オランダ・イギリス各国の勢力を歓迎して日本での貿易を許可したり、朱印船制度によって一定の統制をかけながら日本人の海外渡航・貿易を認めたりした（鶴田啓「徳川政権と東アジア国際社会」）。特に、オランダに対しては、カトリックと敵対する国の商人であることから優遇している。オランダ東インド会社もイギリス東インド会社も、ともに国家が「東インド」と規定した地域では国家権力の代理者として武力や行政権を行使することを認められていたが、日本では商人として振舞っていた。

こうして近世初期には、日本人の海外進出が再び活発になり、東南アジア方面へ向かう商人たちの船も多くなった。徳川政権は、彼らに海外渡航を許可する朱印状を与える朱印船制度を開始する。長崎の末次平蔵《すえつぐへいぞう》や、京都の茶屋四郎次郎《ちゃやしろうじろう》・角倉了以《すみのくらりょうい》、摂津の末吉孫左衛門《すえよしまござえもん》らの商人に加え、島津家久や有馬晴信、加藤清正、松浦鎮信らの大名たちも、この制度に沿って朱印船を派遣した。一七世紀初頭の朱印船は、日本から銀、銅、鉄などの鉱物資源を主に輸出し、鹿皮、鮫皮、砂糖、生糸、絹織物などを輸入したが、特に、銀の輸出額は当時の世界の産銀量の三分の一におよんだとされる。

岩生成一氏によると、江戸幕府草創期の慶長九（一六〇四）年から日本人の海外渡航が禁止される寛永一二（一六三五）年までの三二年間に、少なくとも三五六隻の朱印船が海外に出航している（『新版　朱印船貿易史の研究』）。そのうち元和《げんな》二（一六一六）年までの家康時代の一三年間に発給された朱印状は一九五通・渡航先は一九ヵ国であるのに対し、元和三（一六一七）年以降の秀忠・家光時代の一九年間の朱印状は一六一通・渡航先は七ヵ国となっており、一七世紀初頭の家康期が空前の朱印船渡航ブームだったことがわかる。

朱印船貿易が盛んになると、海外に移住もしくは長期滞在する日本人も増え、プノンペンやアユタヤ等の東南アジアの各地に自治制を敷いた日本町が形成された。駿府（静岡市）出身の山田長政《やまだながまさ》が、アユタヤ日本町の長を経て、のちアユタヤ朝の王室に重用され、その付庸国《ふようこく》リゴール王国（六昆国）の太守（国王、長官）となったことは、よく知られる。

家康は、対外関係の掌握と国内支配の確立をうまく並行して進めた。諸外国との貿易許可や異国渡海朱印状発行の権限は、家康が掌握したものの、朝鮮や琉球の使節が来日した際は、先に秀忠に拝謁を行わせ、将軍権威の確立に努めた（永積洋子『朱印船』、荒野泰典「江戸幕府と東アジア」）。このように、家康はヨーロッパや東南アジアの諸勢力との外交貿易関係の樹立を積極的に進めることで、強硬外交の秀吉がなし得なかった国家外交権一元化の状況を、国内に示してみせることに成功したのである。

## 撤退するスペイン

一六世紀末から一七世紀初頭の日本外交は、強硬外交の豊臣から協調外交の徳川へと変遷していったイメージが強い。しかしながら、豊臣秀吉による「地域国家」外交権の没収とその「国家」外交権への一元化を意識した海外諸勢力への強硬外交と戦争の痛みを経たことで、一七世紀初頭に新たに誕生した徳川政権による国際協調外交が実現できたのは間違いない。後世の歴史家から見れば、戦国諸大名から秀吉そして家康へと変化する日本の外交政策は、日本列島を取り巻く東アジアと世界の歴史的文脈のなかでの必然的な流れであったとさえ言える。

そして、その後近世の動向はというと、明との公的関係の修復を模索したり、ヨーロッパや東南アジア諸国からの使者に自ら対応したりしたのは、家康在世の元和二（一六一六）

年までで、二代秀忠・三代家光の時代になると日本側からの積極的な働きかけは行われなくなった。

「島津家文書」の中に収められた次の書状は、その外交収縮期の日本に来たスペイン国使節が、家康期のような国交を求めながら許可を得ることができず、日本を去っていく事態を如実に示す史料である。

日本将軍様へ、えすばにやてい王より、御礼としてさし渡され候使者ども、恐れながら申し上げ候、閏《うるう》八月八日ニ山河《やまがわ》へ着津仕り、今日まで上方よりの御左右をあい待ち申し候えども、その儀御座なく候、左様御座候えば、来年三月中に呂宋《ルソン》まで帰帆申すべき由申し付けられ候間、憚《はばか》りながら何とぞ御分別をもって、江戸へも罷《まか》り越し候て、仕廻申し候様ニ頼み上げ申し候、兎角《とかく》この度《たび》は御国を頼み申し候て、罷り渡り申し候間、案内者をも仰せ付けられ、江戸御奉行へ御書遣わされ候て、下さるべく候、万事然るべき様ニ御心添えられ候て下され候わば忝《かたじけな》く候、以上、

どんへるなんど（花押）

どんあんたうによ（花押）

拾月十九日

御老中様

［現代語訳］

日本の将軍様へスペイン王よりお礼として派遣された使者である私どもから、恐れながら申し上げげます。閏八月八日に山川に入港してから今日まで上方からのご指示をお待ちしましたが、連絡がありませんでした。そのため、来年三月中にルソンへ帰るように申し付けられましたが、はばかりながら何とぞご理解いただき、江戸へ出向いて取りなしをいただきたくお願いいたします。とかく今回は御国をお頼りして参りましたので、案内者を付けて江戸御奉行に御書を遣わしていただきたく、お心添え下されればかたじけなく存じます。以上。

十月十九日

ドン・フェルナンド（花押）
ドン・アントニオ（花押）

薩摩藩御老中様

ひらがなで署名し花押を添えた「どんへるなんど」と「どんあんたうによ」は、ドン・フェルナンドとドン・アントニオと読める。すなわち、この史料は、ドン・フェルナンド・デ・アヤラとドン・アントニオによる連署書状で、元和九（一六二三）年一〇月一九日付で薩摩藩の「御老中」に宛てたものである。

フェルナンドとアントニオの二人は、「えすばにや」（イスパニア＝スペイン）の「てい王」（フェリペ四世）から「日本将軍様」（徳川家光）へ遣わされた国王使節であることがわかる。彼らは、元和九（一六二三）年閏八月八日に薩摩の「山河」（山川）の港に着いたが、今日（一〇月一九日）まで幕府から受け入れの知らせがなく、来年三月までに「呂宋」（ルソン）に帰るよう指示があったため、なんとか江戸に行き幕府と交渉したいと、薩摩藩老中にその取りなしを依頼したのである。書状後半部分では、「御国」（薩摩藩）を頼りにして来日したのだから、案内者を付け、「江戸御奉行」に書状を遣わすなど心を添えてほしいと、具体的に頼んでいる。

その後、このスペイン国王使節は、長崎奉行の指示により京都まで行くことができたものの、翌寛永元（一六二四）年三月、幕府の年寄土井利勝《どいとしかつ》を中心とした幕閣の協議によって、日本からの退去を命じられた（山本博文『日本史の一級史料』）。それは、家康期に活発に交流していた日本とスペインの両国関係が、最終的に断絶することになったことを意味している。

## 江戸幕府の貿易独占としての「鎖国」

二代将軍秀忠以降の江戸幕府が活発だった日本人の海外渡航と貿易に制限を加えるようになった理由として、キリスト教の禁教政策がある。江戸幕府は初め、キリスト教を黙認していた。しかし、キリスト教の布教がスペイン・ポルトガルの侵略を招き、また信者たちが信仰のもとに団結することも恐れて、慶長一七（一六一二）年に直轄領、翌年には全国に禁教令を出した。その後、幕府や諸藩は、宣教師やキリスト教信者に対して、処刑や国外追放などの激しい迫害を加えた。そうしたなか、寛永《かんえい》一四（一六三七）年に勃発したのが、島原の乱である。島原・天草《あまくさ》地域は、キリシタン大名の有馬晴信と小西行長の領地で、一揆勢の中には有馬・小西両氏の牢人《ろうにん》やキリスト教徒が多かった。幕府は九州の諸大名らから約一二万人の兵を動員して、翌寛永一五（一六三八）年にようやくこの一揆を鎮圧した。乱後、幕府は、キリスト教徒を根絶するため、特に信者の多い九州北部などで絵踏《えふみ》を強化し、また宗門改《しゅうもんあらため》を実施して仏教への転宗を強制するなど、キリスト教に対する厳しい弾圧を続けていった。

一七世紀における日本人の海外渡航および貿易の制限に禁教政策が関わっているのは間違いないが、本書が言及してきた一六世紀の戦国大名による活発な外交交易政策の存在という歴史文脈のなかで江戸幕府の外交と貿易の統制問題を捉えるならば、宗教の問題で終始しない別の意味が見えてくる。すなわち、江戸幕府によるいわゆる「鎖国」政策は、あの天下統一を成し遂げた（かに見えた）豊臣政権ですら獲得できなかった、諸外国との外交権と貿易利権の独占を目的にすえたものであったのだ。

豊臣政権や徳川政権といった日本国内の統一政権にとって、配下にあるはずの諸大名が独自に海外の政治勢力と外交関係や交易協約を締結し、それを背景に軍事・経済的に富強化する事態は放置しがたい内患であった。一六世紀の戦国時代以来、特にそうした外交交易活動を積極的に展開してきたのは、九州を中心とした西日本の大名である。そこで江戸幕府は、かつて豊臣政権が失敗した強硬外交とは異なる手法で、海外勢力とつながり貿易にも関与している西国の大名たちの外交と貿易を幕府の統制下で一元的に管理し、彼らを富強に導く手段を削いだのだ。

まず、元和二（一六一六）年に中国船を除く外国船の寄港地を平戸と長崎に限定し、寛永元（一六二四）年には前述のようにスペイン船の来航を禁じた。寛永一〇（一六三三）年には、日本船の海外渡航を、朱印状に加えて老中奉書《ろうじゅうほうしょ》による渡航許可を受けた船とすることで、許可の条件を厳しく限定した。そして、寛永一二（一六三五）年には、日本人の海外渡航と在外日本人の帰国を禁止し、五〇〇石積み以上の大船の建造禁止令を出した。

その後も幕府は、九州各地に訪れていた中国船の入港地を長崎に限定し、寛永一六（一六三九）年には一六世紀半ば以来、大友氏をはじめとした九州大名とつながっていたポルトガル船の来航を禁止とし、その二年後の寛永一八（一六四一）年には平戸のオランダ商館を長崎の出島に移し、日本人とオランダ人の自由な交流を禁じて、それらを長崎奉行が厳しく監視する体制を整えた。

こうしていわゆる江戸時代の「鎖国」の状態が完成し、以後、日本は二〇〇年余りの間、朝鮮国・琉球王国・アイヌ民族・オランダ商館・中国の民間商船に絞った外交交易関係を幕府が管理し、それ以外の海外諸勢力との交渉を閉ざした。また、幕府以外の国内諸大名や民間商人らが外交交易の前面に立つ場をつぶし、幕府が対外関係を一元的に統制する体制を完成させた。この「鎖国」体制によって、幕府は対外貿易を独占することになり、近世日本の地域社会において、産業や経済、文化に与える海外からの影響は制限されることになった。すなわち、江戸幕府による「鎖国」は、消極的に国を閉ざしたのではなく、その半世紀前までの戦国諸大名が個別に開拓・保持し、その富強化の根源としていた諸外国との外交と貿易の権利を、日本国唯一の統一政権として一元的に管理・統括する、積極的世界戦略だったのである。

## エピローグ――「世界史の中の戦国大名」の精神性

### 「世界史」誕生の一六世紀

一六世紀は、人類史上はじめて「世界史」と呼べるような地球的規模での人間のダイナミックな関係が生まれた世紀である。ヨーロッパでは、一五世紀後半から政治・経済・文化・宗教などのあらゆる分野で初期近代的な模索が進展し、ルネサンスや宗教改革が進んだ。その変化はヨーロッパ内部にとどまらず、アジアやアメリカ大陸にも影響をおよぼす。ポルトガルに続いて東南アジアに進出したスペインは、フェリペ二世（在位一五五六～九八年）の時代にフィリピンを領有し、マニラを根拠地とした。マニラは、東南アジアとアメリカ大陸を結ぶ拠点となり、メキシコのアカプルコから銀が運ばれ、逆にメキシコへは中国産絹・陶磁器、インド産綿布が輸出された。

一方、一六世紀の東アジアでは、それまでの明朝を中心とした朝貢・海禁体制が弛緩し、中国に求心・一元化してきた国際秩序が動揺した。一五世紀末以降、中国東南部では、自立性の高い小農民が成長して集約的農業に基づく市場経済が発達し、また、福建や広東等の沿海地域では、禁止されているはずの外国船との貿易（互市《ごし》）が中国人海商によって活発に行われるようになった。さらに、多くの港市《こうし》国家が成立していた東南アジア島嶼《とうしょ》部《ぶ》では、新たにこの海域に進出してきたポルトガルが一五一一年にマラッカを占領して南シナ海貿易に参入し、海域を北上して中国のマカオに到達した。明朝から居留権を獲得したポルトガルは、一六世紀後半以降、このマカオを拠点として対日貿易を推進していくこととなる。

このように、明朝を宗主国とあおぐ勘合貿易に象徴される従来の国家間の合法的な通交に代わって、一六世紀後半の東アジアでは、さまざまな国と立場の交易集団が錯綜的に交流するようになり、やがてそうした人々の活動が東アジアの交易システムの主流の位置を占めるようになった。

### 戦国大名の「陸域」と「海域」

この世界のグローバル化の兆候に対応するかのように、日本においても、一五世紀後半から続く戦国時代の動乱のなかで、京都の室町幕府はその求心力を失い、代わって戦国大名や倭寇的勢力が中国人海商と結んで東シナ海域での私貿易（明朝の立場から見ると密貿易）に乗り出していく。

明応《めいおう》の政変（一四九三年）によって室町幕府の将軍権力が足利義稙《よしたね》系と足利義澄《よしずみ》―義晴《よしはる》系に

分かれたことを契機として、分裂した将軍権力は日明貿易に必要な勘合を西日本の大名に頒布し、その求心力の確保に奔走した。この勘合の物権化は、当該日本外交の性質を変化させることとなり、以後の日明関係は、幕府外交から大名外交へと変質していった。

この時代の遣明船派遣主体としては、細川氏と大内氏が有名であるが、特に両氏が朝貢の入関手続きの先後を争奪して起こした寧波の乱（一五二三年）を経て、以後の遣明船経営権は大内氏に認められることになり、その後、天文七（一五三八）年と同一六（一五四七）年出発の遣明船は、有効勘合を集約した大内義隆《よしたか》による独占派遣となり、大内氏は経済的富強化を誇るとともに、中国地方から北部九州にかけて広大な領国を有する大大名へと成長した。もし、義隆がその後、不慮の死を遂げることがなかったら、「天下統一」は大内氏によって成し遂げられていたかもしれない。

しかしながら、この時期の日本史の政治力学的実態は、日本列島の「陸域」における戦国大名による領土・領民の奪い合いと、その行き着く先としての京都への求心化＝「天下統一」という単純な構造に終始するものではなかった。一五五〇年代の戦国大名たちは、前述のように有機的に結びつく世界の諸地域権力の動向と、その結果としてこの時期以降に形成される地球的規模の政治・経済的ネットワークに主体的に対応すべく、「海域」的世界へと乗り出していった。

## 世界史につながる戦国日本

本書で紹介してきたように、大内義隆が家臣の陶隆房《すえたかふさ》によって自刃に追い込まれたのは天文二〇（一五五一）年九月のことであるが、例えば、その二年半後の天文《てんぶん》二三（一五五四）年三月に、肥後の大名相良晴広《さがらはるひろ》は、大名船「市木丸」を艤装《ぎそう》して明に派遣していた。また、弘治《こうじ》年間（一五五五～五八年）には、倭寇禁圧の宣諭使として来日した鄭舜功の帰国に随行して、豊後の大名大友氏が使僧の清授を派遣し明に入貢した。さらに、同じ宣諭使として来日した蔣洲の帰国に際しては、義隆没後に大友家から養子として入った大内義長《よしなが》とその兄の大友義鎮《よししげ》が、連合遣明船を派遣した。この時、大内義長は倭寇被虜の中国人を送還するとともに入貢し、大友義鎮は徳陽と善妙を派遣しているが、特に善妙が乗った遣明船は明側から「巨舟」と称され、弘治三（一五五七）年に寧波沖の舟山島の港町岑港《しんこう》に入港したことが確認できた。一六世紀の相良氏や大内氏、大友氏ら、日本列島のなかに領国を有する有力戦国大名は、単に陸上の領土と領民を統治するのみでなく、自ら経営する船を、国内の沿岸海域を越え、東シナ海の遠洋を横断して中国へ派遣する技術と能力、そして財力を保有する海洋領主としての側面も有していたことが、注目に値する。

そして、一六世紀半ば以降、戦国大名の対外活動は東アジアの範囲にとどまらなくなり、東南アジアから南アジア、そしてヨーロッパへと、地球を俯瞰《ふかん》する広範囲に拡大していく。大友氏はポルトガルのインド総督への使者をゴアへ派遣し、また、松浦《まつら》氏はアユタヤ国王へ書簡と武具を贈答した。カンボジア国王との間では、一五七〇年代までに大友氏がその外交関係の締結に成功していたが、九州を二分する軍事衝突（豊薩合戦）以降は、軍事的優位に立った島津氏がその通交を遮断し、自らカンボジアとの善隣外交関係を構築しようとした。

さらに、一五八〇年代になると、大村純忠《すみただ》や有馬晴信《はるのぶ》が主導して、ローマ教皇らに向けた書簡を携えた天正遣欧使節を派遣した。一五九〇年代の朝鮮出兵期には、加藤清正《きよまさ》が有馬氏から買い取った大型貿易船をルソンに派遣して、一〇万斤《きん》（一二〇トン）の小麦粉や銀の輸出を目論んだ。そして、一七世紀初頭には、島津義久《よしひさ》が琉球王国への介入を強めて出兵し、伊達政宗はメキシコ経由でヨーロッパに渡る慶長遣欧使節の派遣を実行した。

一六世紀後半期の世界史における時代の大きなうねりのなかで、日本の戦国大名は一国史の枠の内側にとどまらない活発な対外活動を推進し、そのことが、同時期の日本社会各所における東アジア交流の活発な都市や港町の形成を促し、さらに、そうした交易都市を拠点に海外貿易を展開する豪商（貿易商人）の急激な増加をもたらしたのである。

## 「史実」のねじれ

一方で、地球を逆まわりしてアジアで出会ったイベリア半島両国（ポルトガルとスペイン）の活動により、ユーラシアの東の端にある日本のそうした状況が、さまざまな手法を使って彼らの本国に伝えられた。一六世紀半ば以降に旧来の東アジアの枠に収まらないより広域な外交・経済活動を展開した西日本各地の戦国大名の動向は、アジア東部での植民地獲得をめざすポルトガルとスペイン、およびそれと癒着しながら布教活動を展開するイエズス会等のカトリック修道会の思惑と交錯しつつ、世界ステージでの活動に変質していった。なかでも、一五五〇～六〇年代に、戦国諸大名のなかでいち早くポルトガル国王やローマ教皇との外交関係の締結に成功した大友義鎮（宗麟）の名は、日本国内の「天下統一」競争において島津氏との軍事競争に敗北し、豊臣政権傘下に組み込まれてやがて次代には改易されるという歴史を歩んだにもかかわらず、ヨーロッパにおいては、彼らの布教活動や国家政策を成功裏に導いた東アジアの外交パートナーとして、大きな評価をもって紹介されていった。あたかも、日本国から独立した「BVNGO」国とその国王が存在するかのような数々の地図や記録の存在は、一見、日本国内の実情を知らないヨーロッパ人の誤解と誤認の産物として片付けられがちである。しかしながら、実のところ、この一人の人物に対する東西での歴史的評価のねじれこそは、国内情勢のみを眺めた際に導いた日本史の史実たるものが、必ずしも世界情勢全体の歴史文脈における史実に合致するわけではないことの証左なのである。

一世紀半にわたる戦乱を終わらせて日本を再統一した功績で日本史上評価される豊臣秀吉が、世界史では朝鮮半島への侵略者と評されるように、歴史上の人物やできごとに対する評価は、一国史内部でのそれと、よりグローバルな世界史におけるそれとでは、全く正反対の価値づけがなされることが少なくない。群雄割拠する一六世紀を生き抜いた戦国大名たちを、国内史と世界史の双方から複眼的に見つめ直すことに成功した時、客観的な学問の成果としての戦国時代史が国際的に認められることになる。

## 「暴力」で語られてきた戦国時代史

そもそも、日本史で「史実」として語られているもののなかには、実は、その根拠が曖昧なものや偏向的な考察によるもの、あるいは一面的な歴史観に負うものなど、その見直しを求められるものが少なくない。本書で見てきた戦国時代史もその一つである。

日本史における一五世紀後半から一六世紀は、「戦国」との名称の通り、確かに人間同士の戦いの多い時代だった。高校生たちが学ぶ教科書においても、この一六〇年間ほどの歴史は、応仁の乱・桶狭間《おけはざま》の戦い・長篠《ながしの》合戦・賤ヶ岳《しずがたけ》の戦い等の戦争や争乱を軸に時代の画期が示され、その内容も、争い・分裂・抗争・大勝・征討・征服・覇権、そして追放・屈服・滅亡等の暴力的な言語に象徴させてその時代を語る構成になっている。その教科書に学ぶ子どもたちの頭のなかには、必然的に、武力的勝者へのあこがれや英雄視、そしてその軍事的勝者が形作った社会の正当化・正義化の意識が醸成されていく。さらに、後の近代国家の成立とそのテリトリーの存在を前提に、国家の歴史は分裂から統合へと向かうものので、その統合の妨げとなる「敵」を征討して滅ぼす（殺す）ことが歴史の必然的正義であったとの価値観のみが、重層的に再生産されていくのである。

一六〇〇年間におよんだ戦国大名の群雄割拠状態を脱して一元的な統一政権を樹立した、いわゆる「天下統一」の営みは、日本の政治史において、まぎれもなく重要な画期であり、その国家統合の取り組みが成されてこそ、後の近世・近代日本の発展が実現した事実は論を俟《ま》たない。しかし、その軍事的特徴の強い一六世紀という時期においても、列島各地に生きた天皇、将軍、諸大名から一般庶民までの日常が確かに存在した。

現在の研究史の状況では難しいことであるが、地域権力の闘争・合戦とその勝ち負け、そしてその勝者の軌跡ばかりにとらわれるのではなく、政治権力が分散状態の列島各地において、おのおのの大名が領域社会の為政者として、いかなる内政を行い、また、海外を含む支配領域外の政治権力とどのような外交関係を結んだかという、「地域国家」の為政者としての内政と外交のあり方を検討し、その特徴に応じた時間軸と空間軸を設定しながら、多様性にあふれた日本社会の内部構造を比較・相対化させて叙述する戦国時代史の姿を、いつかは見てみたいと思う。

## 「集権」と「分権」の歴史サイクル

本書では、一六世紀を中心にその前後の時代を含めた武家社会日本の歴史動態を見てきたが、より幅広いスパンで時代を捉えるならば、そこに「集権」と「分権」の歴史サイクルの存在を指摘することができる。

古代における中央集権的律令国家の形成から、中世の鎌倉幕府・室町幕府の成立、そして、近世江戸幕府の幕藩体制、および明治維新からの近代国家の形成へと展開する日本の政治的「集権」化の歴史は、いずれもその前後段階に小国分立、源平争乱、南北朝動乱、戦国大名の分国支配、および幕末動乱という「分権」的時代を挟んでの、分権→集権→分権→集権の歴史サイクルとして大きく把握することができる。

日本武家社会の外交史の展開過程においても、統一政権としての鎌倉幕府が滅んだ一四世紀に南朝の懐良親王《かねよししんのう》が明王朝と結んで勢力の拡大を画策する時期（分権期）を経て、一五世紀初頭に足利義満《よしみつ》が日明国交を回復して「日本国王」外交を展開した（集権期）。その後、一五世紀後半に足利義政《よしまさ》が勘合を売却すると、その利権を買い取った西国大名による個別的日明外交が始まり、さらに一六世紀後半には東南アジアやヨーロッパ諸国を対象とした戦国大名「地域国家」による外交が行われた（分権期）。その分権的外交関係は、一六世紀末の豊臣政権の登場によって断ち切られ、続く一七世紀初頭には、統一日本の国家主権としての近世徳川政権が、一五七〇年代に戦国諸大名が「地域国家」主権として個別締結していた二国間関係を一元的に集約し、外交と貿易を全国的に管理統制する「鎖国」体制を完成させた（集権期）。

## アジアン大名による偽書と抵抗

そうしたサイクルのなか、一六世紀末から一七世紀初頭の豊臣秀吉・徳川家康が行った外交は、いずれも集権期日本の政治力学的ベクトルに位置づくものであるが、両者が選んだ方法と手段は、全く性質の異なるものであった。すなわち、東アジア周辺国に自らへの朝貢を求め、拒絶されると朝鮮半島への軍事侵攻という手段に出た一六世紀末の豊臣政権の外交思想は、中華とその周辺国によって構成される東アジアの伝統的国際秩序の呪縛から抜け出せなかったものと評価できる。それに対して、徳川家康の外交戦略は、豊臣期の外交断絶状態からの修復を図るという喫緊《きっきん》の政治課題を念頭に、かつて数十年前（一六世紀後半期）に西日本の戦国大名が先駆的に行使した脱中華の外交権を、統一政権として要領よく整理・一元化した性質のものだった。

本書第七章で述べたように、特に、秀吉の外交思想は、一五九〇年までに完遂した国内統一政策の延長線上に組み立てられたものであった。日本国土を政治的に統一支配する中央政権「国家」として、真の意味での全国統一を完成させるには、主として西日本の戦国大名が個々に保持する「地域国家」としての外交権を剝奪し、それを自らが一元的に集約する必要があった。周辺国に対して自らへの朝貢を求め、拒絶されると軍事侵攻に出て、その武威・武力の論理で明朝＝中華を中心とする世界秩序をひっくり返し、自らがその外交秩序の中心に座ろうとしたのである。

しかしながら、豊臣政権が進めるこの軍事力による強硬外交の方針は、国内で政権傘下に編成された諸大名の支持を得たものではなく、その後に実行した朝鮮半島への軍事侵攻は、小西行長《ゆきなが》や加藤清正ら一部の子飼い家臣の大名を除き、大半の大名は秀吉の意に逆らえない消極的出兵にとどまったのが実態であった。

なかでも、歴史的・伝統的に朝鮮や中国との密接なつながりを有してきた九州地域のアジアン大名たちは、その善隣外交関係と秀吉の武威・武力の論理の狭間で苦悩を強いられた。

領国が朝鮮に隣接するということから、日朝間交渉の最前線に立たされた対馬の宗義智《よしとし》が、自らが置かれた立場のなか苦心して選択したのは、日本側と朝鮮側の双方の要求と返答の内容を無難なものにすり替えて相手方に伝達する外交戦術であった。宗氏のこうした戦術は、その後の徳川政権下での日朝国交回復交渉でも援用され、寛永一二（一六三五）年に発覚するまで、三回にわたる朝鮮使節（回答兼刷還使《かいとうけんさっかんし》）の来日において、国書の偽造・改竄《かいざん》を繰り返した。

一方、一五七〇年代の分権的個別外交の最前線を走ってきた大友氏は、宗氏とは違う消極的抵抗を選択した。天正一五（一五八七）年に没した大友義鎮（宗麟）の跡を継いだ義統《よしむね》は、秀吉の偏諱《へんき》を受けて吉統《よしむね》と改名して豊臣政権傘下の大名として活動していたが、文禄《ぶんろく》元（一五九二）年の朝鮮出兵に際しては、まさに消極的出兵をした大名の一人であった。秀吉は、そうした義統を名護屋城に呼び戻して詰問し、改易という最も厳しい処分を言い渡した。その処分の理由は、文禄二（一五九三）年一月の平壌《ピョンヤン》城の戦いで、城に籠もる小西行長軍が、反撃してきた明・朝鮮連合軍に包囲され退却する際に、大友義統軍が援護をせず自ら退却したというものだが、一進一退の戦況下、同様の救援回避や退却は黒田長政《ながまさ》ら複数の大名も行っており、義統のみの改易理由にはならない。秀吉は、自らの朱印状のなかで、義統に「臆病者」とのレッテルを貼り、その処分の理由を「見こりのため」と称している。すなわち、豊臣政権による大友氏改易の真の理由は、厭戦《えんせん》気分の漂うこの軍事行動において、侵攻に消極的態度をとる大名の末路を見せしめとし、前戦の軍紀を引き締めることにあったのだ。

加えて、大友氏のような、一五七〇年代までに東アジア諸国に加えてカンボジアやポルトガルの国王とまでも単独での外交関係を保持する大名は、そもそも秀吉がめざす国家外交権の一元集約をも含めた「天下統一」政策の完結にとって目障りな存在であった。豊臣政権にとって、分権的外交の最前線を走ってきた大友氏をつぶすことは、これまでの個別外交時代の終焉を国内外に象徴的に知らしめ、「外交」的世界の一元的掌握をアピールすることにもつながったのである。

## 「世界史の中の戦国大名」の精神性

数世紀にわたって分権と集権のサイクルを繰り返してきた日本武家社会の外交権は、こうして豊臣・徳川両政権によって一元・集権化され、以後、近世の二百数十年間、江戸幕府が外交と貿易を全国的に管理統制する「鎖国」体制が続いた。統一政権による外交と貿易の長期独占という事態により、江戸時代の各地域が直接的に「世界」とつながる機会は減少し、地域社会から「国際性」や「海洋性」の要素が喪失されていくことになった。九州をはじめとした西日本に多く見られたアジアン大名の多くも、徳川将軍を頂点とした幕藩体制の国家編成に組み込まれ、藩主として領地・領民を統治する藩政を敷いた。

しかしながら、自由競争・分権時代の個別外交を謳歌《おうか》した一六世紀の西国大名たちの気質は、やがておよそ三〇〇年後、一九世紀の幕末・明治維新期に、再び政治・外交の表舞台に現れることとなる。

ヨーロッパでは、従来のポルトガル・スペインに代わって、一八世紀後半以降になると、イギリスやフランス、オランダ、ロシア、さらにはアメリカが、産業革命による工業生産力と軍事力を備えて、アジアへの進出を本格化させた。弘化《こうか》元（一八四四）年にオランダ国王から開国の勧告を受けて拒絶した幕府であったが、ついに安政《あんせい》元（一八五四）年にアメリカの圧力に屈して日米和親条約《にちべいわしんじょうやく》を結び、同五（一八五八）年には日米修好通商条約《にちべいしゅうこうつうしょうじょうやく》を締結して、旧来の外交政策を転換した。周知のように、その後の日本は、尊王攘夷《そんのうじょうい》や開国進取、反幕・倒幕等の各論をめぐる幕末動乱期を迎えるが、最終的に幕府を崩壊させて明治新政府を樹立する原動力となったのは、薩摩藩と長州藩である。両藩は、文久《ぶんきゅう》三（一八六三）年の薩英戦争やその翌年の四ヵ国艦隊下関砲撃事件等の経験を経て攘夷の不可能なことをいち早く悟り、雄藩連合《ゆうはんれんごう》を結んで、以後の明治維新を実質的に推進した。そして、新政府では、薩摩藩の西郷隆盛《さいごうたかもり》・大久保利通《おおくぼとしみち》・黒田清隆《くろだきよたか》、長州藩の木戸孝允《きどたかよし》・伊藤博文《いとうひろぶみ》・

山県有朋《やまがたありとも》、土佐藩の板垣退助《いたがきたいすけ》・後藤象二郎《ごとうしょうじろう》、肥前藩の大隈重信《おおくましげのぶ》・副島種臣《そえじまたねおみ》ら、いわゆる「薩長土肥《さっちょうどひ》」の西南雄藩の面々が要職に就《つ》いた。明治時代の総理大臣就任者七名も、三名（伊藤・山県・桂太郎《かつらたろう》）が長州藩、二名（黒田・松方正義《まつかたまさよし》）が薩摩藩、一名（大隈）が肥前藩の出身と、西日本に偏っている。

無論、こうした動向は、のちに藩閥政治《はんばつせいじ》として批判されることにもなるが、欧米列強の外圧にさらされた一九世紀の日本の舵取《かじと》りを担ったのが、なぜ、薩摩・長州・土佐・肥前の西日本出身者だったのかということを考えると、必然的に浮かび上がってくるのが、その三世紀前の一六世紀の日本で、「世界」に対峙した周防・豊後・肥前・肥後・薩摩等、同じ西日本の為政者（戦国大名）の存在である。

本書で語ってきた一六世紀の西国大名の「地域国家」に特徴的な国際性と世界性の性質は、江戸時代の幕府による外交・貿易独占の二百数十年を経て完全消失してしまったのではなく、一九世紀の日本に再度迫ったグローバル化の世界史的な波に触発されて、再び西国から、今度は「国家」そのものを動かす原動力として表出したのである。それは、一六世紀の「世界史の中の戦国大名」の精神性が、決して一過性・局地性のものではなく、国家による集権と管理の体制が弛緩し、社会全体が分権と自由へ向かおうとする、歴史サイクルを構成するに不可欠な要素であったことを証している。

## 東アジアの華夷秩序を打ち破った戦国大名

人間集団が行う外交は、時代とともに性質を変化させるものであり、固定概念化された近代国民国家の発想ではなく、相対化した「国家」概念のもとで、人間の相克《そうこく》の営みとしての特質をあぶり出すことが重要である。

日本における外交は、文献史料上、二〇〇〇年前から確認できる。一世紀の弥生《やよい》時代に、日本の奴国《なこく》の王が中国後漢《ごかん》に遣使し、洛陽《らくよう》の都で光武帝《こうぶてい》より授かった印綬《いんじゅ》は、それから一七〇〇年余りが経った天明四（一七八四）年に、「漢委奴国王《かんのわのなのこくおう》」と刻んだいわゆる金印《きんいん》として、福岡県志賀島《しかのしま》で見つかった。小国分立状態であった当時の日本で、現在の福岡市付近を領有するに過ぎない一小国の奴国が、中国の広大な領土を統一する後漢に使者を遣わして外交活動を行った事実は、まさに、流動する国内政治状況や国際環境のもとで、「国家」の概念を相対的に規定・評価する必要性を私たちに求めている。

そして、奴国の時代から一五〇〇年が経った一六世紀後半という時期にも、本来は国を代表する外交権を保持するとは考えがたい「地域国家」の主権者＝戦国大名が、中華とその周辺国の上下関係を前提とした冊封体制とはまったく性格を異にする外交活動を展開した。かつて室町将軍足利義満や天下人豊臣秀吉らが抜け出すことのできなかった東アジアの伝統的華夷秩序を、きわめてシンプルな形で打ち破ることができた理由は、古代以来の伝統の呪縛にとらわれる必要がなく、実利・対等を基軸とした新たな二国間関係を比較的安易に獲得しやすい彼らの政治的立場と地政学的環境にあった。

さらに、一六世紀後半に芽吹いた日本の脱中華および対等外交の素地は、その後、近世徳川政権による二百数十年間の管理・温存を経て、一九世紀半ばに過ぎにあらためて登場したロシア、アメリカ、イギリス等欧米諸国との交渉場面に応用された。中国に三跪九叩頭《さんききゅうこうとう》する必要を伴わない外交の実現が、東アジアの日本という国から起こったことで、この圏域内の伝統的国際秩序は終焉へと向かうことになった。一九世紀以降の東アジアにおいて、中国や朝鮮が社会の近代化に苦しむなか、日本がいち早くそれを成し遂げることができたのは、その三〇〇年前の一六世紀に、大内、大友、相良らの戦国大名がある時は「日本国王」を偽証し、またある時には倭寇的扱いを受けながらも、中華世界へのアプローチに腐心した「経験」が、潜在的に受け継がれたからに他ならない。その経験によって、古代から室町時代までの日本の各政権にとって絶対的存在だった「中華」を世界のなかで相対的に見る思想が芽生え、その外交思想が、やがて数百年後の近世末期に再び訪れた外圧に対する主体的な対処を誘発し、東アジア諸国のなかで比較的早いスピードでの近代的な「国家」形成に結実したのである。

本書で見てきた大内義隆・義長、大友義鎮・義統、島津貴久・義久、相良晴広、松浦鎮信、伊達政宗、豊臣秀吉、そして徳川家康ら戦国大名たちは、単なる日本国内の天下獲りレースのプレーヤーではなく、各々が抱える「地域国家」の維持と繁栄を念頭に、アジアと世界の空間と時間のなかで内政と外交を行った為政者および政権主体そのものなのである。

# 参考文献


秋田茂「グローバルヒストリーが照射する新たな舞台」『高等学校世界史のしおり』二〇一三―一、帝国書院、二〇一三年

荒木和憲「中世日本の往復外交文書」小島道裕・田中大喜・荒木和憲編『古文書の様式と国際比較』勉誠出版、二〇二〇年

荒野泰典「日本型華夷秩序の形成」『日本の社会史 一 列島内外の交通と国家』岩波書店、一九八七年

荒野泰典「江戸幕府と東アジア」『日本の時代史 一四 江戸幕府と東アジア』吉川弘文館、二〇〇三年

伊川健二『世界史のなかの天正遣欧使節』吉川弘文館、二〇一七年

池享『日本中近世移行論』同成社、二〇一〇年

岩生成一『新版 朱印船貿易史の研究』吉川弘文館、一九八五年

海老沢有道「ヤジロウ考」同『増訂 切支丹史の研究』新人物往来社、一九七一年

大塚紀弘『日宋貿易と仏教文化』吉川弘文館、二〇一七年

大庭康時「博多遺跡群出土の中世初頭の硫黄」鹿毛敏夫編『硫黄と銀の室町・戦国』思文閣出版、二〇二一年
岡美穂子『商人と宣教師──南蛮貿易の世界』東京大学出版会、二〇一〇年
岡美穂子「布教と貿易」『キリシタン大名──布教・政策・信仰の実相』宮帯出版、二〇一七年
岡美穂子「一六世紀『大航海』の時代とアジア」秋田茂編『MINERVA 世界史叢書 二 グローバル化の世界史』ミネルヴァ書房、二〇一九年
岡本真『戦国期日本の対明関係──遣明船と大名・禅僧・商人』吉川弘文館、二〇二二年
鹿毛敏夫『戦国大名の外交と都市・流通──豊後大友氏と東アジア世界』思文閣出版、二〇〇六年
鹿毛敏夫『アジアン戦国大名大友氏の研究』吉川弘文館、二〇一一年
鹿毛敏夫『アジアのなかの戦国大名──西国の群雄と経営戦略』吉川弘文館、二〇一五年
鹿毛敏夫「戦国大名のインフラ整備事業と夫役動員論理」同編『戦国大名の土木事業──中世日本の「インフラ」整備』戎光祥出版、二〇一八年
鹿毛敏夫『戦国大名の海外交易』勉誠出版、二〇一九年
鹿毛敏夫『大友義鎮』ミネルヴァ書房、二〇二一年

鹿毛敏夫編『硫黄と銀の室町・戦国』思文閣出版、二〇二一年
鹿毛敏夫「戦国大名の『国』意識と『地域国家』外交権」同編『交錯する宗教と民族——交流と衝突の比較史』勉誠出版、二〇二一年
鹿児島県維新史料編さん所編『鹿児島県史料』
川口洋平『シリーズ「遺跡を学ぶ」三八 世界航路へ誘う港市 長崎・平戸』新泉社、二〇〇七年
川口洋平「中・近世における貿易港の整備——博多・平戸・長崎の汀線と蔵」鹿毛敏夫編『戦国大名の土木事業——中世日本の「インフラ」整備』戎光祥出版、二〇一八年
岸野久『ザビエルの同伴者アンジロー——戦国時代の国際人』吉川弘文館、二〇〇一年
岸本美緒「銀の大流通と国家統合」同編『歴史の転換期 六 一五七一年 銀の大流通と国家統合』山川出版社、二〇一九年
北川香子「ポスト・アンコールの王城——ロンヴェークおよびウドン調査報告」『東南アジア——歴史と文化』二七、一九九八年
北川香子・岡本真「一七世紀初頭カンボジア—日本往復書簡について」『東南アジア——歴史と文化』四四、二〇一五年
木村三郎「ヴァン・ダイク作、通称《日本の王に拝謁する聖フランシスコ・ザビエル》に

ついて」『大ザビエル展』東武美術館・朝日新聞社、一九九九年
五島美術館編『牧谿――憧憬の水墨画』一九九六年
五野井隆史「キリシタン大名とキリシタン武将」同監修『キリシタン大名――布教・政策・信仰の実相』宮帯出版、二〇一七年
堺市博物館編『南蛮――東西交流の精華』二〇〇三年
阪口貢「三聖寺伽藍について」『日本建築学会研究報告』一一、一九五一年
佐藤由似「ロンヴェーク遺跡の調査報告」『ポスト・アンコール期遺跡に関する研究報告書』奈良文化財研究所、二〇一五年
佐野真由子『幕末外交儀礼の研究――欧米外交官たちの将軍拝謁』思文閣出版、二〇一六年
清水有子「島津義弘の東南アジア貿易」『日本歴史』七七五、二〇一二年
杉山正明『世界史を変貌させたモンゴル――時代史のデッサン』角川書店、二〇〇〇年
鈴木敦子「肥前国内における銀の『貨幣化』」同編『戦国期の流通と地域社会』同成社、二〇一一年
須田牧子「最末期の遣明船の動向と『倭寇図巻』」上田信・中島楽章編『アジアの海を渡る人々――一六・一七世紀の渡海者』春風社、二〇二一年

高橋公明「室町幕府の外交姿勢」『歴史学研究』五四六、一九八五年
田中健夫『中世対外関係史』東京大学出版会、一九七五年
田中健夫「不知火海の渡唐船——戦国期相良氏の海外交渉と倭寇」『日本歴史』五一二、一九九一年
田中健夫『増補　倭寇と勘合貿易』筑摩書房、二〇一二年
田中裕介「イエズス会豊後府内教会と付属墓地」鹿毛敏夫編『戦国大名大友氏と豊後府内』高志書院、二〇〇八年
田中裕介「一七世紀の唐人墓——考古学的研究の現状と課題」『史学論叢』四七、二〇一七年
玉永光洋・坂本嘉弘『シリーズ「遺跡を学ぶ」五六　大友宗麟の戦国都市・豊後府内』新泉社、二〇〇九年
續伸一郎「堺環濠都市遺跡から出土した硫黄」鹿毛敏夫編『硫黄と銀の室町・戦国』思文閣出版、二〇二一年
津野倫明「朝鮮出兵期の長宗我部領国における造船と法制」鹿毛敏夫編『戦国大名の土木事業——中世日本の「インフラ」整備』戎光祥出版、二〇一八年
鶴田啓「徳川政権と東アジア国際社会」荒野泰典・石井正敏・村井章介編『日本の対外関

係 五 地球的世界の成立』吉川弘文館、二〇一三年
デニス・フリン著、秋田茂・西村雄志編訳『グローバル化と銀』山川出版社、二〇一〇年
中島楽章「一六・一七世紀の東アジア海域と華人知識層の移動――南九州の明人医師をめぐって」『史学雑誌』一一三―一二、二〇〇四年
中島楽章「一六世紀末の九州―東南アジア貿易」『史学雑誌』一一八―八、二〇〇九年
中島楽章「一四～一六世紀、東アジア貿易秩序の変容と再編――朝貢体制から一五七〇年システムへ」『社会経済史学』六七―四、二〇一一年
中島楽章「一五四〇年代の東アジア海域と西欧式火器――朝鮮・双嶼・薩摩」同編『南蛮・紅毛・唐人――一六・一七世紀の東アジア海域』思文閣出版、二〇一三年
中島楽章「寧波における迎接体制」村井章介編『日明関係史研究入門――アジアのなかの遣明船』勉誠出版、二〇一五年
中島楽章「一六世紀東アジア海域の軍需品貿易――硝石・硫黄・鉛」鹿毛敏夫編『硫黄と銀の室町・戦国』思文閣出版、二〇二一年
永積洋子『朱印船』吉川弘文館、二〇〇一年
橋口亘・若松重弘「鹿児島県三島村硫黄島採集の貿易陶磁」『南日本文化財研究』一〇、二〇一一年

橋口亘・若松重弘「鹿児島県三島村硫黄島採取のベトナム焼締陶器」『南日本文化財研究』一七、二〇一三年
橋本雄『中世日本の国際関係――東アジア通交圏と偽使問題』吉川弘文館、二〇〇五年
羽田正『新しい世界史へ――地球市民のための構想』岩波書店、二〇一一年
平尾良光代表『鉛同位体比法を用いた東アジア世界における金属の流通に関する歴史的研究』科学研究費補助金研究成果報告書、二〇一二年
平川新『戦国日本と大航海時代――秀吉・家康・政宗の外交戦略』中央公論新社、二〇一八年
平戸市史編さん委員会編『平戸市史 絵図編 絵図にみる平戸』二〇〇一年
福岡市博物館編『堺と博多展――よみがえる黄金の日々』一九九三年
福岡市美術館編『カンボジアの染織』二〇〇三年
藤田明良「ザビエルが出会った〝悪魔〟の正体は?」鹿毛敏夫編『描かれたザビエルと戦国日本――西欧画家のアジア認識』勉誠出版、二〇一七年
増田真意子「明代嘉靖後期に於ける海禁政策の実行とその転換」『言語・地域文化研究』一三、二〇〇七年
松田毅一「天正遣欧使節の真相」『史学雑誌』七四―一〇、一九六五年

松本和也『イエズス会がみた「日本国王」――天皇・将軍・信長・秀吉』吉川弘文館、二〇二〇年
的場節子『ジパングと日本――日欧の遭遇』吉川弘文館、二〇〇七年
水島司『世界史リブレット　一二七　グローバル・ヒストリー入門』山川出版社、二〇一〇年
向正樹「モンゴル帝国とユーラシア広域ネットワーク」秋田茂編『MINERVA世界史叢書　二　グローバル化の世界史』ミネルヴァ書房、二〇一九年
村井章介『中世倭人伝』岩波新書、一九九三年
村井章介『増補　中世日本の内と外』筑摩書房、二〇一三年
村井章介『シリーズ日本中世史　四　分裂から天下統一へ』岩波書店、二〇一六年
村井章介「近世初頭、対馬・朝鮮間の〈境界文書〉群――『江雲随筆』の魅力を語る」『朝鮮史研究会論文集』五八、二〇二〇年
村井章介・須田牧子編『笑雲入明記』東洋文庫、二〇一〇年
村井章介・橋本雄「遣明船の歴史――日明関係史概説」村井編『日明関係史研究入門――アジアのなかの遣明船』勉誠出版、二〇一五年
森勝彦『九州の港と唐人』海鳥社、二〇二一年

山内晋次『日宋貿易と「硫黄の道」』山川出版社、二〇〇九年
山本博文『日本史の一級史料』光文社、二〇〇六年
結城了悟『キリシタンになった大名』聖母文庫、二〇〇四年
米澤英昭「竹下家系図所収文書の紹介」『九州史学』一五一、二〇〇八年
吉田寛「豊後府内における天正一四年（一五八六）一括資料について——中世大友府内町跡第三次調査ＳＸ二一〇の評価と検討」『貿易陶磁研究』二六、二〇〇六年
ルシオ・デ・ソウザ、岡美穂子『大航海時代の日本人奴隷』中央公論新社、二〇一七年
渡辺澄夫「大友宗麟のヤソ会総長充て書状の真偽について」『大分県地方史』六二、一九七一年
Mizota C., Yamanaka T. "A stable isotopic constraint on the origin of sulfur ore excavated from the exotic four-lobe jars that prevailed during late medieval to early modern times in Sakai (Osaka), south-western Japan" *Archaeometry*, 57, 2015
Peel, J.D.Y., *Religious Encounter and the Making of the Yoruba*, Bloomington: Indiana University Press, 2000
Storey, W.K., *Guns, Race, and Power in Colonial South Africa*, Cambridge: Cambridge University Press, 2008

N.D.C. 210.47　317p　18cm
ISBN978-4-06-533218-4

講談社現代新書　2723
世界史《せかいし》の中《なか》の戦国大名《せんごくだいみょう》
二〇二三年一〇月二〇日第一刷発行
著　者　鹿毛敏夫《かげとしお》　© Toshio Kage 2023
発行者　髙橋明男
発行所　株式会社講談社
東京都文京区音羽二丁目一二―二一　郵便番号一一二―八〇〇一
電　話　〇三―五三九五―三五二一　編集（現代新書）
〇三―五三九五―四四一五　販売
〇三―五三九五―三六一五　業務
装幀者　中島英樹／中島デザイン
印刷所　株式会社新藤慶昌堂
製本所　株式会社国宝社
定価はカバーに表示してあります　Printed in Japan

## 「講談社現代新書」の刊行にあたって

教養は万人が身をもって養い創造すべきものであって、一部の専門家の占有物として、ただ一方的に人々の手もとに配布され伝達されうるものではありません。

しかし、不幸にしてわが国の現状では、教養の重要な養いとなるべき書物は、ほとんど講壇からの天下りや単なる解説に終始し、知識技術を真剣に希求する青少年・学生・一般民衆の根本的な疑問や興味は、けっして十分に答えられ、解きほぐされ、手引きされることがありません。万人の内奥から発した真正の教養への芽ばえが、こうして放置され、むなしく滅びさる運命にゆだねられているのです。

このことは、中・高校だけで教育をおわる人々の成長をはばんでいるだけでなく、大学に進んだり、インテリと目されたりする人々の精神力の健康さえもむしばみ、わが国の文化の実質をまことに脆弱なものにしています。単なる博識以上の根強い思索力・判断力、および確かな技術にささえられた教養を必要とする日本の将来にとって、これは真剣に憂慮されなければならない事態であるといわなければなりません。

わたしたちの「講談社現代新書」は、この事態の克服を意図して計画されたものです。これによってわたしたちは、講壇からの天下りでもなく、単なる解説書でもない、もっぱら万人の魂に生ずる初発的かつ根本的な問題をとらえ、掘り起こし、手引きし、しかも最新の知識への展望を万人に確立させる書物を、新しく世の中に送り出したいと念願しています。

わたしたちは、創業以来民衆を対象とする啓蒙の仕事に専心してきた講談社にとって、これこそもっともふさわしい課題であり、伝統ある出版社としての義務でもあると考えているのです。

一九六四年四月　野間省一